기독교를 넘어 기독교로

한승진

기독교를 넘어 기독교로

초판 인쇄 2017년 9월 19일
초판 발행 2017년 9월 25일

지은이 한승진
발행인 윤석현
발행처 도서출판 박문사
등 록 제2009-11호

주 소 서울시 도봉구 우이천로 353 성주빌딩 3F
전 화 (02) 992-3253 (대)
전 송 (02) 991-1285
전자우편 bakmunsa@daum.net
홈페이지 http://jnc.jncbms.co.kr

책임편집 차수연

ⓒ 한승진, 2017. Printed in KOREA.

ISBN 979-11-87425-40-3 03210   정가 19,000원

· 저자 및 출판사의 허락 없이 이 책의 일부 또는 전부를 무단복제·전재·발췌할 수 없습니다.
· 잘못된 책은 바꿔 드립니다.

책을 펼치며

　책을 낸다는 건, 용기가 필요하고 고단한 작업의 연속입니다. 그러기에 사람들은 전문적인 학식과 식견과 사회적인 역량을 갖추거나 책을 내야하는 필요성이 요구되지 않는 한, 섣불리 책을 내려고 하지 않습니다. 이를 잘 알면서 저는 어느 순간부터 책을 내는 게 하나의 취미요, 특기가 되어 버렸습니다. 책을 내는 작업은 신비롭습니다. 고통의 연속이면서도 하나의 즐거움으로 여겨지기도 합니다. 책을 통해 저는 제 삶을 돌아보고, 제 생각과 감정과 의견을 가다듬고, 세상과 소통하고 있습니다.

　이번 책은 저로서는 더 조심스러운 주제입니다. 이른바 목사로, 그것도 기독교학교에서 기독교를 가르치는 목사로서 또한 교사로서 기독교를 다룬다는 것은 저 자신을 반성하는 것부터 시작하는 일입니다. 또한 제가 속한 공동체의 부끄러움을 드러내야하는 불편감과 조심스러움도 있습니다. 어느 때부터인가 기독교는 우리 사회에서 존중받는 정신문화의 근간이 되지 못하고 비난과 핀잔의 대상이 되었습니다. 이런 시대에 오늘 우리의 기독교가 나아갈 길은 무엇일까요? 이른바 종교개혁 500주년의 해를 맞아 교회가 교회다움을 회복하는 길은 무엇일까요? 이런 고민과 사색에서 이 책이 출발합니다. 비록 이 책이 이 것, 저 것 잡다한 주제들이 일관성 없이 펼쳐지지만 큰 맥脈은 종교개혁의 정신입니다. 아주 오래전 유럽에서 발생한 종교개혁 당시의 시대상황과 종교개혁의 정신이 오늘 우리에게도 필요한 때입니다.

돈 받고 파는 교권의 면죄부에 맞서 '예수뜻 회복'을 외쳤습니다. 화형火刑으로도 태우지 못한 '성서 진리'의 깊은 뿌리가 근본정신입니다. 역사는 끊임없이 되새길 때 의미가 있습니다. 바로 지금 우리는 종교개혁의 역사를 정신을 실천을 되새기고 계승해야 할 때입니다.

마르틴 루터(1483~1546)의 종교개혁 500돌(2017년)이 다가오면서 '교권'이 아니라 '하나님의 진리'로 돌아가고자 했던 '종교개혁'의 의미를 기리려는 한국교회의 움직임이 활발해지고 있습니다.

한국교회의 얼굴로 꼽히는 대형교회들로부터 쉴 새 없이 터져 나오는 비리와 싸움, 개신교 최대 연합기관인 한국기독교총연합회한기총의 '돈 선거' 등으로 '더 이상 이대로는 안 된다'는 목소리들이 거세지며 '종교개혁 정신'은 오늘날 한국교회에서 더욱 절실해지고 있습니다.

가톨릭 사제이자 비텐베르그대 성서학 교수였던 루터가 독일황제의 소환을 받고 보름스에 도착해 제국회의장에 선 것은 1521년 4월 17일이었습니다. 교황의 면죄부 판매에 항의하는 '95개조의 반박문'을 성교회에 붙인 비텐베르크에서 보름스까지 700여km. 한 달은 걸어야 할 거리였습니다.

왜 그는 험난한 길을 자처했을까요? 그리스도인은 돈을 주고 산 면죄부가 아니라 그리스도의 의義를 믿음으로써 구원받는다는 것을 '성서를 통해' 깨달은 루터는 면죄부를 판 교권에 맞서 '성서의 진리'를 전하려 했습니다. 그곳에 갔다가 체코의 얀 후스(1372~1415)처럼 화형 당할지도 모른다며 극구 말리는 동료들을 향해 이렇게 말하고 길을 나섰습니다. "모든 것을 하나님에게로 돌린 것, 그것이 핵심입니다. 얀 휴스는 불태웠을지 몰라도 진리는 불태우지 못했습니다. 지붕의 기와만큼이나 많은 악마들이 있더라도 나는 보름스에 가겠습니다."

500년 전 보름스 인구는 6천 명이었지만, '루터의 재판정'엔 무려 1만 명이 모였다고 합니다. 심약하기만 했던 루터가 대성당의 황제와 수많은 군중들 앞에 어떻게 설 수 있었을까요? 세계사 시간에 배운 대로 테첼은 이 마을 저 마을을 돌아다니며 "상자에서 돈 소리가 나는 순간, 영혼은 연옥을 벗어난다"며 면죄부를 팔았던 인물입니다.

"내 양심이 하나님의 말씀에 사로잡힌 한 나는 내 발언을 취소할 수도 없으며, 취소하고 싶지도 않습니다. 양심에 어긋나는 것인지 확실하지 않으며 이롭지도 않기 때문입니다. 하나님께서 저를 도와주시길. 아멘."

면죄부를 팔아 모은 돈이 흥청망청 대는 로마 교황청과 새로 지은 성베드로 성당을 장식하기 위해 쓰이는 것을 혹독하게 비판하며 사제로서 삶이 몰수당하는 파문을 당했음에도 루터는 개혁을 향한 전진은 멈추지 않았습니다.

인간의 의지나 노력이 아니라 '오직 믿음으로만 구원 받는다'는 자신의 주장에도 루터는 끊임없이 나약해지는 자신의 용기와 정의를 북돋워 오늘도 한 그루의 사과나무를 심은 의지의 인간이었고, 일평생 자신의 죄를 고백한 회개의 인간이었습니다.

우리가 스피노자(1632~1677)의 말로 알려진 이 말이 실은 그보다 100년도 전에 마르틴 루터의 청소년기 일기장에 적힌 말입니다. 음악가 바흐(1685~1750)의 고향이자 루터가 청소년기를 보냈던 독일 중부 아이제나 흐의 루터하우스 앞엔 나무 한 그루와 함께 이 글귀가 새겨져 있습니다.

"네가 내일 세상이 멸망한다는 말을 할지라도 나는 사과나무 한 그루를 심겠습니다."

암울한 시대 상황과 어두운 교회 현실이 아니었다면 우리가 아는 칼뱅은 이 세상에 드러나지 않았을지 모릅니다. 칼뱅은 움직이는 종합병원으로 불릴 만큼 병약하고 비사교적이며 과묵했습니다. 그래서 사회적인 활동가로서보다는 홀로 학문하기를 좋아했습니다. 칼뱅은 그런 책상물림이었지만 시대의 어둠을 외면할 수 없어서 힘겨운 몸을 이끌고 세상 속으로 나올 수밖에 없었던 양심적인 개혁자였습니다.

칼뱅은 자신의 건강이나 성향으로 보아 실천적이기보다는 홀로 학문하기를 즐겼지만 그의 아우라aura[1]를 감지한 지인들은 그를 내버려두지 않았습니다. 제네바에서 종교개혁을 주도하고 있던 파렐은『기독교강요』라는 탁월한 저서를 쓴 이가 제네바를 지난다는 정보를 입수하고 찾아가 '제네바의 종교개혁에 동참하지 않으면 하나님의 저주가 임할 것이라는 협박'을 하며 칼뱅을 끌어들였습니다. 훗날 스트라스부르에서 목회하며 한 과부를 만나 인생에서 가장 행복한 생애를 보내면서 조용히 살려던 칼뱅에게 "제네바의 돌들이 소리칠 때까지 거기에 있을 것이냐?"고 협박해 다시 끌어들인 것도 파렐이었습니다.

제네바에서 엄격한 교회 규율과 제도를 정비한 칼뱅은 제네바 시민에게도 엄격한 신앙생활을 요구했습니다. 당시 가톨릭교회의 부패상을 목도한 칼뱅이 성직자의 독단적 폐해를 막기 위해 목사·교사·장로·집사 등 4개 직분의 현 장로교 체계를 만든 곳도 제네바였습니다. 이런 칼뱅을 통해 '종교개혁정신'은 마침내 개신교의 제도로 정착했습니다.

---

[1] 예술 작품에서, 흉내 낼 수 없는 고고한 분위기, 주위에 감도는, 또는 사람·물건 등에서 발산되는 듯한 독특한 냄새나 전조나 분위기를 말합니다.

하지만 칼뱅은 개혁가였습니다. '개혁된 교회는 항상 개혁되어야 한다 ecclesia semper reformanda'는 칼뱅의 구호는 부패하는 교회의 소금이 될 예언자들을 지금까지 깨우고 있습니다.

사람들은 열매에만 목을 매지만 뿌리와 줄기가 없는 열매는 없습니다. 루터와 칼뱅의 종교개혁은 얀 후스라는 줄기 위에 열린 열매였습니다. 후스는 체코말로 '거위'란 뜻입니다. 후스는 화형火刑당하면서 "너희가 지금 거위를 불태워 죽이지만 100년 뒤 나타난 백조는 어쩌지 못할 것"이란 말을 해 루터의 등장과 종교개혁을 예언했다는 전설이 있습니다.

종교개혁 500주년을 맞이하면서 한 사람의 기독교신앙인으로서, 기독교학교와 교회의 목사로서 감회가 새롭습니다. 저 자신의 반성과 다짐도 해보고 제가 속한 교회공동체와 우리사회와 함께하는 기독교를 생각해 봅니다. 이리저리 펼쳐진 이 글들이 쉼 없는 개혁으로 교회가 교회다워지는 일에 작은 생각의 실마리가 되었으면 하는 바람입니다. 이 서툰 글샘을 길어 올리는데 교정으로 노고를 아끼지 않으신 황등교회 김순자 권사님께 깊은 감사를 드립니다.

종교개혁 500주년을 맞이하면서
한 승 진

차례

책머리에_003

제1부
걱정 말고 믿음으로

왜 그리스도인인가	15
세계사에 더 영향 미친 독일인은	18
그리스도인이라고 모두 다 같지 않습니다	20
노동은 하나님이 주신 은혜	23
세상의 빛으로 이해되는 교회	26
거룩한 교회로 개혁	33
한국교회의 위기인식, 20대 무종교인과 가나안 교인 증가 현실	40
걱정 말고 믿음으로	53
지역과 함께하는 종교가 답입니다	57
느헤미야가 그립습니다	60
소통으로 희망 찾아가는 교회	64
믿음의 프레임Frame	68
갈등과 분열의 시대, 3.1운동 연합 정신 본받아야	71
나라와 함께, 고난 받은 교회	75
3·1운동 그날과 오늘, 그리고 앞으로의 과제	78
민족 평화통일이 3·1 독립정신의 실현입니다	81
한국 개신교는 어쩌다 '반공'에 사로잡혔나	86
국내기독교성지순례의 의미와 준비	90
기독교문화유적지 탐방의 의미	94
종교 간의 갈등, 그 해법은 있는가요	98
예수가 산타 할아버지보다 더 좋은 이유	101

제 2부
오늘 이 시대에 믿음이란 무엇인가

부활 신앙으로 바라본 세월호	109
기억과 행동의 토대는 기도	114
다시 거룩한 교회의 회복을	120
지금은 시급히 교회를 개혁할 때입니다	123
참회가 있어야 교회가 삽니다	126
역사의식과 영성을 상실한 한국교회의 현실	128
조급증을 경계하라	131
통계청 발표, 인구주택총조사 '종교' 결과 어떻게 볼 것인가	134
오늘 이 시대에 믿음이란 무엇인가	141
1인 가구 시대에 따른 교회의 변화 모색	149
이 시대의 모델, 광교산울교회이야기	154
한국교회, 배타적 독선 경계해야 합니다	161
갑질의 결정판	164
소명Vocation과 사명Mission	167
미숙한 한국교회의 현실	170
다가오는 '인구절벽', 위기 속에서 '노인복지'로 대안 모색	173
호국종교신앙이란 무엇일까요	178
사회양극화 현상은 반드시 해소되어야 합니다	181

제 3부
샬롬Shalom 공동체를 꿈꿉니다

기독교정신과 사회적 경제	187
누가 이웃이 되어 주었느냐	191
성숙한 교회로 거듭나기	195
경제정의를 실현하는 신앙인의 자세	199
제4차 산업혁명과 교회의 사명	202
모든 피조물이 간절히 바라는 것	208
디지털 시대와 교회	215
가부장적이고 물질적인 한국교회, 이단의 비판대상	219
미신과 기복	224
샬롬Shalom 공동체를 꿈꿉니다	227
십계명은 하나님 사랑의 방법	233
십계명의 신학적 토대와 윤리적 적용	239
5년 새 이슬람 모스크 5개, 예배소 40개 증가	247
이슬람과 기독교	251
이슬람에 대한 종교개혁자 칼뱅의 견해	259
이슬람에 대한 종교개혁자 불링거	265
영국의 이슬람 성장이 한국교회에 주는 교훈	271
이슬람은 왜 테러하는가	278
이슬람권에 부는 새 바람	285
왜 이슬람을 알아야 하는가	292

제 4부
가르치는 교회와 배우는 교회

안 아프니까 청춘입니다	297
'성공이 아니라 섬김', 조선 위해 모든 것을 바친 서서평 선교사	299
모세와 다윗의 지도력에서 배우는 교훈	305
아기 코끼리 구하기	308
기독교용어 정립 시급	316
기독교가치관 교육이란 무엇일까요	318
가르치는 교회와 배우는 교회	322
아이들이 없어졌습니다	325
어린이의 눈높이에 맞는 교육사랑	328
인재양성을 위한 제언	331
패배주의는 없습니다	333
교육은 긴 투자입니다	336
다음세대 사역에 열정과 사명으로	338
어린이와 열린 미래	342
청소년과 함께, 노동의 의미와 보장 챙겨봅시다	346
사랑하고 함께할 교회학교 어린이들	349
기독교비전교육을 왜 그리고 어떻게	355

제 1 부
걱정 말고 믿음으로

왜 그리스도인인가

'왜 그리스도인인가요?' 어지러운 시대를 살아가며 스스로 다시 묻게 되는 질문입니다. 우선 부끄럽습니다. 그리스도인답지 못해 부끄럽습니다. 그리스도인으로 산다는 것은 과연 무엇을 의미하는 걸까요? 과거 그리스도인이 되기 위해 깨우쳐야 할 요리문답 제1 질문에 다음과 같은 질문이 있었습니다. 사람이 무엇을 위해 세상에 나왔는가? 답은 "오직 하나님께 영광을 위해서"였습니다. 이 짤막한 질문과 답변에 왜 그리스도인인가에 대한 가르침이 함축돼 있습니다. 그리스도인이 되는 까닭은 자기 존재의 근원을 알고 자기를 완성하는 데 있습니다. 이 두 가지 삶의 목적은 표현은 다르나 그 의미는 사실은 하나입니다. 즉 사람답게 사는 데 있습니다.

그리스도인의 믿음은 바로 완전한 사람이 될 수 있다는 신념입니다. 이 신념을 함께하는 사람들의 공동체가 교회입니다. 완전함을 향한 여정

旅程에 들어선 사람들이 그리스도인입니다. 예수 그리스도께서는 "나는 길이요 진리요 생명이다"(요한복음 14장 6절)라는 말씀을 통해 우리가 나아갈 바를 분명하게 가르쳐주셨습니다. 예수께서 사시고 죽으시고 부활하심으로써 그리스도로 드러난 그 길입니다. 우리도 나답게 삶으로써 각자가 고유하게 그리스도인으로 드러날 그 길입니다. 예수께서 보여주셨듯이 내 온전한 모습이 드러나는 길은 평탄한 길이 아닙니다. 그리스도인으로 산다는 것은 그 시대의 풍조를 마주하고 거스르며 살아 나아가야 하는 고통의 여정입니다. 한국교회 선교초기 신앙의 선진들은 진리를 위해 목숨을 바치는 순교의 모습을 보여주었습니다. 우리는 이 의로운 신앙에 힘입어 올곧은 믿음의 터전 위에 교회가 세워졌습니다. 그렇다면 유산의 상속자인 우리가 해야 할 일은 무엇일까요? 시대를 넘어 변함없이 우리에게 다가오는 가르침인 하나님의 나라를 구현하는 일입니다.

그런데 오늘 그리스도인으로 살고자 하면서 당면하게 되는 가장 어려운 일은 교회 안에서 가르침에 어긋나는 역풍逆風을 마주할 때입니다. 하나님의 정의를 구현하고 진리의 길로 나아가려고 할 때 우리들 사이에 상존하는 역풍은 우리를 깊은 고뇌에 빠져들게 합니다.

이러한 갈등은 오랜 역사를 가지고 있습니다. 예수님의 시대에도 시대의 징조를 분별하지 못하고 예수님을 적대시한 두 부류의 유대인들이 있었습니다. 사두개파 사람들과 바리새파 사람들입니다. 사두개파는 현세적이고 정치권력과 타협하는 신앙인이었습니다. 반면에 바리새파는 내세를 위해 율법만을 강조해 사람을 잃었던 극단적인 신앙인이었습니다. 오늘날에도 이러한 왜곡된 믿음을 가진 그리스도인을 쉽게 발견할 수 있습니다. 정치권력과 타협한 신앙인들과 세상사에 무관심하고 오로지 개인의 구원만을 추구하는 신앙인들입니다. 이들로 말미암아 우리의 교회는 표류하고 있습니다.

무엇이 정의로운지 분별하는 일은 하나님의 말씀인 성경의 가르침에 준해서 판단해야 할 일입니다. 이점에서 예언자들의 외침은 매우 중요합니다. 하느님과 맺은 생명과 평화의 계약으로 그의 입에는 진리의 법이 있고, 목사들은 그의 입술에는 불의가 없으며, 주님과 함께 평화롭고 바르게 걸으며 많은 이들을 악에서 돌아서게 할(말라기 1장 6절) 의무가 있습니다. 목사들이 침묵하면 교인들은 더 깊은 소용돌이에 빠져들고 말 것입니다. 교인들 사이에서 서로 다른 가치관을 인정하는 것은 아름다운 하나님의 나라를 구현하기 위해 필요한 일입니다. 그러나 진리를 거스르는 일은 하나님의 나라를 이루기를 거부하는 행위입니다.

그리스도인은 세상사와 세상의 구원 사이에서 균형을 이루는 삶을 살아가야 합니다. 하나님의 정의가 세상에 구현되고 있는지 깨어 살펴야 하고 내가 수행할 역할이 무엇인지 기도하며 성찰하고 행동해야 합니다. 이렇게 부단히 깨어 묻고 사는 가운데 비로소 그리스도인의 모습이 서서히 드러나게 될 것입니다.

세계사에 더 영향 미친 독일인은

i

독일 사람을 대상으로 "세계사의 흐름에 가장 큰 영향을 미친 독일인을 꼽으라"는 설문조사를 하면 괴테나 베토벤, 헤겔이나 히틀러 등을 꼽을까요? 그렇지 않습니다. 독일인들은 마르틴 루터(1483~1546)를 단연 1위로 꼽습니다. 왜 그럴까요? 16세기 전반 타락한 중세의 종교사회를 향해 "처음으로 돌아가자, 성경으로 돌아가자"며 개혁의 기치를 올렸던 루터의 지향이 인류사를 관통하는 등대가 된다고 보기 때문입니다. 그러니 루터는 정치, 경제, 사회, 문화, 종교 등의 사회구성체 중 하나의 분야에서만 영향을 미친 사람이 아닙니다. 루터의 종교개혁은 기독교계를 넘어 국가 전체 아니 세계에 영향을 미친 인류사의 한 획을 그은 사건이었습니다.

2017년은 마르틴 루터의 종교개혁 500주년이 되는 해이다. 1517년 루터가 당시 성행하던 면벌부면죄부 등에 의문을 품고 비텐베르크 교회 외벽에 개혁을 향한 95개조의 반박문을 게시한 것을 기념하는 뜻깊은 해입니다. 루터로 인해 유럽에서는 거대한 지각변동이 발생했습니다. 개신교가 태동했고, 가톨릭 내부에서도 수도원 중심의 대대적인 자정 운동이 벌어졌습니다. 루터의 개혁사상은 인쇄기술의 발달이라는 당시 사회조건을 타고 전 유럽으로 퍼져나갔습니다.

종교개혁은 또 개신교프로테스탄티즘의 성립으로 이어져 근대 유럽의 형성에 영향을 미쳤습니다. 500주년을 계기로 프란체스코 교황은 가톨릭 역사상 처음으로 루터교와 화해하는 자리를 마련하기도 했습니다. '루터의 개혁 정신'은 종교에만 국한되지 않습니다. 그렇다고 개신교만의 전유물도 아닙니다. 루터는 가톨릭이 지배하던 중세 1000년을 뛰어넘는 개혁 정신을 보여주었습니다.

오늘 우리는 다시 '루터'를 뛰어넘는 개혁을 필요로 하는 시대를 맞았습니다. 종교개혁 500주년을 맞아 이 시대의 루터, 이 시대의 종교, 이 시대의 개혁을 짚어보는 것도 의미 있는 일일 것입니다. 사실 루터가 바꾸고자 했던 것도 '종교 개혁' 이전에 '삶의 개혁'이었습니다. 개혁은 어디서부터 언제 하는 것일까요? 그것은 바로 지금, 나부터 하는 것입니다. 내가 개혁의 대상입니다. 나부터 새로워져야 개혁은 시작됨을 잊지 맙시다.

그리스도인이라고 모두 다 같지 않습니다

i

 그리스도인이라고 모두 다 같은 것은 아닙니다. 예수 그리스도를 입고 예수 그리스도를 닮아 예수 그리스도를 따라 벗을 위해 기꺼이 제 목숨 내어놓는 보잘것없지만 위대하고, 자신을 감추지만 환히 드러나는 그리스도인이 있습니다. 재물과 권력을 섬기며 다툼과 시기 가득한 처절한 경쟁에서 제 살 길 찾기 위해 무기 삼아 그리스도를 몸에 두른 거룩한 척하지만 속되고 고상한 척하지만 천박한 그리스도인이 있습니다.
 추악한 어둠이 지배하는 광란의 시간에 희망의 새벽을 맞으려 여린 몸 아낌없이 작은 빛으로 사르는 그리스도인이 있습니다. 기나긴 밤과 찰나의 낮 사이를 비겁하고 교묘하게 넘나들며 탐욕과 무관심 가득한 암흑을 탐닉하면서 오히려 섬김과 돌봄의 빛의 자녀라 자처하는 그리스도인이 있습니다. 억압에 대한 굴종이 평화라고 일컬어지는 시대에 불의한 권력을 꾸짖고 억울하게 짓밟힌 이들을 일으켜 정의로운 평화를 보듬는 그리스도인이 있습니다. 모든 이가 더불어 함께하는 삶보다 가진 이들의 안락과 평안을 위한 버려진 이들의 침묵과 사라짐을 강요하는 평화라는 이름의 죽임을 즐기는 그리스도인이 있습니다.

그저 좋은 것이 좋은 것이라 말해지는 때에 모든 것이 평화롭다고 느껴지는 때에 그리스도인은 모두 다 같은 그리스도인처럼 보입니다. 자신이 가진 것들을 버리고 심지어 목숨까지 버리고 그리스도인임을 드러내야 할 때에 그리스도인이라고 모두 다 같은 그리스도인은 아닙니다. 주님을 모신 성전에서 주님을 모신 살아있는 성전으로서 감사와 찬양을 드릴 때에 그리스도인은 모두 다 같은 그리스도인처럼 보입니다. 하나님이 몸소 일하시는 세상에서 하나님의 손발이 되어야 할 일꾼으로서 기쁨과 희망, 슬픔과 고뇌 아우러지는 삶을 살아가는 그리스도인이라고 모두 다 같은 그리스도인은 아닙니다. 입으로만 읊어지는 장엄하지만 초라하고 희뿌옇기 그지없는 메마른 신앙고백 안에서 그리스도인은 모두 다 같은 그리스도인처럼 보입니다.

지금 여기 삶의 순간순간 불쑥 오시어 내가 너희를 사랑한 것처럼 너희도 서로 사랑하라고 다그치시는 사람의 아들을 벗이요, 동지로 받아들이느냐 천덕꾸러기로 내치느냐 천하고 낮은 곳에 오신 사람이 되신 하나님을 따르느냐, 제 배를 채워주는 돈과 힘과 온갖 세상적인 욕망을 추구하기 위해 죽임의 놀이를 즐기느냐, 살리기 위해 죽음의 십자가를 지느냐 쉼 없는 결단의 순간에서 그리스도인이라고 모두 다 같은 그리스도인은 아닙니다.

사람의 아들이 다시 오시는 날 목자가 양과 염소를 가르듯이 사람과 사람을 갈라 세울 때에 가장 작은 형제에게 베풀었기에 하늘 아버지께 복을 받아 세상 창조 때부터 준비된 하나님나라를 차지할 그리스도인이 있습니다. 오직 자신만을 보듬었기에 사람의 아들에게서 쫓겨나 악마와 그 부하들을 위해 준비된 영원한 불 속에 내쳐질 그리스도인이 있습니다. 사람의 아들이 다시 오시는 날, 같이 들에 있던 두 남자를 갈라 세워 하나는 데려가고 하나는 버려두듯이, 함께 맷돌질 하던 두 여자를 갈라 세워 하나는 데려가고 하나는 버려두듯이, 언젠가 세상의 마지막 날에 생각하지 않은 때에 불현듯 다시 오실 사람의 아들이 그리스도인을 갈라 세워 당신을 따른 그리스도인은 데려가고, 당신을 버린 그리스도인은 버리실 것입니다. 전에 오셨고 지금 함께 계시고 언젠가 다시 오실 사람의 아들이 기쁘게 품에 안아주실 그리스도인과 슬픈 낯으로 밀어내실 그리스도인으로 그렇게 그리스도인은 나뉠 것입니다.

기쁨과 설렘으로 사람의 아들을 맞이할 수 있는 그리스도인은 행복합니다. 자신을 만나러 오시는 사람의 아들을 기쁘게 해드리는 그리스도인은 더욱 행복합니다. 두려움과 초조함으로 사람의 아들 앞에 서기를 꺼려하는 그리스도인은 불행합니다. 자신을 만나러 오시는 사람의 아들을 슬프게 하는 그리스도인은 더욱 불행합니다. 그리스도인이라고 모두 다 같은 것은 아닙니다.

노동은 하나님이 주신 은혜

문재인 정부가 국정운영 최우선 과제로 일자리 창출과 고용안정에 나섰지만 여전히 실업문제는 점점 더 심각해져 가고 있습니다. 통계청이 발표한 2017년 6월 고용동향에 따르면 실업률이 3.8%로 전년 동기 대비 0.2%포인트 상승했습니다. 더욱이 15~29세 청년 실업자는 1년 전보다 8000명 이상 증가해서 청년 실업률이 10.5%로 뛰어올랐습니다. 실제 체감 실업률은 23.4%에 이릅니다.

이처럼 청년 실업난이 심각한 상황이지만 흔히 3D업종에 해당하는 중소기업에서는 지원하는 인력이 없어 구인난을 겪고 있습니다. 구직자는 자신의 노동의 대가로 넉넉한 급여와 좋은 근무환경을 보장해 줄 수 있는 일자리를 원하지만 그러한 일자리는 한정되어 있다는 것을 보여줍니다.

대부분의 사람들이 노동은 지겹고 힘든 것이지만 먹고 살기 위해서, 그리고 노후를 위해서 어쩔 수 없이 해야 하는 것이라고 생각합니다.

또한 노동에는 그에 상응하는 대가가 있어야 한다고 생각합니다. 맞는 이야기처럼 들리지만 이것은 성경의 노동관은 아닙니다.

창세기 3장 17절~19절에는 성경의 노동관이 잘 드러납니다. 죄를 범한 아담에게 하나님은 "땅은 너로 말미암아 저주를 받고 너는 네 평생에 수고하여야 그 소산을 먹으리라" 고 하셨습니다. 이 말씀으로 인해 사람들은 '땀 흘리는 것노동'이 '저주'라고 오해합니다. 그러나 이 말씀 속에서 우리가 놓치지 말아야 하는 핵심은 아담의 범죄로 말미암아 저주 받은 땅에서 살 수 있는 길을 열어주신 하나님의 은혜, 그것이 곧 노동이라는 사실입니다. 다시 말해서 노동은 저주 받아 살 수 없게 된 땅에서 살 수 있게 해 주신 하나님의 특별한 은혜이고 복입니다.

그런데 오늘날 노동에 대한 대가가 인간의 가치를 반영한다고 여기는 잘못된 가치관이 팽배해짐에 따라 자신의 노동에 대해 더 많은 대가를 받기를 소망하다보니 노동의 결과가 주어졌을 때 감사보다는 불평과 원망하는 마음이 먼저 생깁니다.

마태복음 25장에 나오는 달란트 비유입니다. 주인이 각자의 재능대로 달란트를 맡겼습니다. 다섯 달란트와 두 달란트 받은 사람이 각각 다섯 달란트, 두 달란트를 남겼을 때 주인은 '착하고 충성된 종아 네가 적은 일에 충성하였으매 내가 많은 것을 네게 맡기리니 네 주인의 즐거움에 참여할지어다'라고 말씀합니다. 하나님은 달란트의 많고 적음이 중요한 게 아니라, 노동 자체를 은혜로 여겨 땀을 흘렸는지를 중요하게 보십니다. 다섯이나 둘이나 모두 적은 일에 충성했다고 말씀하시며 그런 자에게 하나님은 많은 것을 맡기십니다. 이것이 곧 하나님의 즐거움에 참여하는 것입니다. 반면에 한 달란트 받은 자는 하나님과 결산하는 것을 두려워해서 땀을 흘리는 수고를 하지 않고 받은 그대로 묻어만 두었다 가져왔습니다. 하나님은 악하고 게으른 종이라고 하시며 내어 쫓아 밖에서 슬피 울며 이를 갈게 될 것이라고 말씀하십니다. 노동을 하지 않는 자에게 주어지는 저주입니다.

대가가 없으면 일하지 않고, 두려운 마음에 책임을 피하고 싶어, 일하지 않는 모습이 우리에게 있다면 회개하고 돌아서야 합니다. 대가가 있든 없든, 돈을 벌 수 있든 아니든 노동 자체가 은혜이며 복입니다. 하나님이 기회를 주셨을 때 우리는 섬기고 봉사하는 일에 최선을 다해야 할 것입니다.

세상의 빛으로 이해되는 교회

I

　미국에서 실제로 있었던 일입니다. 어느 재미교포 한 사람이 낯선 도시로 출장을 갔습니다. 출장 기간에 주일이 겹쳐, 어느 교회에 가서 예배를 드릴까 주변의 교회를 찾는데 잘 몰랐습니다. 마침 사거리에 교통순경이 있어서 물었습니다.
　"여보세요. 주일이라 교회 가서 예배드리려고 하는데 어디가 어딘지 잘 모르겠습니다. 어디로 가면 교회를 찾을 수 있는지요?"
　그랬더니 교통순경이 "저 100미터를 똑바로 가서 우회전을 하고 좌회전을 하면 교회가 있습니다."고 말해주었습니다. 그래서 찾아갔습니다. 크지는 않은 교회인데 예배 분위기가 너무도 좋았습니다. 문을 열고 들어가는 순간부터 안내위원이 얼마나 친절한지 큰 감동을 받았습니다. 가만히 살펴보니 교인들의 얼굴이 환했습니다. 미소가 있었습니다. 그는 아주 행복하게 예배를 드렸습니다. 예배를 잘 드리고 돌아오는데 보니까, 골목마다 가까운 곳에 교회가 여럿이 있었습니다. 그 순간 이런 생각이 들었습니다.

'이렇게 가까운 곳에 교회가 있는데 왜 이렇게 멀리까지 가라고 했을까?' 마침 사거리에는 교통순경이 아직 있었습니다. 그래서 물어보았습니다. "여보시오. 가까운 데도 교회가 많은데 왜 그 먼 교회까지 가라고 했소?" 그랬더니 이유가 있다는 것이었습니다.

"저는 교회를 안 나가기 때문에 어느 교회가 좋은 교회인지 잘 모릅니다. 가까운 데 있는 교회 교인들은 예배드리고 나오면서 얼굴을 찡그리거나 웃지를 않았습니다. 그런데 저 멀리 있는 저 교회 교인들은 예배드리고 나오면서 늘 환하게 웃으면서 이야기들을 나누었습니다. 그리고 저 교회 교인들은 인사를 잘하고 참 친절합니다. 이런 모습을 아주 오랫동안 본 결과 저는 저 교회가 진짜 같아서 제게 교회를 묻는 사람들에게 꼭 저 교회를 알려줍니다."

이 이야기가 주는 교훈이 참 큽니다. 오늘 우리 주변에 교회는 참 많습니다. 예수님을 믿는 사람들도 참 많습니다. 그런데 사람들이 교회를 보고, 믿는 사람들을 보고 존경하는 마음을 갖고, 자청해서 '나도 교회에 다니고 싶다'하는 마음을 갖는 것 같지 않습니다. 왜 그럴까요? 무엇이 문제일까요? 믿음이 없어서일까요? 아닙니다. 물론 우리의 믿음 생활이 완전하다고는 할 수 없지만 그래도 하나님을 믿고, 그 믿음 안에서 신앙생활을 합니다. 오랜 세월 믿음 생활을 하는 사람들입니다. 그런데 무엇이 문제일까요?

고린도전서 13장 11절입니다. "내가 어렸을 때는 말하는 것, 깨닫는 것, 생각하는 것이 어린아이와 같았는데 장성한 사람이 되어서는 어린아이의 일을 버렸노라" 그렇습니다. 믿음만으로는 안 됩니다. 믿음에서 자라나야합니다. 믿음 위에 덕을 갖춰, 어른스럽게, 성숙해져야 합니다.

베드로후서 1장 5절~7절입니다. "그러므로 너희가 더욱 힘써 너희 믿음에 덕을, 덕에 지식을, 지식에 절제를, 절제에 인내를, 인내에 경건을, 경건에 형제 우애를, 형제 우애에 사랑을 더하라" 믿음 위에 덕을 갖추지 못하면 그 믿음은 온전한 믿음이 되지 못합니다. 믿음 위에 덕을 갖춰야 장성한 사람이 될 수 있습니다. 믿음 위에 덕을 갖추면 지식과 절제와 인내와 경건과 형제우애와 사랑을 이룰 수가 있습니다.

위의 이야기에서 교통순경은 매주일 여러 교회 교인들을 봤습니다. 그가 본 많은 교회들 중에서 자신 있게 추천한 교회는 어떤 교회였을까요? 예수님을 믿고 예배를 드리는 것은 어느 교회나 비슷합니다. 그런데 그의 눈에 들어온 교회는 교회의 건물크기나 헌금 액수나 교인 숫자가 아니었습니다. 가까운 거리도 아니었습니다. 그가 진짜교회라고 확신한 곳은 규모가 작고, 거리가 먼 곳이었습니다. 그는 교인들의 자세와 삶을 보았습니다. 환하게 미소를 지으면서 서로 사랑을 나누는 교인들의 모습, 반갑게 인사하고, 친절하게 대하는 교인들의 모습이었습니다.

오늘 우리의 모습은 어떨까요? 우리의 얼굴과 삶을 보고 우리 주변의 사람들이 "저 사람들이 진짜야, 저 교회가 진짜야, 교회를 다닌다면 저 교회에 다닐 거야!"라고 할까요? 언젠가 본 종교별 신뢰도를 보니 그 결과가 천주교, 불교, 개신교, 원불교, 이슬람 순이었습니다. 개신교가 천주교나 불교에 뒤쳐져 있었습니다. 사회가 한국교회를 불신하는 이유는 이렇습니다. 첫째, 교파별 분열이 너무 심하다. 둘째, 이단이 너무나 많다. 셋째, 폐쇄적이고 이기주의 집단으로 비춰진다. 넷째, 말과 행동이 다르다. 다섯째, 헌금강요가 심하다. 여섯째, 목사의 사리사욕이 심하다. 그런데 이런 이유 중에서 "성경이 엉터리라서"라는 것은 없습니다. 문제는 개신교인의 삶의 태도입니다. 성경을 알지만 아는 대로 믿는 대로 살지 않기 때문입니다. 어느 교회당에는 '주기도문'을 빗대어 이런 글을

써 놓았다고 합니다.

'하늘에 계신'이라고 하지마라, 세상일에 빠져 살면서,
'우리'라고 하지마라, 너 혼자만 사랑하고, 생각하고, 살아가면서.
'아버지'라고 하지마라, 하나님의 아들딸로 살지 않으면서,
'아버지의 이름을 거룩하게 하시며'라고 하지마라. 자기 이름을 빛내기 위해 안간힘을 쓰면서.
'아버지의 나라가 오게 하시며'라고 하지마라. 세상의 돈과 물질만능의 나라를 원하면서,
'아버지의 뜻이 이루어지게 하소서'라고 하지마라. 내 뜻대로 되기를 기도하면서.
'오늘 우리에게 일용할 양식을 주시고.'라고 하지마라. 죽을 때까지와 자손 대대로 먹을 양식을 쌓아 두면서.
'우리에게 잘못한 사람을 용서하여 준 것 같이, 우리 죄를 용서하여 주시고'라고 하지마라. 누구에겐가 아직도 앙심을 품고 살면서.
'시험에 빠지지 않게 하시고, 악에서 구하소서.'라고 하지마라. 악을 보고도 아무런 양심의 소리를 듣지 않으면서.
'아멘'이라고 하지마라. 주님의 기도를 나의 기도로 바치면서.

골로새서 3장 23절입니다. "무슨 일을 하든지 주께 하듯 하고, 사람에게 하듯 하지 말라" 그렇습니다. 예수님을 믿는 사람들은 무슨 일을 하든지 그 일에 대한 세속적인 기준의 높고 낮음이나 사람들의 평가가 아니라 주님 대하듯 충실해야 합니다. 이런 자세로 모든 일에, 모든 사람에게 언제 어디서나 진실하게 임해야 합니다. 만나는 모든 사람에게 진실해야 합니다. 때로는 자신보다 나이가 어리거나 사회적 지위가 낮다고 해도

겸손하게 존중하면서 사람을 대해야 합니다. 이런 삶의 자세를 갖추려면 좀 마음에 여유를 갖고 웃으면서 살았으면 좋겠습니다. 오늘 우리의 교회가 회복해야할 것, 중점을 둘 것은 겉으로 보이는 예배당 규모나 재정이나 목사의 학력과 경력이 아닙니다. 바로 교회 구성원들의 환한 미소와 친절한 삶으로 드러나는 믿음 위에 세워진 덕일 것입니다.

4년 전 추위가 채 가시지 않은 어느 이른 봄날 저녁, 콘클라베의 교황 선출 직후 로마 베드로성당 발코니에 한 낯선 사람이 나타났습니다. 추적추적 내리는 빗속의 광장 인파를 보며 서있는, 처음 들어본 이름의 성직자에게 흰색 수단은 꽤나 어색하였으며 가슴의 십자가는 낡고 헐렁했습니다. 더구나 제3세계 출신이자 어려서 병으로 한쪽 폐를 잃은 일흔여섯 살의 노인이라니! 첫인상은 솔직히 좀 실망이었습니다.

하지만 "덕이 있으면 사람을 선도한다德在人先"는 말이 맞는 것 같습니다. 시간이 지나면서 그 실망은 점점 희망이 되어갔습니다. 아마도 그가 풍겨내는 인간적 품성들이 명색이 목사요, 윤리교육을 전공한 제게는, 기회만 되면 스스로를 포장하여 내세우기 바쁜 요즘 시대에 흔치않은 신선함으로 다가왔는지 모르겠습니다. 그의 소박함, 배려, 현명함 같은 것들이 제 마음을 움직였을 것입니다.

그가 보여준 것은 겉치레 없는 소박함이었습니다. 그는 교황이 된 뒤에도 화려한 바티칸궁전을 놔두고, 콘클라베 참석차 머물렀던 산타마르타의 집에서 오년이 지난 지금까지 쓰고 있습니다. 취임 후 첫 공식 외부 방문지 람페두사에서는 중고차를 빌려 타고 움직이며 아프리카 난민들을 만났습니다. 그가 오십 달러짜리 스와치 제품 플라스틱 손목시계를 찬다는 소식은 신선한 충격이었습니다. 얼마 전에는 시내의 안경점에 들러서 쓰던 안경테에 렌즈만 바꿔 끼고 요금도 직접 계산하였다고 합니다. 교황의 겸손한 리더십이 이런 소박한 삶에서 우러나온다는 생각이 듭니다.

  또한, 약자에 대한 배려입니다. 노숙자들을 자신의 생일 파티에 초청하기도 한 그는 로마 시내에 그들을 위한 무료의 샤워장과 이발소를 만들었습니다. 최근에는 빨래방까지 열었습니다. 폭행당한 여성에게 깜짝 전화를 걸어 위로하는가 하면, 교회의 성범죄 피해자들을 만나 교회가 그런 행위에 대해 은폐해온 사실을 인정하고 용서를 청했습니다. 어렵고 외로운 이들을 향한 그의 마음 써줌이 무척이나 구체적인 대목이었습니다. 우리나라를 방문했을 당시 세월호에 대한 추모의 행동이 정치적으로 이용될 수 있지 않겠느냐는 질문에, 유족의 고통 앞에서 중립을 지킬 수 없었다고 응답했습니다.

  아울러, 지도자로서의 현명함이 돋보였습니다. 그 역시 거대한 조직의 최고 지도자이면서도 자신만의 리더십을 슬기롭게 발휘하는 것 같았습니다. 안으로는 철옹성이 따로 없던 바티칸은행에 대수술 작업을 펼치면서 지지를 얻고, 밖으로는 마피아 조직을 공개적으로 파문하면서 질서를 꾀하였습니다. 외교적 수완도 발휘하여 미국과 쿠바의 수교에 결정적인 역할을 해냈습니다. 그래서일까요? 미국의 타임지는 그가 취임하던 해에 그를 '올해의 인물'로 선정하였으며, 포브스지는 취임 후 내리 4년간 그의 이름을 세계의 영향력 있는 인물들 톱클래스에 올렸습니다. 그의 트위터 계정 팔로우어 수가 3천만 명을 넘는다고 합니다.

  종교인의 진정한 모습이 무엇인지를 보여주는 프란체스코 교황과 이 시대를 함께 사는 것이 참 행복하다는 생각이 듭니다. 그의 모습이야말로 진정한 교회일 것입니다. 그러나 그에 대한 소식을 접하면서 즐겁지만은 않습니다. 그 이유는 제가 그와 같은 가톨릭이 아닌 개신교이기 때문입니다. 솔직히 그의 명성과 인기에 함께 대비되는 개신교 지도자들의 모습이 안타깝습니다. 이는 저 자신도 마찬가지입니다. 이른바 대형

교회 목사이거나 개신교계를 대표할 만한 위치가 전혀 아니지만 저는 분명 개신교 목사입니다. 제게 주어진 자리에서 제가 과연 어떤 모습일지 생각해 봅니다. 그가 보여주는 겸손과 소박함과 진실은 그저 그런 위치에 있는 목사인 제게도 신선한 충격으로 귀감으로 따끔한 자극으로 다가옵니다.

거룩한 교회로 개혁

2017년은 루터가 종교개혁을 시작한지 500년이 되는 해입니다. 물론 체코의 얀 후스의 종교개혁운동은 루터보다 앞서지만, 본격적인 종교개혁으로 알려진 것은 루터의 종교개혁입니다. 이는 칼뱅과 츠빙글리와 뮌처 등 종교개혁자들과 그 궤를 같이하기도 합니다. 종교가 권력의 맛에 취하고 막대한 부를 축적하면서 타락과 변질은 불가피했습니다. 이것이 극에 달한 시점에 교회가 교회다워야 함을, 처음 그 자세로 돌아가자고 외치는 소리가 바로 종교개혁이었습니다. 종교개혁은 교회가 분명하게 잘못을 인정하고 세속의 권력과 부유함에서 벗어나 거룩한 길을 걸어가야 함을 일깨우면서 시작된 것입니다.

종교개혁의 정신으로 교회는 다시금 교회로서 그 길을 가게 되었습니다. 그러나 오늘 우리 한국교회는 종교개혁의 전통과 생명력을 잃어버린 것만 같습니다. 종교개혁 500주년을 맞이한 이 시점이야말로 다시금 종교개혁 정신을 되새기면서, 교회가 교회답기 위해 거룩을 회복하기 위한 몸부림이 절실한 때입니다.

381년에 콘스탄티노플에서 회합을 거쳐 결정된 니케아-콘스탄티노플 신조에 나오는 구절입니다. "하나의, 거룩한, 보편적인, 사도적인 교회를 믿는다." 교회의 이 네 가지 속성은 낱개의 개념으로 분리되지 않습니다. 네 가지 속성이 통합적으로 어우러질 때 비로소 진정한 교회의 모습이 완성됩니다. 거룩한 교회는 하나가 되는 교회이며, 보편적인 교회이고, 사도성을 지닌 교회로서 순수함을 담아내는 공동체입니다. 이러한 교회가 거룩한 교회입니다. 그러나 교회가 내세우는 공식적인 진술 외에 일반적인 시각에서 인식되는 교회의 모습은 진정으로 교회가 거룩한 지에 대한 의문이 드는 게 사실입니다.

이 땅에 기독교복음이 전래되는 시기는 나라가 풍전등화와 같은 위기였습니다. 외세의 침입과 국권침탈 앞에 약소국으로서 독립된 주권을 위해 몸부림쳤지만 결국 일제강점기를 맞이하게 되었습니다. 이처럼 엄청난 위기와 혼란 속에서 기독교는 새로운 종교로서, 정신문화로서, 대안적인 사상으로 이해되었습니다. 그러므로 기독교는 새 희망의 상징이었습니다. 기독교는 종교로서만 이해되지 않았습니다. 신분제질서와 남녀차별을 타파해서 인간존엄의 사회체제를 구축하고 새로운 문물에 눈 뜨게 하는 혁신적인 가르침이었습니다. 기독교는 일제강점기에서도 그 후 해방정국과 6·25전쟁과 군부쿠데타 등의 혼란 속에서 바른 길, 희망으로서 자리매김해왔습니다. 민족지도자 김구는 한 지역에 경찰서 10개가 있는 것보다 한 개의 교회가 있는 게 더 낫다는 말을 하기도 했습니다. 그 이유는 교회가 지역의 정신문화를, 도덕을 선도하기에 범죄가 예방되기에 그렇게 말한 것이었습니다. 김구를 비롯한 수많은 민족지도자들이 스스로 기독교신자가 되었습니다. 또한 기독교계에서는 교회만

이 아니라 이 땅에 필요한 병원건립, 고아원건립, 시민사회단체 설립, 학교설립을 펼쳐갔습니다. 이런 기독교정신에 따라 설립된 곳들을 통해 한국사회는 빠르게 민주화와 경제적인 발전을 이룩할 수 있었습니다. 그러나 언제부터인가 한국기독교는 의를 가르치고 실천하던 정의에서 멀어지는 모습을 보여 왔습니다. 알게 모르게 권력과 결탁하고, 자연스럽게 교회가 자본화되면서 변질되었습니다. 교인들의 모습도 '말 따로 행동 따로'로 이분법적인 이중성을 보이고 있습니다.

심심치 않게 교회가 교회답지 못한 모습으로 보도되는 게 오늘 우리의 현실입니다. 지난 2016년 2월 3일에는 충격적인 일까지 벌어졌습니다. 경기도 부천에서 어느 목사와 의붓어머니가 딸을 지속적으로 폭행해서 죽인 후, 자신의 집에서 1년간 방치했다가 백골로 발각된 사건이 있었습니다. 이 사건은 기독교계에 커다란 충격을 주었습니다. 사이비 교회 지도자도 아니고, 독일에서 신약학전공으로 신학박사를 취득한 정규 교단의 목사이고, 저명한 신학대학의 겸임 교수였습니다. 이러한 그가 자신의 딸에게 극심한 아동 학대를 했습니다. 이 사건은 사회 전체에 충격을 주었고 온갖 비난이 교회에 쏟아졌습니다. 물론 이는 그 사람 개인의 문제입니다. 그러나 그가 목사이며 교수였기에 사회는 그 책임을 교회에도 물었습니다.

교회 내에서 목사들의 성범죄 사건이 지속적으로 발생하고, 일부 대형교회이기는 하지만 세습과 분쟁으로 고소고발이 벌어지는 일들이 벌어지기도 합니다. 이런 일들이 벌어진 이유는 교회의 분열, 교회 내 다양한 세력들의 대립과 투쟁, 물질만능주의, 도덕적 타락 등의 문제가 심각성을 더해만 가기 때문입니다. 이런 현실에 과연 교회는 거룩한 공동체라고 자부할 수 있을까요? 지역사회를 선도하는 정신적인 지지대로서 자신할 수 있을까요? 자라나는 세대들에게 참됨과 바름과 지혜를 일깨워줄 공동체라고 자신할 수 있을까요? 우리사회는 기독교가 다시금 거룩해지기를 소망합니다. 그래서 불의가 판치고 불안한 미래, 혼란한 사회 속에서 기독교가 참된 길을 제시해주고 교회가 그 역할을 감당해주기를 기대하고 있습니다.

기독교가 새롭게 되기 위해서는 성경에 나오는 '거룩/성결'의 개념을 보다 바르게 파악하고 깊이 묵상하는 것에서 시작해야합니다. 성경은 하나님은 거룩하신 분이라고 분명하게 제시합니다. '거룩'은 순우리말입니다. 한자어로는 '성결聖潔'이고 영어로는 Holy입니다. '성결교聖潔敎, Holiness Church'란 교단이 있는데 이는 '거룩'이란 주제를 강조하는 교단입니다.

'거룩/성결'은 히브리어로 '코데쉬 קדש' 인데 이것은 명사입니다. 이 명사에서 동사 '카다쉬 קדש'와 형용사 '카도쉬 קדוש'가 파생되었습니다. 동사 '카다쉬 קדש'는 매우 고귀해서 신성시되는 어떤 영역을 세속의 속된 영역과 구별하고 분리하는 동작을 가리킵니다. 그래서 이 단어의 뜻은 기본적으로 '분리하다 separate'가 됩니다. 그러니 '거룩하다'라고 말하면 그 속에 '분리하다'란 뜻이 내포되어 있습니다.

이사야가 성전에서 예언자로서 소명을 받을 때의 장면입니다. 천사는 하나님을 찬양하면서 "거룩하다, 거룩하다, 거룩하다"고 노래했습니다. 이 때 "거룩하다"의 히브리어는 '카도쉬 קדוש'입니다(이사야 6장 3절).

이사야서 6장에 하나님을 가리켜서 '거룩하다'란 형용사 '카도쉬'를 세 차례나 반복한 것은 하나님께서 지극히 거룩하신 분임을 나타낸 것입니다. 지극히 거룩하다는 말은 어떤 속된 영역으로부터 너무나 멀리 떨어져 분리되어 있다는 뜻입니다. 하나님과 멀리 떨어진 그 끝점에는 죄악으로 물든 세상이 있습니다. 폭력과 살인과 전쟁으로 가득한 세상에서 가장 멀리 떨어진 그 반대쪽 극점에 하나님이 계십니다. 그렇기 때문에 하나님은 '거룩, 거룩, 거룩'하신 하나님이십니다.

　하나님께로 가까이 나아가는 것이 거룩입니다. 교회는 하나님의 자녀들이 하나의 가정처럼 모인 공동체이므로 당연히 거룩해야 합니다. 교회가 거룩한 공동체가 되려면 세속의 모습과는 분명하게 달라야합니다. 부와 권력과 명예를 멀리하고 차별과 편 가르기에서 구별해서 거룩하신 하나님 쪽으로 가까이 나아가야 합니다. 이것은 세상을 등지고 수도원생활로 나아가라는 뜻이 아닙니다. 이기주의와 폭력을 조장하는 세속국가의 문명적 삶을 버리고 생명과 정의와 평화를 일구는 사랑의 삶을 살아내야 한다는 뜻입니다. 구별되고 분리되어야 합니다. 세속에 존재하는 사회구성체이지만 세속에 물들지 않은 순수한 거룩을 유지해야 합니다. '거룩'은 나쁜 자본주의가 조장하는 물질주의와 사람을 서열화하는 못된 권력을 버려야 이룰 수 있습니다. 네 이웃을 네 몸과 같이 사랑하라는 말씀을 따르지 않는다면 누구도 '거룩'에 이를 수 없습니다. 자기를 낮추고 십자가를 지는 그리스도의 사랑을 살아내는 교회라야 '거룩한 백성'으로 인정을 받을 수 있습니다(출애굽기 19장 6절).

　예수님은 다음과 같이 말씀하셨습니다. "그러므로 하늘에 계신 너희 아버지의 온전하심과 같이 너희도 온전하라"(마태복음 5장 48절) 교회는 거룩한 모습으로 세상에 보여 줄 의무가 있습니다. 교회의 근원적 모습을 현실에서 찾아가는 과정이 '개혁'입니다. 개혁이란 근원적 특성을 현실에서 실제로 구현하는 과정입니다. 교회는 "근원으로 돌아가라."라는 말과 "개혁된 교회는 계속적으로 개혁되어야 한다."를 통해 교회다울 수 있습니다. 여기에는 세상의 개혁도 포함됩니다. 교회는 세상을 위해서 세상 속에서 생겨나고, 자라고, 함께하고 세상을 섬기는 공동체이기 때문입니다. 거룩한 교회가 교회개혁을 통해 교회다움을 회복하고 교회가 세상의 개혁을 이룩해나가기 위해서는 몇 가지 과업을 수행해나가야 합니다.

　먼저 교회가 자기반성을 통한 회복을 이루어가야 합니다. 그동안 교회는 솔직하지 못했습니다. 애써 교회 내부의 부정과 불의와 반목을 감추기에 급급했습니다. 우리 사회는 더 이상 비민주적인 폐쇄성을 인정하지 않습니다. 교회운영과 구조를 투명하게 공개하고 민주적이고 합리적인 질서에서 운영해야 합니다. 더 이상 변명이나 합리화로 모면하려고 해서는 안 됩니다. 솔직히 교회가 성숙하지 못했음을 인정하고 반성하고 나서 처음 그 마음으로 교회답게 출발해야 합니다. 지금의 교회의 모습에 대해 논의할 때면 자주 등장하는 말들이 있습니다. 도덕적 타락, 물질만능주의, 교회의 구조적인 갈등 상황, 교회의 세속화, 교회의 빈익빈·부익부 현상, 비순수성 등입니다. 이에 대한 진지한 반성과 자성을 통해 신앙의 근원을 찾고 이를 실천에 옮기는 논의와 모임이 요청됩니다.

　다음으로 대사회적인 사명입니다. 교회가 사회의 병적인 구조와 어둠의 그늘에 대해 얼마나 치유하려고 하는가에 대한 반성과 다짐입니다. 오늘 우리 사회는 신자본주의의 여파로 부의 편중이 심화되고 있습니다. 그러다 보니 젊은이들 사이에서 '헬조선'이란 표현이 보편화될 정도입니다. 3포 세대, 5포 세대들과 같은 표현을 통해 젊은이들의 좌절과 절망을 직간접적으로 확인할 수 있습니다. 금수저, 은수저, 흙수저 등의 표현도 마찬가지입니다. 우리 사회가 점차 모순덩어리로 바뀌어 가고 있습니다. 이러한 경제적인 절망은 곧바로 우리 사회의 모든 영역에 파급효과를 끼치게 됩니다. 이러한 현실을 들여다보면서 "네 이웃을 네 몸과 같이 사랑하라."는 예수님의 말씀을 교회가 얼마만큼 이를 실천하고 있는지에 대한 심각한 고민이 있어야 하고 분명한 실천적인 다짐이 있어야 합니다.

　더 나아가서 교회는 더 멀리 더 깊이 더 높은 가치를 제시해야합니다.

지금 당장의 이익과 문제에 급급해서는 안 됩니다. 교회는 민족통일과 세계평화와 지구생태계 문제를 고민하고 해결해나가려는 몸부림을 하는 곳이어야 합니다. 이런 고매한 가치와 논의는 궁극적인 참됨을 일깨워주는 교회만이 가능하고 교회가 해야 할 사명입니다.

우리는 전 세계에서 그 유례를 찾아보기 어려운 분단국가입니다. 이제는 냉전체제의 산물인 이념적 갈등을 극복하고 회해와 상생의 통일한 국을 이룩하는 데 교회가 앞장서야 합니다. 이를 바탕으로 전쟁과 분쟁으로 치닫는 세계에 평화를 일깨워줘야 합니다. 이를 위해 교회는 교회일치와 연합으로 세계교회와의 연대와 연합도 중요하게 펼쳐가야 합니다. 또한 지구생태계를 보존하는 일에도 매진해야 합니다. 우리 인간의 탐욕으로 지구생태는 많이 오염되고 파괴되었습니다. 하나님이 만드신 피조세계가 고통 받고 있습니다. 이로 인한 이상기온과 기후변화는 점차 심각성을 더해가고 있습니다. 이상기온 현상들이 한 지역이나 한 국가의 일만이 아닙니다. 기후변화가 전 지구적으로 계속 확대되고 있습니다. 기후변화는 북극과 남극의 빙하를 녹여 해수면 상승을 일으킬 것입니다. 이는 각종 태풍과 해일을 몰고 와, 앞으로 지구생태계를 불확실성의 세계로 몰고 갈 것입니다. 이제 교회는 이 문제에 대해 무한 책임을 지고 적극 대처해 나가야 할 지구생태계지킴이로서 그 사명을 감당해 나가야 할 것입니다.

한국교회의 위기인식, 20대 무종교인과 가나안 교인 증가 현실

이번 통계에서 제일 먼저 눈에 들어오는 특이한 점이 10년 전(2005년)보다 종교인구가 급격히 감소하고 있다는 점입니다. 2016년 12월 실시한 통계청 조사 결과는 개신교는 물론 다른 종교들에도 큰 충격을 주었습니다. 그 이유는 탈종교화 현상이 수치상으로 확인됐기 때문입니다. 조사 결과 종교가 있는 인구는 2155만 4000명으로 전체 인구의 43.9%를 차지했는데, 이는 2005년 52.9%에서 9%나 감소한 수치입니다. 반면 종교가 없는 인구는 2005년 47.1%에서 2015년에는 56.1%(2749만 9000명)로 증가했습니다. 수치상으로는 10년 사이에 9%나 되는 인구가 종교를 포기한 것입니다. 통계청 조사에서 '종교 없음'이 종교 인구를 앞지르기는 이번이 처음입니다.

종교 인구 감소는 성별로 다소 차이가 있지만 남녀 모두 감소한 것은 마찬가지였습니다. 종교가 없는 남자는 2005년 50.7%에서 2015년에는

60.6%로 10% 가량 증가했습니다. 여성 역시 2005년 43.6%에서 51.6%로 8% 가량 증가했습니다. 성별 종교 인구 감소는 종교가 있는 인구와 비교했을 때, 더욱 확연하게 드러납니다. 2015년 기준으로 종교가 있는 남자는 39.4%인데 비해 종교가 없는 남자는 60.6%에 달했습니다. 2005년 49.3%(종교 있는 남자), 50.7%(종교 없는 남자)에 비해 폭이 더 커진 것입니다. 여성은 그동안 종교가 있는 비율이 더 높았으나, 2015년에는 반대로 종교가 없는 비율이 더 높았습니다. 여성은 종교가 있다는 비율이 1995년 54.2%였다가, 2005년 56.4%로 조금 높아졌고, 그러다 2015년에는 48.4%로 대폭 감소했습니다.

연령별로는 나이가 적을수록 종교가 없는 비율이 높았습니다. 종교가 없는 인구 비율이 가장 높은 연령대는 20대로 자그마치 64.9%에 달했습니다. 그 다음으로는 10대 62.0%, 30대 61.6% 순이었습니다. 10대부터 30대까지 종교가 없는 비율은 63%에 달해, 전체 평균 56.1%에 비해 높았습니다. 최근 개신교계에서 우려가 커지고 있는 고령화 현상이 이번 조사에서 여실히 확인된 것입니다. 30대 이후로는 연령이 증가하면서 종교 인구가 많아져 70대에는 종교가 없는 인구가 41.8%로 가장 적었습니다. 2005년과 비교해 종교 인구 비율이 가장 크게 감소한 연령은 40대였습니다. 40대는 2005년에 종교가 없는 인구 비율이 43.5%였지만 2015년에는 56.8%로 13.3%나 증가했습니다. 이어 20대(12.8%), 10대(12.5%) 순으로 종교가 없는 인구 증가 비율이 높았습니다.

연령별 종교 인구 감소 현상은 연령별 사회활동 참여인구와도 연관지어 볼 수 있습니다. 30대의 사회활동 참여인구는 2010년과 비교했을 때 4.9%나 가장 크게 감소했습니다. 이어 40대(3.4%), 20대(2.6%) 순으로 감소폭을 보였습니다. 비슷한 연령대에서 사회활동 참여인구와 종교 인구 감소가 동시에 나타난 것으로, 둘 사이의 연관성을 유추해 볼 수 있습니다.

사람들이 종교를 찾는 이유를 보편적으로 마음의 안정과 위안으로 꼽습니다. 그런 측면에서 20세 이상 성인이 종교단체가 아닌 문화단체에 참여해 사회활동을 하는 비율이 높아졌다는 것은 문화활동을 통해 심리적인 안정을 꾀한다고 볼 수 있으며, 이것이 종교를 필요로 하지 않은 현상으로 이어진다는 분석이 가능합니다. 아울러 상대주의와 포스트모더니즘과 같은 시대사조, 여기에 종교의 세속화, 종교 내의 갈등과 분열 등이 탈종교현상을 가속화시키고 있는 것 같습니다. 젊은층의 탈종교화는 장기적으로 종교인구의 고령화, 나아가 종교인구의 급속한 하락을 가져오는 요인이기 때문에 범교회 차원의 전 방위적인 분석과 대응이 요구되고 있습니다.

종교인구의 감소는 세계문명사적으로 볼 때 계몽주의 이후의 정신사조에 속하는 근·현대 그리고 후현대(post-modern)기[1]의 특징입니다. 새로운 것은 아닙니다. 사실 한국 사회의 탈종교화 현상은 어느 정도 예견된 부분이기도 합니다. 한국갤럽이 2015년도에 펴낸 〈한국인의 종교〉보고서에서도 종교인 감소가 두드러졌습니다. 이 보고서에는 10년 전인 2004년 조사에서 종교인 비율이 54%였지만, 2014년 조사에는 4%가 감소한 50%로 보고됐습니다. 당시 한국갤럽은 종교인 비율이 감소한 것은 젊은층의 종교인 비율이 두드러지게 감소한 데 주원인이 있는 것으로 분석했습니다. 젊은층의 탈종교 현상은 이번 인구조사에서도 그대로 반영됐습니다. 40대 이하부터 '종교 없음' 인구가 월등하게 높게 나타났습

---

1 1960년대 일어난 문화운동으로 정치, 경제, 사회의 모든 영역과 관련된 한 시대의 이념입니다. 포스트모던은 1970년대 말 미국의 건축가인 젠크스(Jencks, Charles)가 건축에 이 용어를 정착시켰습니다. 포스트모던은 현대적인 것과 고전적인 것, 기능적인 것과 장식적인 것, 개인적인 것과 대중적인 것의 조화를 기대했으며, '진보적인 절충주의'의 시대를 예견했습니다.

니다. 우리 사회의 탈종교현상의 원인을 유추할만한 조사항목이 이번 센서스에 포함되어 있었습니다. 20세 이상 분야별 사회활동 참여 인구를 묻는 질문에서, 종교단체가 2010년 10.6%에서 3.1% 감소한 7.5%로 조사됐습니다. 반면 2010년 5.8%에 불과했던 문화단체는 9.2%로 3.3%나 증가한 것으로 나타났습니다.

또한 탈종교화는 전 세계적인 흐름이다. 유럽은 물론이고 기독교 배경의 미국조차 자신의 종교가 없다고 말하는, 비종교 인구가 과거 10%에서 최근에는 20%대로 증가한 것으로 알려졌습니다. 우리나라의 탈종교화 현상과 관련해서도 2000년 이후 우리 사회에 확장되고 일상화된 포스트모더니즘이 탈종교화를 가속화시켰다는 분석이 많습니다. 대중매체에서 '나 혼자 산다' 같은 프로그램들이 젊은 층에게 인기가 많습니다. 이런 현상을 확대해서 생각해보면 이는 공동체에 대한 거부감입니다. 그런데 교회는 함께 있는 곳이고, 공동체입니다. 일상화된 포스트모더니즘이 공동체를 떠나 홀로 살고 싶은 욕망을 확장시킨 것으로 볼 수 있습니다.

전문가들은 한국교회에 대한 상실감도 탈종교화에 큰 몫을 차지했다고 평가합니다. 하루가 멀다 하고 터지는 교회 문제에 교회가 교회다운 모습을 제대로 보여주지 못한 것입니다. 각종 통계에서 개신교가 여러 종교들 중 가장 낮은 신뢰도를 보이고, 대형교회와 교단의 세속화, 목회자에 대한 실망 등으로 예배에 출석하지 않는, 이른바 '가나안' 교인이 증가하는 것도 같은 이유에서입니다.

종교인구가 지난 10년간 9% 줄었습니다. 종교가 없는 인구는 2015년 47.1%에서 56.1%로 증가한 셈입니다. 이 결과는 특정 종교의 문제가 아니라 개신교를 포함한 모든 종교가 긴장하고 지켜 봐야할 결과 아닌가 싶습니다. 많은 수의 종교학자들은 과학과 사회의 발전으로 말미암아 사람들은 더욱 고립될 것이며, 이에 영적이며 정신적인 공허감이 더 커지게 될 것이므로, 종교에 대한 갈망이 줄어들지 않을 것이라고 예상했습니다. 그러나 이번 통계는 그런 예측을 무색하게 만들었습니다. 실제로 전체 종교인구가 지난 10년 동안 9%가 줄었다는 것은 주목할 만한 사항입니다. 그러나 종교는 싫지만 영성에는 오히려 더욱 관심이 많아졌습니다. '영적이지만 종교적이지 않은spiritual but not religious'이라는 후현대 사조의 특징은 종교를 제도적으로 만나기를 원치 않습니다. 그러나 개인의 경험으로서는 여전히 만나기를 원하는 후현대기 인간 심리를 볼 수 있습니다. 그러니 제도화되고 권력 구조화된 개신교의 추세를 비판적으로 봐야 합니다.

또한 주목해서 볼 것은 종교인구가 연령층에 따라 큰 차이를 보이고 있다는 점입니다. 종교인구 비중이 가장 높은 연령대는 70대 이상입니다. 반면에 가장 낮은 층은 20대입니다. 이는 개신교뿐만 아니라 모든 종교의 미래를 예측해 볼 수 있는 대목입니다. 결과에 대한 입장과 함께 이와 같은 내용을 개신교가 어떻게 받아 들여야 할까요? 더욱 문제되는 것은 젊은 층으로 갈수록 종교에 대해 더 무관심하다는 것입니다. 이번 조사에서 '종교가 없다'고 답한 답변자 중 20대의 비율이 64.9%로 가장 높았고, 10대가 62%로 바로 뒤를 이었습니다. 오늘 한국의 종교들이 젊은 층들에게 매력을 상실하고 있다는 통계입니다. 나이가 든 사람들은 이전 자신이 다녔던 종교단체에 습관적으로 참여하고 있지만, 젊은 층은 종교를 가질 필요성을 점점 느끼지 못하고 있는 것 같습니다.

이번 통계에서 흥미로운 점은 각 종교별로 젊은 세대의 감소폭이 눈에 띕니다. 통계청 국가통계포털 코시스KOSIS를 활용해 2005년과 2015년 연령별 종교 인구를 분석해보면 그 결과 개신교와 불교, 천주교 세 종교 모두에게서 젊은 세대가 상당수 줄어든 현상을 확인할 수 있습니다. 실제로 이런 현상은 각 종교별 신문이나 방송보도에서 쉽게 찾아 볼 수 있습니다. 개신교계에서는 한국교회 주요 교단들이 다음세대와 관련해 내놓는 통계에서도 이는 확인할 수 있습니다. 교단별로 이른바 주일학교가 사라지는 현상이 뚜렷합니다. 더 큰 문제는 감소폭입니다. 개신교도 문제이지만 불교와 천주교는 훨씬 더 급격하게 감소됐고, 그것이 이번 종교인구 전체 통계결과에 큰 영향을 미친 것으로 볼 수 있습니다. 구체적으로 살펴보면, 0~9세의 경우 2005년 개신교가 110만 명, 불교는 73만 명, 천주교는 53만 명이던 것이 2015년에는 개신교가 91만 명으로 줄었으며, 불교는 27만 명, 천주교는 25만 명이 감소했습니다. 불교와 천주교의 감소폭이 매우 큽니다.

10~19세도 10년 사이 개신교가 122만 명에서 133만 명, 불교가 115만 명에서 46만 명, 천주교가 76만 명에서 38만 명이 감소했으며 불교와 천주교는 압도적으로 감소했습니다. 20대는 개신교가 131만 명에서 105만 명으로 16만 명 줄어드는 사이 불교는 141만 명에서 57만 명, 천주교는 82만 명에서 43만 명으로 감소했습니다. 30대 개신교 인구가 145만 명에서 136만 명으로 9만 명 감소하는 사이, 불교는 75만 명, 천주교는 44만 명으로 역시 감소폭이 컸습니다. 젊은층의 종교 이탈현상이 매우 심각한 상태임이 확인되었습니다. 이는 우리나라 전체 인구 중 '종교가 있다'는 인구가 2005년 52.9%에서 43.9%로 9%나 감소했고, 10대 12.5%, 20대 12.8%, 30대 9.5%, 40대 12.3%로 비교적 젊은 세대에서 감소현상이 두드러지고 있다는 것과 연결 지어 생각해 볼 수 있습니다. 이런 결과는 10~40대 현대인들이 종교를 심각하게 생각하지 않고, 관심이 떨어졌다는 입장을 명확하게 보여준 것이라고 볼 수 있습니다. 또 자녀세대와 부모세대가 맞물려 있는 특징도 엿볼 수 있습니다.

오늘날 우리나라의 젊은이들은 삶을 돌아볼 여유도 없이 다람쥐 쳇바

퀴 돌 듯, 바쁜 일상을 살고 있습니다. 당장의 의식주 해결도 쉽지 않은 상황에서 종교적인 질문들을 생각해볼 시간도 갖기 힘든 상황입니다. 아울러 오늘 우리 사회는 교회가 아니더라도 삶을 즐길 수 있는 공간들이 많은바, 교회에서 그다지 재미를 느끼지 못하는 것도 한 이유입니다. 이에 우리 종교들은 일상의 삶에 더 다가가기 위한 노력을 해야 할 것입니다. 피상皮相적이고 피안彼岸적이며 추상적인 교리만을 가지고는 오늘 우리 삶의 현장을 담아내기 힘듭니다. 보다 구체적인 삶의 자리에서 참된 자기정체성을 찾고, 삶의 궁극적인 의미를 제시하는 종교가 되어야겠습니다.

특별히 지역에 따라 종교별 인구가 다르게 나타나고 있다는 것도 주목해 봐야할 현상으로 받아들여집니다. 동쪽은 불교가, 서쪽은 기독교가 각각 강세를 보였습니다. 천주교는 수도권에서 강세를 나타냈습니다. 아무래도 기독교의 선교역사와도 관계성이 있어 보입니다. 이 결과들은 이번 통계에만 나타난 독특한 현상이 아닙니다. 동서의 종교분포도를 불교와 개신교로 구분 짓는 것은 흥미로운 일입니다. 하지만 그것이 기독교의 선교역사와 깊이 연관되어있는지를 연구해봐야 할 것 같습니다. 이는 종교가 지역과 무관하지 않음을 말해주는 것이기도 합니다. 앞으로 종교는 종교가 터를 잡고 있는 지역의 역사와 문화를 민감하게 살펴보고 거기서 필요를 채워주고 비판과 견제와 지원을 펼치는 지역공공재로서, 그 존재성을 분명히 하고 수행할 과제를 찾을 수도 있을 것 같습니다.

2015년 종교통계는 급변하는 현대사회에 종교는 어떤 의미와 가치로 자리매김할 수 있을지를 진지하게 성찰하고, 다짐할 수 있는 중요지표입니다. 종교계는 자체조사가 그 이상의 신뢰를 얻어낼 수 있도록 객관성과 정확도를 높여나가야 할 것입니다. 그 다음으로는 통계결과를 자성의 기회로 삼고, 그 조사결과를 가지고 시대에 맞는 선교의 방향을 모색할 필요가 있습니다. 그러나 더 중요한 것은 근본적으로 어느 종교의 교세 '상승'이 그 종교가 올바른 길을 가고 있다는 바로미터로 여겨져서는 안 된다는 점입니다.

신앙의 자유를 획득한 로마시대의 콘스탄티누스 이후가 세계적인 교세상승기였음에도 그 시대는 '하나님 정의'의 실현된 것이 아니라 '기독교 패권'의 시대로 어찌 보면 암흑기였다는 것을 생각해야 합니다. 이는 우리나라 역사에서도 불교나 유교 등이 국교였을 때 그 종교가 본연의 가치를 담보하기보다는 기득권에 편승하면서 변질된 것과도 무관하지 않습니다.

오늘 우리 시대의 개신교는 자본화된 물량적인 힘이나 영향력을 자랑할 것이 아니라 겸손과 진정성의 자세에서, 철저한 신앙공동체를 결성하고 네트워크를 확대해 나가야 합니다. 이 사회가 보기에도 칭찬할만한, 분쟁대신 일치하는 교회의 모습을 보여주고, 큰 교회와 작은 교회가 공생하고 연대하는 공공성의 확보에 충실해야 합니다. 기독교복음의 내용을 내세적으로나 개인적으로 축소·함몰시키지 않고, 공동체 중심적이고 현재적인 하나님의 나라를 증언할 수 있도록 배우고, 가르치며 실천해야 할 것입니다. 그래야만 다음 10년 후 통계청 인구조사에서 더 나은 결과를 기대할 수 있을 것입니다.

이번 2015년 통계청 종교조사를 보면, 1985년 종교 유무를 조사한 이래 처음으로 무종교인의 비율이 증가했음을 알 수 있습니다. 이렇게 무종교인의 수가 늘어난 것은 우리 사회에서 가구 형태가 4인 가구에서 1인 혹은 2인 가구의 비율로 변화된 것과도 관련이 있습니다. 4인 가구 중심 사회에서 종교 조사를 하게 될 경우, 4인 가구 중 대표 응답자가 4인 전체를 같은 종교로 응답할 확률이 높습니다만 1인이나 2인 가구 형태에는 개인이 자신의 종교 의견을 좀 더 뚜렷하게 드러낼 수 있습니다. 실제로 2015 종교별인구통계 자료에서 무종교인이라고 답한 사람 수는 2749만 9000명으로 지난 2005년 2182만 6000명에 비해 9% 급증했습니다. 이 중 20대가 64.9%로 가장 높았고, 이어 10대가 62%, 30대가 61.6% 순이었습니다.

현대 사회에서 20대 무종교인의 비율이 급증한 것은, 취업이 어렵고 피폐한 삶 속에서 살고 있는 이들에게 종교 활동이 크게 의지가 되지 않음을 의미하기도 합니다. 또한 한국교회의 성향이 보수적인 부분이 많다보니, 이 때문에 교회를 다니는 청년들이 교회를 떠나 가나안 교인이 되는 경우도 많습니다. 그러므로 한국교회는 개신교 1위 순위에 마냥 기뻐하기보다는, 현대인들의 삶에 의미 있는 역할을 할 수 있도록 먼저 상황을 파악한 뒤 이에 맞게 대책을 세워야 할 것입니다. 수치상 증가분에 현혹될 것이 아니라 내부적으로 조심스럽게 반성을 하고, 수적 증가보다 질적 성숙에 초점을 맞춰야 합니다. 이를 위해서 먼저 사람들의 필요를 구체적으로 파악하고 충족시키려는 자세가 필요합니다. 오늘 이 시대는 다원주의 사회입니다. 이전 시대에 비해 사람들의 필요나 동기나 욕구는 굉장히 다양해졌습니다. 이처럼 변화된 시대정신을 외면한 채, 과거 지향적이거나 획일화된 방식을 고수해서는 안 됩니다.

이제는 신앙의 공공성도 생각해봐야 합니다. 교회들이 자칫 신앙과 삶을 분리시키려는 경향이 있습니다. 이제는 교회는 개인 삶의 모든 영역에까지 관심을 갖고 논의하는 공공성을 가져야 합니다. 교회가 이런 부분들에 대한 대안을 마련하지 않으면, 사람들이 어려움을 당했을 때 교회에 나가봐야 아무런 도움이 안 되더라하고 말할 수 있습니다. 교회들이 20대의 팍팍한 현실이나, 블루컬러와 저소득층의 경제적 어려움에도 구체적인 관심을 가져야 합니다.

고령사회에 따른 대책도 탈종교화를 극복할 수 있는 대안이 될 수 있을 것입니다. 연령이 높아질수록 종교를 가진 인구가 많아지고 있는데 교회들이 이에 대한 대책을 마련해야 합니다. 천주교나 불교는 이미 고령층의 종교가 돼 버렸고, 개신교도 고령화가 가속되고 있는 상황입니다. 고령층 인구들이 신앙 안에서 어떻게 의미 있는 삶을 살아갈 지에 대한 구체적인 방안들이 교회에서 나와야 할 것입니다. 이 일은 담임목사나 전임목회만 하는 것이 아닙니다. 또한 이른바 항존직이라는 교회 중요 직책을 맡은 이들만이 하는 것도 아닙니다. 눈에 보이는 건물로서 교회만 교회가 아닙니다. 눈에 보이지 않는 살아서 운동력이 있는 교회가 있습니다. 그것이 바로 교회를 구성하는 교인들입니다.

  오늘 이 시대는 다양한 교인들의 전문지식과 봉사역량이 절실한 때입니다. 주인의식을 갖고 교회 일에 참여하고 공유하면서 합력해서 선을 이루는 일에 많은 교인들이 참여하는 교회가 건강한 교회요, 미래지향적인 교회일 것입니다. 이를 위해 교회구조가 지금보다는 개방적이고 민주적인 소통이 원활한 구조조정도 필요합니다. 변화된 세상에 구태의연한 지시하달식 수직구조로는 젊은층의 호응을 얻을 수 없을 것입니다. 분명 그리스도 안에서 복음의 진리는 변질되지 않고 고수해야하지만 이를 둘러싼 교회구조나 제도나 운영방식은 얼마든지 변할 수 있고, 변화해야만 할 것입니다. 이제 오늘 이 시대는 교회의 변화를 간청하거나 부탁하는 것이 아니라 생존의 절박함으로 강요하는 지도 모릅니다. 이 위기의 시대에 마지못해 적합한 타이밍을 놓치는 변화가 아니라 보다 능동적이고 준비된 자세로 변화를 주도하는 교회가 되기를 소망해봅니다.

  이제는 한국교회가 진행하는 청년 사역이 변화해야 할 것입니다. 과거 성경연구, 교리교육, 영성훈련, 선교훈련 등 각종 훈련과정이 일정한 지지효과를 발휘한 것은 사실이지만 이런 교육과 훈련이 그저 그동안 해오던 과거에 기반을 둔 경우가 많습니다. 그러다보니 식상해서 깊이를 느끼기 어렵고, 시대착오적인 측면이 많습니다. 이것이 곧 탈종교 확률을 증가시킬 가능성으로 작용합니다. 개인주의 사회에서 탈종교로 이해되는 청년들이 무엇을 필요로 하는지 파악해 그에 맞는 방식을 마련할 수 있도록 해야 할 것입니다.

한국교회가 청년 세대를 길러내는 데 있어서 방식의 변화에 그쳐서는 안 됩니다. 보다 질적인 요소의 변화가 시급합니다. 이는 새로운 프로그램의 도입을 말하는 것은 아닙니다. 주어진 여건에서 분명한 정체성에 따라 비전을 세워나가는 전략을 수립하고 그에 맞게 내용과 방법론을 재구성해도 가능합니다.

또한 한국교회가 이른바 '가나안 교인'에 집중해야합니다. 이들은 교회에는 나가지 않지만 신앙을 갖고 있는 사람들입니다. 대표적인 교단들의 교세 통계가 감소했음에도 개신교가 종교 1위를 차지할 수 있었던 것은 가나안 교인의 증가에 따른 것도 있습니다. 이번 미국 대선에서 평소 트럼프를 지지한다는 사실을 드러내지 않던 이들이 투표소에서는 그에게 투표권을 던진 숨은 지지자들을 칭하는 '샤이 트럼프'[2]란 말이 나왔습니다. 우리 사회에서 개신교인의 규모가 증가했지만, 존재감을 드러내지 않는 가나안 교인들 역시 '샤이 트럼프'와 같은 맥락으로 볼 수 있습니다. 가나안 교인이 증가했기 때문에 비록 교세 통계는 감소했지만 개신교인 수는 1위를 차지할 수 있었습니다. 그러니 이번 결과에 대해

---

2 샤이 트럼프란 지지율 조사에서는 힐러리가 계속 트럼프를 이겼습니다. 그런데 실제 선거에서는 힐러리가 졌습니다. 지지율조사 때는 숨죽여 가만히 있던 지지자들이 투표에 나왔던 것입니다. 이 사람들을 샤이shy ; 수줍은, 부끄러운, 모자라는라고 말하는 것입니다. 카페나 게시판 혹은 소셜 미디어에 자신의 의견을 게재할 때 특정 인물 혹은 사건에 대해서 견해를 밝혔다가 주위 사람들로부터 비난과 핀잔을 들을까봐 견해를 밝히지 않는 이들을 말합니다. 트럼프가 인종차별적이고 가진 자 위주로 정책을 제시하고 성추문 등으로 자질논란이 일자 트럼프를 지지하자니 부끄러운 측면이 있었기에 트럼프를 지지하지 않는 것처럼 말하고는 실제 투표장에서는 트럼프를 지지한 것입니다.

자만하지 말고, 가나안 교인과 청년들이 교회로 돌아올 수 있도록 교회 내 문제점을 깊이 파악해서 그 해결점을 찾고, 그들의 생활과 문화까지 들여다보며 대비책을 마련해나가는 일에 힘써야 할 것입니다. 개신교의 성장을 개신교계에서는 하나님의 축복이라고 여기지만 객관적인 학문으로서 종교학에서는 사회적·정치적 측면에서 다루기도 합니다. 조선시대 선교사 알렌이 당시 실력자인 명성황후 가문의 실력자 민영환을 치료하면서 서양 의술이 위력을 발휘하고 그 일로 조선 정부가 인정하면서부터 선교가 활성화되는 계기가 되었습니다. 주목해볼 점은 청일전쟁과 러일전쟁으로 혼란과 위기에 직면한 조선의 현실에, 선교사들은 정치와 종교를 분리하는 노선으로 교회에 십자가를 세우는 데 주력했습니다. 십자가가 있는 곳은 외교적 마찰을 꺼려한 외국인이나 조선 정부가 간섭을 안하다보니 일종의 치외법권 지역이 됐고, 선구적인 지식인들과 사회적 약자들의 피할 수 있는 공간이 되기도 했습니다. 이는 기독교의 영향력이 됐고, 교세가 확장되는 계기가 되기도 했습니다.

  일본의 개신교인은 전체 인구대비 약 1% 정도에 불과합니다. 우리나라도 해방 당시에는 1% 정도였습니다. 개신교는 산업화시기인 70~80년도에 급격한 성장을 했습니다. 먹고살 것을 찾아 농촌에서 도시로 이주했습니다. 교회는 고향의 뿌리를 상실한 사람들에게 가난과 아픔을 감싸주는 안식처의 역할을 했고, 우리나라 경제와 함께 급성장했습니다.

  한국교회는 개신교의 폭발적 성장을 하나님의 축복으로 받아들였고, 목회의 성공은 교회의 대형화에서 찾았습니다. 물량주의, 교회의 대형화는 상대적으로 많은 문제를 노출시키며 '교회의 역할'에 대해 진지하게 생각하는 흐름이 나타나기도 했습니다. 개신교신앙인도 줄어들기 시작했습니다. 오늘의 개신교는 새로운 패러다임이 요구되는 시점입니다.

  20대 청년들이 점점 교회를 떠나고 있습니다. 2015년 12월 19일 통계청이 발표한 종교별인구통계에서 1위를 차지한 개신교지만, 정작 10대와 20대 인구 중 12.5%, 12.8%가 개신교를 이탈하고 있는 결과를 볼 수 있었습니다. 젊은 층이 종교를 멀리하고 있습니다. 불교 유력 종단은 출가 희망자가 줄어 50세 이하로 규정한 출가 연령 상한제를 풀어야 한다는 의견이 논의되고 있을 정도입니다. 개신교 인구는 증가했고, 종교 1위라고 발표되었지만 국내 대학교 내의 기독교 동아리, 교회 단체 활동 등 청년들의 참가율은 줄어들고 있음이 사실입니다. 교회도 모태母胎 신앙인 중심으로 변하면서 전도가 되지 않고 있으며 캠퍼스에서도 종교는 학생들의 관심 밖으로 밀려나 있는 실정입니다. 이에 대해 깊이 있는 분석과 대안마련이 요구되는 시점입니다.

  그동안 우리의 교회는 구약성경 시대의 요셉이야기처럼 7년의 풍년 시기였는지 모릅니다. 이제 풍년의 시기는 지나가고 7년의 흉년 시기가 다가오고 있습니다. 다가올 미래를 두려워하기보다는 미리 준비하고 대비하는 지혜가 필요한 때입니다. 더 늦기 전에 시급한 과제로 떠오른 젊은 층과 가나안 교인들에 대한 깊은 관심과 고민과 실천이 필요한 때입니다.

걱정 말고 믿음으로

문재인 정권이 들어서면서 걱정거리가 많이 덜어진 듯싶습니다. 그간의 노력에 보상받는 것 같습니다. 요즘 뉴스를 보면서 힐링한다는 분들이 많아졌습니다. 기사를 보면 저절로 미소가 번집니다. 특히, 문재인 대통령은 취임한지 한 달도 되지 않는 시간 동안에 수많은 사회부조리의 이슈들을 제자리에 돌려놓았습니다. 문재인 대통령의 제1호 공약인 적폐청산을 위해 달려가고 있음이 분명해 보입니다.

국정 역사교과서 폐지!, 37돌 5·18민주화운동 기념식에서 그간 금지곡이었던 '임을 위한 행진곡' 제창!, 인천공항 비정규직 1만 명 정규직화 약속, 단원고 기간제 교사 순직 인정!, 검찰개혁과 4대강 재조사…….

그 동안 우리는 정말 어떻게 버티며 살았는가를 되돌아보게 됩니다. 한동안 에너지음료가 인기리에 판매되었습니다. 경쟁 구도 속에서 시간에 쫓겨 가며 잠도 안자고 일하고 공부해야 하는 이들에게 인기가 폭발적이었습니다. 지금은 그와 반대로 릴렉스 음료의 인기가 높아가고 있습니다. 음료의 이름들이 아주 매력적입니다. '굿나이트', '노아 릴렉스', '스위트슬립' 이름만 들어도 이것을 마시면 꿀잠에 빠질 수 있을 것 같습니다. 과다스트레스로 인한 수면장애로 진료를 받은 한국인은 2010년에는 28만 명, 2015년에는 45만 명을 넘었습니다. 과다하게 일하다 보니 에너지음료를 마셨고, 지금은 그 과한 일들로 인해 불면증에 시달려 릴렉스 음료를 마시고 있는 시대입니다.

우리는 불안한 시대를 살았습니다. 학문을 하는 학교를 등급을 매기고, 당장 성과가 없어 보이는 인문학은 줄이고, 효용성을 앞세워 이공계를 늘리는 교육정책, 그와 맞물린 취업난, 사드배치를 비롯한 이웃국가와의 긴장과 북한과의 대치……. 전반적으로 우리는 불안과 경쟁 속에서 걱정하지 않을 수 없는 사회를 살아 왔습니다. 결과물을 향해 일벌레가 되고 정서는 메말라져 갔습니다. 요즘 초등학생들의 인기 있는 꿈이 빌딩주인라고 이야기하는 것을 봐서도 알 수 있습니다.

요한복음 17장을 보면, 앞선 13장과 15장과 16장에 나오는 세 편의 연이어 흐르는 기조는 불안이 담긴 두려움입니다. 18장 이후로 이어지는 내용은 예수님의 처형 이야기를 향해 가고 있습니다. 그러니 세 편의 글은 엄습하는 공포에 대한 위로를 하고 있는 것입니다. 처절한 폭력의 희생자로서 그들이 묘사하는 세상은 불의가 판치는 악한 세계입니다. 그들의 것을 빼앗고 죽음에 이르게 할 만큼의 잔인한 시간이 도래하고 있는 시점입니다. 이런 시대와 사회 속에서 요한공동체는 세상에 속해 있으나 세상을 이기는 법을 터득하기에 이릅니다. 예수 안에 있는 이는 세상에 속하지 않지만 동시에 세상에 보냄 받은 존재라고 고백합니다. 질서에 반하는 변혁의 주체이기도 하며 동시에 다시 세상 속으로 개입해 들어오는 자여야 한다는 것입니다. 서로를 위한 아래로부터의 사랑을 실천한 것, 그렇게 하나가 되어 연대의 힘으로 실천하는 삶을 말하고 있습니다.

수난은 무력하고 비겁해서 당하는 수모만이 아닙니다. 진정한 수난은 아닌 것은 아니다, 옳은 것은 옳다고 하는 이에게 옵니다. 불의에 대한 저항은 권리요, 의무입니다. 저항은 결국 불의를 종식시키라는 신념을 포기할 수 없게 합니다. 그런데 우리는 이런 믿음을 견지하기 어렵습니다. 집권자가 스스로 권력을 내놓는 법이 없습니다. 그러면 권력을 빼앗아야할까요? 그게 쉬울까요? 옳을까요? 예수님은 그게 아니었습니다. 예수님은 폭력에 호소하지 않았고, 그 대신에 자신을 나누어 주었습니다. 예수님의 제자들은 예수님의 죽음이 비참한 패배라고 보지 않았습니다. 예수님은 전 세계를 위해 죽으셨습니다. 이 죽음은 세계를 변화시켰습니다. 이 죽음은 지금도 일어나고 있습니다. 예수를 따르는 이들로 인해서 말입니다. 이들은 권력집단을 형성해서 복수하는 것이 아니라, 세상을 변혁할 전선에 보냄 받았다고 믿습니다. 이 믿음이 서서히 세계를 바꿔 로마제국의 종식을 고하는 데까지 이르렀습니다. 초기 그리스도인들은 이 신념을 가졌기 때문에 무기를 손에 들지 않고 권력체제를 모방하지 않고 끝끝내 섬기는 자의 자세를 지닌 그런 공동체를 형성해서 로마를 굴복시켰습니다.

어쩌면 사람은 고착증이 강한 동물입니다. 다른 동물보다 모태에 오래 머물러 있습니다. 성장 과정도 깁니다. 일단 성장한 다음에도 자기중심주의나 이기주의를 탈피하지 못하는 경우가 비일비재 합니다. 사람은 일생을 자기의 머리 둘 곳을 찾고 현상 유지하는데 시간과 정력을 소모합니다. 그러다보니 머리 둘 곳 없는 사람들에 대한 생각이나 관심을 갖기가 어렵습니다. 우리가 그리스도를 따르겠다고 공동체의 일원으로 함께하는 순간 우리는 삶의 벽에 부딪칩니다. 정의를 세우고 생명을 살리는 삶, 이웃을 사랑하며 산다는 것이 쉽지는 않게 느껴지기 때문입니다. 타인을 사랑하면 손해를 본다는 믿습니다.

"진리가 너희를 자유롭게 하리라!"(요한복음 8장 32절) 우리가 자유롭게 된다는 것은 우리가 신뢰를 가지고 하고 있는 일들에 힘을 불어넣는 것이 아닐까 싶습니다. 교회는 사회적 약자들과 함께 존재하고, 그 안에서 계속된 부활을 맛봐야 합니다. 그러니 걱정보다는 뜻을 행하는데 힘을 쏟아야 합니다. 이것이 믿음이요, 소망이요, 사랑입니다.

베드로전서 5장 7절의 말씀입니다. "여러분의 걱정을 모두 하나님께 맡기십시오. 하나님께서는 여러분을 돌보고 계십니다." 정치적 견해가 다르다는 이유로, 종교적 신념이 다르다는 이유로 괴롭힘 당하는 자들에게 힘을 주는 교회가 되어야 합니다. 고난당하는 이들을 섬기려는 뜨거운 마음으로 이 세상 악한 것과 싸워 이길 수 있는 사랑을 소망하는 교회가 되어야 합니다. 그래서 이 세상에서 참됨 소망을 실현하는 공동체가 되어야 합니다.

지역과 함께하는 종교가 답입니다

1

최근 들어 한국교회의 국내 선교와 해외 선교 패러다임이 바뀌고 있고 또 마땅히 그렇게 되어야 한다는 논의가 많습니다. 한국교회의 사회적 신뢰도 상실과 관련하여, 교회가 속해 있는 지역을 섬기는 사회적 봉사의 실천이야말로 침체기에 빠져든 한국교회의 미래를 밝혀줄 수 있는 유력한 방법들 중의 하나라는 국내외 여러 학자들의 주장을 이론적으로 접한 지는 꽤 오래 되었습니다. 실제로 지역교회 현장에서 실제로 그렇게 하는 교회들과 사역자들을 만나 대화를 나누어 보기도 하고 그들의 사역 현장을 직접 접하고 보면, 학자들의 이론적인 주장이 상당히 현실감 있게 다가옴을 느낄 수 있습니다.

국내 선교의 경우, 여러 개신교 교단과 신학대에서 지역마을 공동체 형성을 통한 대안적 목회와 선교의 실천을 주제로 하는 각종 세미나를 개최한 바가 있습니다. 마을 만들기와 마을교회 또는 마을목회 등을 주제로 하는 세미나도 최근 몇 년 사이에 전국적으로 열리고 있는 상황입니다.

이들 세미나에서 발표된 글들이나 강의는 한결같이 한국교회에서 지역마을 공동체 형성을 위한 사회적 봉사와 섬김이 얼마나 중요한 과제인지를 매우 강조하고 있습니다. 지역사회를 위한 한국교회의 역할을 강조하고, 마을을 섬기는 농촌교회를 강조하는 워크숍이나 세미나도 같은 맥락에 속합니다. 한 마디로 말해서 지역마을이나 지역 공동체를 섬기는 교회야말로 행복한 교회입니다. 이런 교회는 이 시대를 향한 하나님의 뜻을 올바로 실천하는 교회입니다.

해외 선교의 경우도 예외는 아닙니다. 해외 선교를 성공적으로 잘 하고 있는 선교사들은 자신이 속한 지역 공동체를 섬기고 그들의 삶을 치유하며 사회적 봉사와 섬김을 통해 지역 공동체를 세워나가는 모습을 분명하게 보여줍니다.

캄보디아, 베트남, 필리핀, 라오스, 인도, 중국 등 어느 나라를 가보건 간에 지역 공동체 섬김에 전념하는 선교사들의 마을목회, 마을선교는 지역 주민들의 삶과 생각을 바꾸는 훌륭한 선교의 열매를 맺고 있음이 분명했습니다.

그런데 이처럼 지역 공동체 형성을 목표로 하는 마을목회의 선교 패러다임 변화는 사실 성경이 본래부터 강조하던 것이었습니다. 강자와 약자가 상생과 공존의 샬롬^{평화} 공동체를 이룰 것을 강조한 구약성경의 가르침이나, 공생애를 시작하시면서 하나님 나라가 가까이 왔음을 선포하시고, 철저하게 하나님 나라 공동체에 초점을 맞추어 말씀을 전하시고 약한 사람들을 섬기셨던 예수님의 이웃 섬김 사역이 그 점을 잘 보여줍니다.

이것은 본래부터 하나님이 교회를 지역 섬김과 마을목회의 장^場으로 만드시고 세우셨음을 의미합니다. 이제 한국교회는 이처럼 사랑과 나눔과 섬김이 있는 지역 공동체 형성을 목표로 하는 성경적인 마을목회의 실천을 위해 최선의 노력을 경주해야 할 것입니다. 바로 여기에 건강한 한국교회와 사회의 미래가 달려 있을 것이기 때문입니다.

느헤미야가 그립습니다

박근혜 정권의 최순실 국정농단 사태에 유행처럼 번진 몇 개의 구호 가운데 하나가 "이게 나라냐"였습니다. 한 개인에 의해 대통령과 국가가 철저하게 농락당하는 모습에서 우리는 슬픈 현실을 실감나게 목격하였습니다. 젊은이들 사이에서 '헬조선' 신조어가 유행하고 있는 것도 따지고 보면 이유가 있다는 생각도 듭니다. 박근혜 전 대통령 을 '불통'의 대명사로 낙인찍은 이유도 충분히 이해가 됩니다. 급기야 대통령을 향해 "하야하라"는 집단행동이 나왔고, 국회는 탄핵을 의결했습니다. 그런데도 박근혜 전 대통령은 제대로 된 사과나 반성이 없습니다. 변명하기에 급급합니다. 여기에 보수 세력에 이에 동조하기도 하니 정말 "이게 나라인가" 싶기도 하였습니다.

나라꼴이 말이 아니라고 사방에서 아우성대고 있지만 우리나라는 그렇게 무너져 가고 있지만은 않습니다. 아니 우리나라는 지금도 계속해서 성장해 가는 신비한 나라입니다. 대통령이 대통령답지 않은데 어찌된 일일까요? 이는 국민 한 사람, 한 사람이 저마다 삶의 현장에서 자기의 할 일을 묵묵히 감당하며 열심히 살아가고 있기 때문입니다. 우리나라, 즉 대한민국은 아직도 희망이 있는 나라입니다. 학생들은 여전히 학교에서 공부하는데 최선을 다하고 있고, 직장인들 역시 자신이 몸담고 있는 직장을 위해 최선을 다하고 있습니다. 어둠이 채 가시지 않은 새벽도로를 달리다보면 화물을 수송하는 차량들이 줄지어 달려가는 모습에서 우리는 일상의 삶을 쉽게 목격할 수 있습니다. 이른 새벽 언 손을 입김으로 불어가면서 일하는 환경미화원들도 있습니다. 장사하는 상인들이나 사업하는 사람들까지 각자의 위치에서 치열하게 맡은 바, 자기소임을 다하고 있는 모습을 보노라면 가슴이 벅차오르는 기분이 들 정도입니다.

대통령과 그의 측근들의 잘못된 행동 때문에 연일 뉴스는 나라 전체가 급히 무너져 내리는 것처럼 야단을 떨고 있는 가슴 아픈 현실이었습니다. 이런 때에 국민보다 못한 대통령을 비롯한 지도자들을 보면서 구약성경시대 느헤미야가 떠올랐습니다. 오늘 우리가 어떻게 살아야 하는지, 이 시대의 지도자들은 어떤 자세로 난국을 극복해야 하는지 그 교훈을 역사에서 배웠으면 좋겠습니다.

사실 느헤미야시대는 오늘의 우리와 비교할 수 없을 정도로 참담한 상황이었습니다. 제국 바벨론의 침략으로 이스라엘 전체가 짓밟히고, 예루살렘성전은 물론 성벽까지도 초토화된 그야말로 절망의 시대요, 미래라곤 전혀 보이지 않았던 어둠의 시대였습니다. 백성들의 고충은 이루 헤아릴 수 없을 지경이었습니다. 그러나 느헤미야는 이 암울한 시대에서 어둔 밤하늘의 빛난 별이었습니다. 나라 잃은 식민지국가의 신분으로 지배국가에서 나름 성공한 고위관료가 되었지만 조국의 비참한 상황을 전해 듣고는, 조국의 회복을 위해 며칠 몇날을 슬피 울며 기도한 지도자였습니다.

 무릇 지도자는 나라와 백성을 위하여 울고 또 울어야 합니다. 백성이 나라와 통치자를 염려하며 걱정하게 해서는 안 될 입니다. 느헤미야는 조국 이스라엘로 귀환歸還하여 백성들과 그 고충孤忠을 함께하며 이스라엘 재건再建에 일생을 걸었습니다. 자신은 본인의 영달榮達을 위해 현실에 안주해도 그만이었습니다. 이미 왕의 총애를 한 몸에 받는 고위관료가 된 터에 처신만 잘하면 그 누구에게도 비난을 받을 이유가 없는 사람이었습니다. 그리고 그는 조국이 그에게 해준 것이 없는 망국亡國의 사람이었습니다. 그러나 느헤미야는 조국 이스라엘의 재건을 위해 분명하게 일어나 말할 수 없는 중상모략과 환난을 이겨내며 자신을 희생했습니다. 지도자는 이래야 합니다. 권력을 이용해 자신의 부를 챙기고, 결국엔 쇠고랑을 차는 사람은 지도자가 아닙니다. 그냥 높은 지위에 있었던 사람일뿐입니다.

 자신의 자리를 지켜내는데 필사적인 방어를 하는 사람은 결코 지도자일 수 없습니다. 느헤미야는 예루살렘 총독으로 부임한 후 무려 12년 동안 자신에게 마땅히 주어지는 '녹'을 스스로 거부했습니다. 수하에 거느린 식솔食率이 150명이나 되었지만, 그래서 많은 재정이 필요했지만 백성들의 삶이 피폐한 것을 목격하곤 스스로의 허리를 동여맨 것이었습니다. 대한민국, 우리의 조국이 처한 참담한 현실 앞에서 그 옛날 암울한 시대에 태어나 이스라엘을 일깨운 지도자 느헤미야가 마냥 그립기만 합니다.

 통탄할 국론분열의 국가대란國家大亂 사태에 정쟁政爭을 그치지 않는 여야 정치인들의 물고 뜯는 모습을 보노라면 눈물이 날 지경입니다. 지도자들이 백성을 위하여 울어야 하는데 우리 민초民草들이 지도자들을 보고 울어야 하니 실로 우리 처지가 딱하기만 합니다. 느헤미야와 같은 지도자가 그립습니다. 변화, 전진, 재창조의 과정을 이끌 수 있는 사람, 무엇이 망가졌는지 알고 그것을 고치는 방법을 아는 사람, 문제에 맞서 싸울 줄 아는 지도자를 우리는 간절히 원합니다.

소통으로 희망 찾아가는 교회

촛불집회와 태극기집회 사이 '강'이 있었습니다. "이 300m를 건너야 한다." 2017년 3월 25일 모 일간지가 광화문 네거리 '촛불집회'와 서울시청 앞 '태극기집회' 사이를 경찰이 차벽으로 막고 있는 사진을 게재하면서 잡은 1면 헤드라인에 난 표제였습니다. 헌법재판소 최종변론을 이틀 앞두고 도심 한복판에서는 탄핵 찬반 양측이 총동원령을 내린 것처럼 대규모 인파가 모였었습니다.

탄핵정국이 장기화되면서 국정농단 사태와 책임자 처벌이라는 본질은 희석되고 어느새 이데올로기 갈등으로 변질돼 있는 모습이었습니다. 도심에 흐르는 '이념의 강' 끝단에서 한국교회의 모습도 발견되었습니다. 촛불집회에 가면 불의한 권력에 대한 하나님의 공의를 간구하는 신앙인들이 있었습니다. 태극기 집회에서는 열성적으로 기도하며 공산주의로부터 이 땅을 지켜달라고 기도하는 신앙인들이 있었습니다. 같은 하나님을 믿으면서 어쩌면 이토록 다를 수 있을까요?

　이번 촛불집회에 참석한 고령의 어느 목사는 대학 때 4·19 의거가 일어났고 그 때 거리로 나와 개혁을 외쳤는데 50년이 지나 다시 광화문 광장에 서서 정의를 외쳐야 한다는 사실이 서글프다는 말을 하였습니다. 촛불집회에 참석한 기독교신앙인들은 하나님의 정의를 바로 세우는 데는 주저함이 없어야 함을 분명히 보여 주었습니다.

　반면 태극기 집회에 참석한 어느 목사는 정확한 사실관계를 확인한 후 대통령의 잘못을 추궁해도 늦지 않은데 마치 마녀사냥을 하는 것처럼 재판이 이뤄진다고 보고, 국가안보가 흔들리게 될 것이 우려된다고 안타까워했습니다.

　태극기 집회에는 한국전쟁을 직접 겪은 고령자들이 많았습니다. 이들은 전쟁의 참상을 기억한다면서 선배들이 전쟁에서 피 흘려 지킨 나라인데 이리도 혼란하게 만들어버리면 어떻게 하냐는 감정들이 격앙된 모습이기도 하였습니다.

　중요한 문제는 이 극단이 너무나 첨예한 나머지 대화의 가능성이 보이지 않는다는 사실입니다. 현장에서 느껴지는 분위기는 더 강했습니다. 싸움으로 번지는 경우도 있었습니다. 존중도, 소통도 없는 풍경이었습니다. 기독교인이라고 다르지 않았습니다. 촛불과 태극기 집회 간 300m 간격이 이를 잘 보여주고 있었습니다.

　이처럼 우리사회의 갈등이 심각한 상황에 이르렀습니다. 타인의 의견에 귀를 막고 있습니다. 그저 내 경험과 내 생각과 감정이 다입니다. 여기에 양보나 타협이 없습니다. 더 늦기 전에 소통의 노력이 시급합니다.

　이를 해결하기 위해서, 기독교가 먼저 모범을 보이고 중대의 역할을 해야 하는데 실상 기독교도 문제가 있습니다. 교회도 세상과 다르지 않는 '불통'의 현실입니다. 교회는 세상과 달라야 하지만 오늘날의 한국교회는 그렇지 못합니다. 오히려 일반 사회보다 소통이 더 부재한 것 아닌가 생각이 들 정도입니다. 나름대로 교회 내에서 구역, 선교회 등 다양한 조직이 있어도 소통이 부족한 이유는 왜일까요?

흔히 세상에서는 술 한 잔하면서 풀릴 일도 교회에서는 앙금을 풀 방법이 없다고들 합니다. 특히 교회 분쟁은 좀처럼 해결되지 않습니다. 노회와 교단 재판을 거쳐 사회법 소송으로 비화飛火되는 경우도 비일비재합니다. 그 과정에서 가장 큰 상처는 교인들이 입게 되고 결국 교회를 떠나고 맙니다.

세대 간 대립 역시 크게 다르지 않습니다. 교회 안 젊은 세대와 기성세대가 대화하지 않습니다. 요즘에는 세대차이가 나는 연령이 더 촘촘해지고 있습니다. 제가 아는 이는 신앙생활을 처음 시작한 교회에 지금은 다니지 않고 있습니다. 중학교 2학년 때 처음 예수님을 믿고 신앙을 키워간 교회지만 지나치게 권위적인 분위기이다 보니 고민을 나눌 수가 없어서 이 교회 저 교회 돌아다니고 있습니다. 반면에 어떤 이는 이른바 규모가 큰 교회를 다니다가 수년전 이사를 가게 되면서 집근처의 교회로 옮긴 이후 아주 만족해하고 있습니다. 큰 교회는 자신이 존재감을 느끼기 어려웠고, 너무도 조직적인 운영이다 보니 사람보다 시스템이 중시되는 것 같아 아쉬웠는데 옮긴 교회는 그렇지 않아서 좋았습니다. 교회 내 공동체 문화가 잘 형성되어 있어서 목사와 교인, 교인과 교인들이 신앙과 생활에 대해 생각을 나눌 기회가 많았습니다. 자발적이고 민주적인 분위기가 교회에 가는 발걸음을 가볍게 했습니다.

우리 사회와 교회 안에 합리적인 사고가 부족한 것이 문제입니다. 이는 역사적인 배경도 작용하였습니다. 기성세대의 경우 지나치게 편향된 시각도 있습니다. 합리적인 소통체계가 만들어지기 위해서는 30년 정도의 시간이 걸릴 수 있습니다. 교회가 세상과 소통하는 방법은 먼저 사람들의 말에 귀 기울여야 합니다. 적을 만들지 말고 사람들이 교회를 향해 무엇이라고 하는지 들어봐야 합니다. 이런 적극적인 소통의 자세가 필요합니다. 130년 선교역사에도 지금의 한국교회로 성장할 수 있었던 것은 하나님의 은혜와 더불어 쌓아온 강점이 있기 때문에 가능했습니다. 약자들의 편에 서서 그들의 이야기를 들어주었고, 공감했던 교회에 사람들은 찾아왔습니다. 오늘날도 여전히 세상을 향해 열려있는 교회들이 있습니다. 지역사회 안에서 협동조합을 만들고 지역 내 일자리를 만들어내기 위해 레스토랑을 운영하는 교회도 있습니다. 매주 금요일 밤이면 거리 청소년들을 위해 무료로 저녁식사를 제공하는 교회도 있습니다. 집밖에서 배곯지 않도록 밤마다 언 손 녹여가며 청소년들의 손을 붙잡아주는 교회도 있습니다. 농촌의 어느 교회는 귀촌상담소를 개소하고 귀농을 고민하는 사람들을 직접 돕고 있습니다. 기독교 NGO 단체인 '희년함께'는 청년부채 문제에 뛰어들었습니다. 나라도 못한 일에 뛰어들었습니다. 여기에 뜻을 같이 하는 여러 교회와 지자체에서 함께 일하겠다는 제안도 들어오고 있기도 합니다.

언론학에서는 '침묵의 나선' 이론이라는 것이 있습니다. 지배적인 여론이 만들어질 경우, 다른 견해를 가진 사람들은 침묵하게 된다는 것입니다. 한국교회를 향한 부정적이고 폐쇄적 이야기가 많아진다고 해서 열심히 소통하는 교회가 위축될 필요는 없습니다. 교훈으로 삼고 긍정의 사역을 이어가면 될 일입니다.

믿음의 프레임Frame

i

　서양 동화 중에 '핑크대왕 퍼시'라는 작품이 있습니다. 퍼시는 핑크색을 광적으로 좋아합니다. 그가 가지고 있는 대부분의 물건은 핑크색입니다. 옷이나 가구뿐만 아니라 심지어 매일 먹는 음식도 핑크색입니다. 이것으로 만족하지 못하자 백성들이 소유하고 있는 모든 소유물을 핑크색으로 바꾸는 법을 통과시킵니다.
　왕의 명령이기에 어쩔 수 없이 옷, 그릇, 가재도구 등 모든 것을 핑크색으로 바꿉니다. 그러나 퍼시는 여전히 만족하지 못합니다. 세상에는 아직도 핑크색이 아닌 것이 많았기 때문입니다. 이번에는 군대를 동원하여 나라의 모든 나무, 풀, 꽃, 동물까지도 핑크색으로 염색시킵니다.
　세상의 모든 것이 핑크색으로 변한 듯했으나 단 한 가지를 바꾸지 못했습니다. 바로 푸른 하늘입니다. 누구도 이 일을 해결할 수 없었습니다. 그런데 이때 퍼시의 스승은 퍼시에게 색안경을 끼워줍니다.

이제 모든 세상이 핑크색으로 보이기 시작합니다. 이 안경을 '프레임 Frame'이라고 할 수 있습니다. 프레임은 세상을 바라보는 관점입니다. 사람마다 핑크든 옐로우든 자기만의 안경, 즉 프레임을 쓰고 있습니다.

어떤 프레임을 썼냐 에 따라 우리의 삶은 달라집니다. 성경에도 일반 사람과는 다른 아주 특별한 프레임을 쓰고 있었던 사람이 있었습니다. 호세아는 하나님에게 아주 특별한 명령을 받습니다. 바로 고멜이라 불리는 음란淫亂한 여인과 결혼하라는 명령입니다. 그녀가 얼마나 음란했던지 결혼하자마자 다른 남자를 찾아 동거합니다. 오늘날의 시각으로 봐도 이혼하는 게 당연할 것입니다.

그런데 어찌된 일인지 호세아는 그녀를 계속해서 기다립니다. 어떻게 그럴 수가 있을까요? 호세아가 뭐가 모자라거나 큰 잘못을 저질렀던 것이 아니었는데 말입니다. 그는 남들과 다른 프레임을 가지고 있었습니다. 바로 하나님의 사랑이라는 프레임이었습니다.

이스라엘 백성들이 아무리 타락하고 방탕한 삶을 살아도 하나님은 그들을 끝까지 참고 기다리시고 사랑한다는 사실을 깨달은 것입니다. 하나님이 이를 직접 눈으로 보여주고 체험하도록 호세아에게 이해할 수 없는 명령을 내렸던 것입니다.

케냐에는 자동차가 신호등에 멈추어서면 구걸하러 창문을 두드리는 사람들이 많습니다. 자동차 한 대가 서자, 7살 된 어떤 소년이 자동차 문으로 구걸을 하려고 갑니다. 그런데 자동차 안에 한 여자 운전자가 있었고 그 옆에 산소 호흡기가 있었습니다. 소년은 여인에게 "이것이 무엇이냐?"고 묻습니다.

여인은 산소통이라고 알려주며 "난 이것 없으면 살 수가 없다."고 합니다. 소년은 "병원에 가면 되지 않느냐?"고 반문했고 여인은 "수술할 돈이 없어 갈 수가 없다."고 이야기했습니다. 소년은 자신의 주머니를 뒤지면서 그날 자신이 힘들게 구걸하여 번 돈을 꺼내 여인에게 건네줍니다.

여인이 돈을 받지 않자 아이는 여인에게 "기도를 해주겠다."고 합니다. 함께 눈을 감고 기도하는데 소년은 울면서 기도를 합니다. 이 모습을 지나가던 기자가 찍었고, 인터넷을 통하여 알려지게 되었습니다. 사람들은 여자 운전자의 수술을 돕겠다고 후원금을 모았고 결국 성공적으로 수술하게 되었습니다. 여기서 놀라운 일이 생깁니다. 수술 받은 여인이 7살 아이를 자기의 자녀로 입양을 한 것입니다.

일반적인 상식으로 이런 일들을 예측할 수 있을까요? 자기의 관점은 한계가 분명 있는데도 우리는 그 관점을 신뢰하며 살아가고 있습니다.

성경에서 '알다'는 히브리어로 '야다흐ידה, yadah'라고 합니다. 이 단어는 '지식적인 앎'을 넘어서는 의미입니다. 부부가 서로를 인격적으로 육체적으로 아는 정도와 같이 깊이 서로를 알고 이해하는 것을 뜻하는 단어입니다. 호세아는 고멜을 통해 하나님의 사랑을 경험했습니다. 이스라엘 백성이 우상을 숭배할지라도 그 너머까지 참고 기다리시는 하나님의 사랑을 알게 되었습니다. 우리는 경험 없이 믿지 못합니다.

보고 듣고 느끼고 체험한 것을 토대로 인식하고 이를 바탕으로 어떤 사실과 주장에 대해 신뢰를 합니다. 하지만 기독교신앙인들은 지금까지의 감각기관이 받아들였던 방식과 전혀 다른 프레임으로 세상을 바라봅니다. 믿음의 프레임이 아니면 이해할 수 없는 것들이 있기 때문입니다. 오직 믿음의 프레임을 가질 때 우리는 더 넓은 세상을 볼 수 있게 됩니다.

갈등과 분열의 시대,
3.1운동 연합 정신 본받아야

1919년 3월, 일제의 억압을 받던 우리나라 사람들의 입에서 "대한독립만세" 소리가 울려 퍼졌습니다. 독립을 외치는 소리는 서울을 비롯해 평양, 진남포, 정주, 안주, 의주, 선천, 원산 등에서 출발해 전국으로 확산됐습니다. 3·1만세운동은 남녀노소, 지역, 계층 등을 무너뜨리고 한민족을 하나로 결집시켰습니다. 그 중심에는 기독교를 비롯한 종교계가 자리 잡고 있으며, 국민 연합에 큰 역할을 담당했다는 평가를 받고 있습니다.

자유·해방·평등 위해 싸운 기독교였습니다. 1880~90년대 기독교 선교사들이 우리나라 땅을 밟기 시작했을 무렵, 우리나라는 자주독립의 과제를 안고 있었습니다. 선교사들은 우리나라에 '자유와 해방과 평등'의 원리를 품은 기독교를 소개했습니다. 복음을 받아들인 초기 기독교인들은 기독교의 원리로 일제의 침략과 지배에 저항하는 민족운동을 펼쳤습니다.

민족주의 의식을 지닌 기독교 지도자들이 포진된 교회 및 기독교학교는 일제 세력에 저항하는 민족운동의 새로운 거점이 됐습니다. 선교초기 기독교 복음 수용과 함께 민족운동을 경험한 우리나라 기독교인들의 민족의식이 형성 및 심화된 것은 당연한 일이었습니다.

우리나라 기독교인들의 민족의식이 형성된 시점은 선교사들이 내한한 지 10여년의 시간이 흐른 뒤였습니다. 1894~1895년에 발생한 동학농민운동과 청일전쟁, 갑오개혁, 을미사변, 그리고 1896년 독립협회운동은 기독교인들에게 민족의식을 심어줬습니다.

개화파 정치인들의 '옥중 개종'과 남궁억, 박승봉, 민준호 등 양반·관료 출신 지식인들이 펼친 황성기독교청년회YMCA와 연동교회 국민교육회 등 기독교회가 펼친 다양한 민족운동은 우리사회에서 새로운 거점으로 인식됐습니다. 이는 기독교인들이 항일 민족저항운동을 표출하도록 돕는 발판이 됐습니다.

청일전쟁과 러일전쟁에서 승리한 일제는 을사늑약을 통해 본격적으로 대한제국 내정에 간섭했습니다. 일제의 내정 간섭에 위기를 느낀 기독교인들은 조약 체결 반대 의사를 표명했습니다. 민족운동가들과 안창호가 조직한 '신민회'는 여러 형태의 민족계몽운동을 전개하며 세력을 넓혔습니다.

이렇듯 기독교는 제약과 탄압 속에서도 성장해나갔습니다. 일제는 우리나라 기독교계가 민족운동을 펼치는 족족 짓밟았습니다. 대표적으로 '105인 사건'이라고도 불리는 '데라우치 총독 암살 미수사건'은 조선총독부가 기독교계 지도자들을 대거 검거하고 활동을 위축시키기 위해 날조한 사건이었습니다.

1911년 10월 12일, 일본은 기독교학교 중학생 3명의 검거를 시작으로 서울과 평양, 정주, 선천 등에 자리한 기독교학교의 학생과 교사 300여

명을 검거해 고문으로 허위 자백을 강요했습니다. 1912년 경성지방법원에서 105인에게 유죄 판결을 내렸습니다. 이 중 89%는 기독교 신자였습니다.

이 중에는 북장로회와 북감리회 선교사들도 다수 연루되어 있었습니다. 미국선교본부는 이 사건을 향해 기독교 탄압사건으로 항의하며 일제에게 압력을 가했습니다. 결국 일제는 1913년 99명의 인원을 무죄로 풀어줬습니다. 그러나 윤치호, 이승훈 등 6명은 풀려나지 못했습니다. 이들은 유죄를 선고받고 징역 5~6년형을 받고 감옥살이를 했습니다.

105인 사건에서 6명만 유죄판결을 받은 것은 조선총독부의 체면을 세우기 위한 정치적 판결이었습니다. 그들은 천황제이데올로기를 주입하려는 식민지 교육과 기독교계 교육이 배치되기 때문에 기독교와 민립학교들을 탄압하려 시도한 것이었습니다.

105인 사건 이후 기독교계 민족운동은 와해됐습니다. 일제는 '사립학교규칙'을 세워 기독교계 학교 내에서 성경공부 및 예배를 금지시켰고, 교사들의 언어는 무조건 일본어를 사용해 교육하도록 했습니다.

일제는 기독교계 선교사들이 학교교육에 손대지 못하도록 교사직에서 배제하려 했습니다. 이는 식민지 교육을 총독부가 독점하고 교사도 일본어에 능하고 식민지 교육에 적합한 인물을 선점하려는 의도였습니다. 하지만 많은 탄압과 제약 속에서도 우리나라 기독교는 각 교파별로, 또는 교파연합으로 복음전도와 교육, 의료선교에 힘쓰고 신학교를 통해 자국인 목회자 양성에 매진하는 일에 힘썼습니다. 총회를 조직하고 해외선교도 추진하는 등 내적 조직을 강화했습니다.

종교간 타협과 양보로 이뤄낸 연대가 바로 3·1운동이었습니다. 미국 윌슨 대통령의 민족 자결주의와 고종황제의 승하, 일본 도쿄에서 발생한 유학생들의 2·8독립선언은 우리나라에 있는 민족운동가들에게 '독립운동'의 불씨를 심어줬습니다. 또한 1919년 2월 12일, '105인 사건 동지'인 이승훈과 천도교의 송진우의 만남은 3·1운동이 교파와 종교를 초월한 민족독립운동의 시발점이 됐습니다.

당시 천도교측은 비슷한 시기에 기독교 내에서도 독립운동을 준비하고 있다는 정보를 입수했습니다. 그래서 주동자인 이승훈과 접촉을 시도해 연대를 계획했습니다. 기독교와의 연대에 성사한 천도교는 불교와의 연대에도 성공해 종교계의 연합을 이뤄냈습니다.

하지만 서로 다른 교파와 종파가 연대해 독립운동을 준비하는 과정에서 종교적, 심리적 인 갈등과 번민이 없진 않았습니다. 보수적인 신앙을 지닌 일부 기독교 목사들은 타 종교와의 연대를 주저했습니다. 감리교 목사이자 민족대표 33인 중 한 사람인 신석구 역시 보수적인 신앙을 지녔기에 종교 간의 연대를 두고 갈등했습니다. 신석구는 당시 목사가 정치운동에 참여하는 것, 종교가 다른 천도교와 합작하는 것이 하나님 뜻에 합한 일인지를 두고 고민했습니다. 신석구는 기도하면서 심사숙고한 끝에 나라를 잃은 것이 죄인데 찾을 수 있는 기회에 찾으려고 노력조차 하지 않는 것은 더욱 큰 죄라고 여겨 독립운동에 참여하기도 결정하였습니다.

신석구 외에 이승훈, 유여대, 신홍식 등 여러 기독교 인사들도 재판과정에서 '하나님의 뜻, 하나님의 명령'에 따라 독립운동에 참여한 것임을 밝혔습니다. 3·1운동을 거치면서 기독교 및 종교계는 '종교 민족주의' 성격이 강화됐으며 '종교간 연대'를 경험하는 장이 됐습니다. 이는 2019년이면 3·1운동 100주년이 되는 시기를 맞은 이 시기에, 갈등과 분열이 극대화된 오늘날 우리 기독교가 시급하게 회복해야 할 '정신적 가치'로 남겨졌습니다. 한국기독교가 3·1운동 정신으로 돌아가 연합하고 화해하는 일에 나서야 할 것입니다.

나라와 함께, 고난 받은 교회

1919년 3·1운동은 600여 명의 일본 유학생이 2월 8일 도쿄에서 독립 선언한 것이 도화선이 됐습니다. 일본 유학중인 김마리아가 '2·8 독립선언문'을 가슴에 품고 입국해 투쟁하다가 체포됐습니다. 한쪽 가슴을 인두로 지져 없애는 혹독한 고문을 당했습니다. 일제는 만세운동으로 체포된 여성 신자들도 달구어진 쇠꼬챙이로 가슴을 찔렀습니다. 십자가의 고난을 맛보라며 조롱했습니다. "나라에 바칠 목숨이 오직 하나밖에 없는 것이 이 소녀의 유일한 슬픔"이라고 절규하고 순국한 매봉교회 18세 소녀 유관순을 생각할수록 가슴이 미어집니다.

이 역사의 한복판에 한국 교회가 있었습니다. 당시에 친일 성향을 보이거나 정치에 무관심한 천주교와 아직까지 결속력이 약한 민족운동 지도자들은 동참하지 않았습니다. 3·1운동은 민족대표 33인 중 16명인 개신교인과 15명이었던 천도교가 주도했습니다. 당시 2000만 백성 중 개신교 신자는 20여 만 명이었습니다. 전체 인구의 1%에 불과했던 개신교가 세계사적인 위대한 역사의 한 획을 긋는 데 중추적인 역할을 한 것입니다. 교회의 영향력은 이뿐만이 아니었습니다. 처음 만세운동은 대한제국 고종황제의 장례식 하루 전, 3월 2일 주일主日에 진행할 계획이었습니다. 그러나 교회 대표자들은 주일성수를 요청했고, 결국 3월 1일로 거사일巨事日이 정해졌습니다.

1910년 을사늑약으로 우리나라를 병탄倂呑한 일본은 9년 동안 가혹한 탄압을 감행해 백성들의 저항의식에 기름을 부었습니다. 교사들까지 칼을 차는 군국주의의 만행을 저질렀습니다. 우민화愚民化 정책으로 위인전, 역사서 등 20여만 권의 책을 불태웠습니다. 경제 수탈이 극에 달해 백성들은 만주, 시베리아, 하와이 등으로 이주할 수밖에 없었습니다. 일본 기생을 들여와 공창公娼을 열고 아편과 화투를 보급시켜 몸과 영혼을 파괴시키는 반인륜적인 행위를 저질렀습니다.

교회 탄압의 절정은 설교내용 검열이었습니다. 골리앗을 물리친 다윗, 여호수아의 민족해방투쟁, 기드온 300명 용사 등은 설교할 수 없었습니다. 이런 일본의 만행에 대해 미국선교사 헐버트는 1908년에 예언자적인 선언을 했습니다. "정의, 공익정신, 애국심을 가진 한국 기독교가 일제의 탐욕과 억압을 쳐부숴버릴 때가 오고야 말 것입니다."

한국교회는 3·1 만세 시위가 한창일 때 '독립단통고문'을 온 교회에 배부했습니다. 매일 3시에 기도하고, 주일은 금식하고, 매일 성경을 읽었습니다. "이스라엘을 멸망시킨 아시리아에 대한 하나님의 징벌(월요일), 고난당하는 신자는 기도하고 인내할 것(목요일), 장차 나타날 영광에 비하면 지금의 고통은 아무것도 아니다(토요일)" 등이 담겨 있었습니다.

일부 역사학자들은 3·1운동을 실패한 거사라고 이야기합니다. 아닙니다. 1919년 대한민국임시정부가 출범한 것은 3·1운동의 가장 소중한 열매입니다. 중국의 5·4 자주권 쟁취운동과 1920년 간디의 비폭력 불복종 투쟁도 3·1운동의 영향이었습니다.

이렇게 약 100년 전 한국교회 선배들의 나라 사랑은 선명宣明했습니다. 민족독립투쟁의 근거를 성경에서 찾아 현실에 적용한 행동하는 양심을 가진 신앙인들이었습니다. '복음과 함께 고난 받는 것'을 삶 속에 구체적으로 적용하는 것은 민족의 아픔을 외면하지 않는 것이라고 믿었습니다. 역경逆境을 극복하기 위해서는 이웃과 함께 연대連帶해야 온전해진다는 것을 행동으로 보여줬습니다.

그날의 선배들이 오늘의 한국교회를 보면 무슨 말을 할까요? 지금 한국교회 신자가 전체 인구의 25%라고 자랑하면서도 사회로부터 비판받는 모습을 어떻게 볼까요? 박근혜 전 대통령의 불의한 처사에 온 국민이 항거하는 촛불집회에 맞서 태극기 집회가 열렸습니다. 그 자리에 목사가 운을 입고 나가 탄핵반대를 외치는 행동을 무어라고 할까요?

오늘 한국교회는 시대의 부름에 제대로 응답해야 합니다. 오늘 한국교회는 세월호 같은 백성의 눈물이 있는 곳에 참여하는 착한 집단인가요? 민주화와 평화통일을 선도하는 주체 그룹인가요? 새 시대를 선도하는 역할을 하고 있는가요?

3·1운동 그날과 오늘,
그리고 앞으로의 과제

역사학자 200명에게 한국사에서 가장 위대한 사건이 무엇이냐고 물었을 때, 80%가 3·1운동이라고 대답했다고 합니다. 좀 지나치다고 말할 수 있겠지만 3·1운동이 우리 민족사에 큰 사건인 만큼 수긍이 가는 대목입니다. 혹자는 3·1운동을 실패한 운동이라고 합니다. 그 이유는 이 운동의 결과 일본이 망한 것도 아니고, 조선이 독립된 것도 아니기 때문입니다. 그러나 이는 지나치게 결과에 치중한 평가로 타당하지 않습니다. 내면적으로는 성공한 운동이었습니다. 임시정부가 생겨나는 원동력이 되었고, 비폭력운동으로서 세계에 우리의 존재를 증명했으며, 전국에서 동시에 일어나면서 백성들의 참여도가 매우 높았습니다. 무엇보다도 나라와 민족에 대한 개념이 변하면서 민주주의 토대를 마련되었습니다. 왕정회귀를 위한 궐기가 아니라 민족자결주의 영향 속에서 민족과 나라에 대한 충성심이 그 동기가 되었기 때문입니다.

이 운동은 기독교가 주도적인 역할을 한 운동이기도 하였습니다. 33인 중, 16명이 기독교교지도자였습니다. 태화관에서 한용훈의 만세 삼창을 끝으로 33인 모두 연행되었지만, 탑골공원에서 독립선언서를 낭독한 것은 기독교계 경신학교 출신의 정재용이었습니다. 전국에서 이 운동이 일어날 때, 집결지는 교회나 기독교학교였고, 앞장 선 사람들도 기독교학교 교사이거나 기독교학교 학생들과 출신들이 많았습니다.

이 운동으로 교회의 지도자들 중 50%가 옥고를 치르거나 사망했습니다. 약 28,000명의 교인들도 옥고를 치르거나 사망했습니다. 기독교가 중심이 될 수 있었던 것은 민족자결주의 사상이 선교사들을 통해 교인들에게 설교로 전해졌고, 총회와 노회와 시찰회와 당회라는 기독교 조직을 통해 전국으로 일시에 확산될 수 있었습니다. 각종 유인물을 교회 안에서 등사로 찍어 대량으로 살포할 수가 있었습니다.

당시 기독교인은 인구의 1.5%에 지나지 않았습니다만 이 거대한 운동을 주도했습니다. 그런데 오늘 기독교 인구는 20%에 육박합니다만 사회적인 공신력은 그때와 비교할 수 없는 지경에 이르러 있습니다. 슬픈 현실입니다. 물론 당시는 독립운동이었으니 당연히 참여도가 높을 수밖에 없었습니다. 그 점을 감안해도 당시와 비교하면 기독교의 사회적인 공신력과 영향력이 떨어지는 것은 사실입니다.

그 원인을 두 가지로 요약해 볼 수 있습니다. 첫째는 오늘날 목사들의 설교가 필요 이상으로 개인구원에 집중하고 특히 기복주의 설교를 통해 자본주의 사회의 특징인 개인주의를 강조하고 있다는 것입니다. 치유와 위로 설교에 치중한 나머지 기독교신앙인들에게 사회개혁을 위한 용기를 심어주지 못하고 있습니다. 둘째는 애국운동에 대한 진보와 보수의 대립이 하나 되는 사회운동을 창조하지 못하고 있습니다.

3·1운동은 종교운동이 아니라 애국운동이었습니다. 그래서 모든 기

독교 교파를 넘어서고 불교와 천도교와 대종교 등이 하나가 될 수 있었습니다. 그런데 지금은 애국운동도 이념으로 갈라져 있습니다. 진보는 친북 쪽으로, 보수는 친미 쪽으로 기울어져 있습니다. 3·1운동은 이념운동이 아니었습니다. 그러나 오늘 모든 운동은 이념화 되어 있습니다. 그래서 슬픈 현실입니다.

이제 곧 3·1운동 100주년을 맞이합니다. 당시의 과제는 독립이었지만 오늘의 과제는 통일입니다. 통일을 이루어야 완전한 광복입니다. 3·1운동도 완성을 이룰 것입니다. 그러기 위해서는 통일에 대한 불필요한 이념적인 접근을 극복해야 합니다. 굳이 이념을 강조한다면 국민이 주인이 되고, 국민의 자유가 보장된 통일이어야 합니다. 친북도, 친미도 아닌 친국민이어야 합니다. 국민들을 잘 살게, 바로 살게 하는 것이면 됩니다. 그런 날이 우리에게 오도록 모두가 기도하며, 마음을 모아가야 할 것입니다.

민족 평화통일이
3·1 독립정신의 실현입니다

　민족의 분단을 해소하고 한반도 평화 질서를 회복하는 일이 기미독립선언문의 정신을 실현하는 것입니다. 이제는 적대적인 대립 관계로 빠져든 민족의 상황을 극복해야 합니다. 이를 위해 남한 정부는 민간 교류와 인도적 지원을 재개하고 북한은 핵과 미사일 개발 등으로 고립을 자초하는 행위를 멈춰야 합니다. 또한 미국·일본·중국·러시아 등 주변국은 북한의 핵문제 해결과 한반도의 평화체제 수립을 위해 협력해야 합니다.
　3·1 정신은 우리나라의 독립을 넘어 동북아의 평화 염원하는 의지를 담고 있습니다. 이런 의지를 갖고 있는 우리나라는 작지만 강한 국가입니다. 우리는 하나님의 뜻을 제대로 파악해서 이 나라와 세계에 그 뜻을 알려야 합니다. 3·1운동이 중요한 것은 독립을 선언하면서 앞으로 세울 나라를 제국帝國이 아니라 민국民國으로 천명했다는 사실입니다. 우리는 3·1 독립선언의 정신을 오늘까지 이어오면서 전제적인 행동이나 독재

를 거부해왔습니다. 국민이 주인이 되는 민주화 정신을 수립했기에 산업화를 이룰 수 있었습니다. 3·1 만세운동은 교회를 중심으로 일어났습니다. 그런데 일부 한국교회와 기독교지도자들이 박근혜 전 대통령 국정농단에 저항하는 촛불 민심과는 반대로, 시대착오적인 태극기집회라는 극우반동의 대열에 서 있었습니다. 이런 모습으로 인해 가뜩이나 기독교에 대한 반감이 팽배한 지식인들과 젊은 세대들에게 기독교가 어찌 비칠지 안타깝습니다.

냉전의 종주국이었던 미국과 소련이 탈냉전시대를 천명한 1989년 이래로 28년이 지난 지금도 한반도에서는 냉전 질서가 해소되지 않았음은 통탄할 일입니다. 기미독립선언문에 천명된 나라의 독립과 자주적 국민의 자유를 실현하는 일이 민족의 적대적 분단을 해소하고 한반도 평화질서를 회복하는 일입니다. 박근혜 정부의 민간인 국정농단 사태로 말미암아 불붙은 애국국민들의 촛불 민심은 무너진 나라의 기강을 바로 잡을 뿐만 아니라 가짜 통일론으로 후퇴한 평화적 민족통일 과업을 앞당겨야 한다는 데에 있습니다.

이제는 경색된 남북관계는 반드시 회복되어야 하며 남북한 정부의 역대합의는 이행되어야 합니다. 1991년 남북한 유엔동시가입 이후 새로운 관계를 모색하며 2차례 정상회담을 갖고 통일시대를 향해 전진하던 남북 관계가 다시 냉전 시대의 적대적 대결 관계로 치닫고 있는 현 상황은 반드시 극복되어야 합니다. 북한의 계속된 핵실험은 남북 화해를 천명하며 상생의 길을 모색해 왔던 모든 노력을 곤경에 빠뜨리고 있습니다. 그렇지만 동시에 수십 년 남북 관계 발전의 소중한 산물인 개성공단 폐쇄 결정도 잘못된 선택이었습니다. 우리 정부는 정파를 초월하여 남북 간 합의를 이행하기 위해서 역대 정부의 평화통일 노력을 계승 발전시켜야 합니다.

한반도의 전쟁 시도는 어떤 경우에도 정당화될 수 없습니다. 우리 사회 일각에서는 북한에 대한 선제공격 불사를 주장하는 전쟁옹호의 목소리가 나오곤 합니다. 한국전쟁의 비극을 잊은 듯이 미국과 일본, 중국과 러시아 등 주변 국가들 역시 북한의 핵 위협에 대응한다는 미명美名 아래 군사적 위협 수위를 높이고 있습니다. 이는 한국전쟁 이후 냉전 질서가 구축된 한반도에서 불안한 정전협정으로 인해 고통 가운데 살고 있는 남북 주민들의 삶을 개의치 않기 때문입니다. 전쟁 발생의 긴장을 강화시키는 사드배치를 철회하고, 한반도가 전쟁터로 전락하는 일은 결코 없어야 합니다.

북한은 국제 사회에 대한 적대적 대결 의식을 내려놓고 신뢰 구축을 위해서 노력해야 할 것입니다. 북한은 국제 사회의 우려와 제재에도 지속적으로 핵과 미사일을 개발하고 있습니다. 2017년 2월 13일 발생한 김정남 피살사건으로 전 세계에 다시 한 번 큰 충격을 주었습니다. 북한이 국제사회에서 핵-경제 병진 노선의 정당성을 인정받으려면, 인류 보편의 가치인 인권과 민주주의 실현에 진정성을 보여야 할 것입니다. 어느 시대, 어느 국가에서도 독재 권력은 영구적일 수 없었습니다. 북한은 고립을 자초하는 행태를 즉각 멈추고 정상적인 국가 발전을 추구해야 합니다. 무너진 남북 관계의 복구를 위해서 비난과 적개심을 자제하고 건설적인 민족 상생의 길을 모색해야 합니다.

미국·일본·중국·러시아 등 주변국들은 북한의 핵문제 해결과 한반도의 평화 체제 수립을 위해서 협력해야 합니다. 트럼프 정부출범 이후 제임스 매티스 국방장관은 우리나라와 일본을 순차로 방문하며 굳건한 동맹 관계를 확인한 바 있습니다. 냉전 시대의 전유물이었던 한미일-북중러 3각 동맹의 강화는 우려되는 현실입니다. 중국과 러시아는 남한과 정상적인 국가의 관계에 있습니다. 이제 미국과 일본 역시 북한과

수교함으로써 냉전 시대의 적대적인 대립을 청산해야 합니다. 국제사회는 북한의 핵문제 해결을 위해서 이미 1994년 제네바 합의와 2000년 페리 프로세스, 2005년 9.19 공동성명과 2007년 2.13 합의 등 수차례 해법을 모색했습니다. 북한이 더 이상 악명惡名을 떨치지 않고 정상적인 국가로서 국제사회의 일원이 될 수 있도록, 남북한이 민족적인 분단의 비극적 역사를 청산할 수 있도록, 나아가 동북아와 세계공동체가 평화에 이를 수 있도록, 미국·중국·일본·러시아 4강은 한반도 평화체제 수립을 위해 협력해야 합니다.

한반도 평화가 동북아와 세계 평화의 전제입니다. 민족상생의 점진적인 평화 통일을 위해서 지속적으로 노력해야 합니다. 용서와 화해, 정의와 평화의 정신만이 남북 관계를 개선할 수 있습니다. 용서와 화해, 정의와 평화의 정신으로 민족의 평화 통일, 동북아와 세계의 평화 공존을 위해서 작은 일부터 실천하며 최선을 다해나가야 할 것입니다.

한국교회가 '남북평화체제'의 필요성을 강조해 온지는 오래입니다. 남북문제는 정부 정책의 전유물이 아니라 국민적 공감으로 이뤄야 하며 이를 위해 교회가 앞장서야 합니다. 이제는 평화통일을 위한 교회의 역할에 대해 깊이 생각해 봐야 합니다. 평화의 키워드는 '교류'와 '상호체제 존중'입니다. 사실 남북불가침협정 등 평화를 위한 움직임은 꾸준히 있어 왔고, 그 결과 1991년 '남북의 화해와 불가침 및 교류·협력에 관한 합의서' 체결이란 가시적인 성과를 낸 적이 있습니다. 하지만 '평화'에 대한 진정성 없이 정치적인 타협으로 이루어진 것이라 실효성이 없었습니다.

이젠 달라져야 합니다. 제재나 타격이 아닌, 소통과 협력이어야 합니다. 북한의 미사일 발사를 우려하며 인류의 미래를 위해 언제나 외교와 협상을 통해 문제를 풀어가야 합니다. 교회의 노력도 더욱 속도가 붙길

바랍니다. 한두 신자의 관심이 아니라 많은 신자들이 남북문제를 직시하고 해결책 마련에 지혜를 모아야 합니다. 학술대회 한두 번이나 몇몇 목회자의 관심만으론 부족합니다. 한반도에 평화가 올 수 있도록, 대화가 이뤄질 수 있도록 기도하고, 협력해야 합니다.

한국 개신교는 어쩌다 '반공'에 사로잡혔나

한국교회는 어느 단체보다 이념 문제에 예민합니다. 반공사상이 오늘날까지 한국교회 대형교회 목사와 교회 지도층에 남아 있습니다. 이들의 세계관은 여전히 냉전 시대에 머물러 있습니다. 1990년대 이후로 넘어서지 못하고 있습니다. 반공주의는 한국전쟁 전후로 생겼습니다. 북에서 탄압받고 월남한 이들의 증오와 원초적 분노입니다. 반공주의는 이승만 대통령 시절까지만 해도 이론적으로 정립되지 않았습니다. 전쟁을 경험했기 때문에 작은 '미끼'만 던져도 다 들고일어날 수 있었습니다. 반공주의는 박정희 대통령 때 이론적으로 정립됐습니다. 전쟁을 경험하지 않았던 다수의 기독교인들은 이 시기를 전후해 반공주의를 수용했습니다. 여기엔 우리가 잘 아는 새마을운동과 관련이 깊습니다. 1975~1976년 박정희 전 대통령은 종교계를 대상으로도 새마을운동을 전개했습니다. 불교, 천주교, 개신교 성직자를 불러다가 2박 3일 정도 교육을 시켰습니다. 이 때 교육받은 목회자들은 교회만의 새마을 담론을 만들었습니다. 교인들은 교회를 통해 새마을운동의 논리를 주입받았고, 친권력 사고방식이 형성됐습니다. '교회' 새마을운동을 주도한 교단이 최순실의 아버지 최태민이 가입한 대한예수교장로회 종합 교단입니다. 새마을운동을 바탕으로 한국 개신교가 반공주의와 친권력적인 담론을 수용한 것입니다.

교육받은 목회자는 수백 명이었습니다. 이들이 흩어져 각 교회에서 국가가 추구하는 이념 설교를 했습니다. 반공주의 사상이 저변으로 확대될 수밖에 없었습니다. 당시 내무부가 발간한 자료를 보면, 새마을운동을 다녀온 목사들은 "나는 새 나라 새 일꾼이라는 포부를 가지고 연수를 받았다. 교회 성장을 통해서 교인들에게 이념을 전파하고, 국가 안보와 경제성장을 위해 신앙 운동을 하겠다."고 선언했습니다. 이러한 새마을운동은 전두환 대통령 때까지 이어졌습니다. 1985년경 한 진보적인 단체가 교회 새마을운동을 비판하는 성명을 내기도 했습니다.

1960~1970년대 말 기독교계 신문들을 살펴보면, 한국교회가 박정희와의 연결 고리를 만들려고 애를 썼던 흔적이 있습니다. 이를테면 박정희 대통령이 구미상모교회 주일학교 출신이라는 주장을 펼치며 친기독교화하는 것입니다.

자료를 찾으면 괴서怪書를 종종 접하곤 합니다. 꿈에서 신사참배를 반대한 목사는 천국에 있고, 북한 정권에 협력한 목사는 지옥에서 고통을 당하고 있다는 내용이었습니다. 이 글을 쓴 사람은 아예 박정희 대통령을 기독교인으로 묘사했습니다. 한국교회는 박정희 대통령을 기독교인으로 만들고 싶어 했던 정서가 있었습니다.

한국교회는 박정희 대통령만큼이나 딸 박근혜 전 대통령을 향한 애정도 큽니다. 일부 목사는 대통령 탄핵 반대를 외치며 대형 십자가를 들기도 했습니다. 십자가 행진을 보며 너무 안타까웠습니다. 박정희 전 대통령 때만 해도 십자가 행진은 저항을 상징했습니다. 1971년 4월, 대통령 선거를 앞두고 서울 종로에서 기독 청년들이 가두시위를 했습니다. 전태일 열사 사건 직후였는데 비인간화된 사회에 저항하는 차원에서 십자가를 들었습니다. 그러자 경찰이 십자가를 빼앗아 훼손했습니다. 이 과정을 거치며 십자가는 저항과 정의의 상징이 됐습니다. 나아가 민주화 운동의 상징이 되기도 했습니다. 그런데 30년이 지나 '바퀴 달린 십자가'가 나오고, 탄핵 반대 집회에 대형 십자가가 등장했습니다. 1971년 4월을 기억하는 입장에서 십자가의 의미가 퇴색된 게 아쉬울 따름입니다.

대형 십자가를 든 이들은 군소 교단 소속 목사들이었습니다. 흥미로운 사실은 사안마다 목소리를 내온 대형 교회 목사들이 잠잠하다는 것입니다. 사실 이들은 대형 교회를 꾸릴 만큼 능력이 뛰어납니다. 비즈니스 감각도 좋습니다. 치고 빠지는 걸 잘하는데, 지금은 빠질 때라고 판단한 것 같습니다. 노무현 대통령 탄핵 때는 엄청 치고 나갔습니다. 대통령 탄핵 반대 집회에는 나무로 만든 대형 십자가가 등장한 적도 있습니다.

보수든 진보든 한국교회가 독립운동과 민주화 운동 등에 앞장섰다는 이야기를 많이 하는데 이것은 좀 더 신중히 사실적으로 접근할 필요도 있습니다. 3·1운동의 경우입니다. 독립선언서를 작성한 민족 대표 33인 중 16명이 기독교인이었습니다. 그중 정춘수 목사의 경우, 붙잡혀 신문받을 때 "자치를 이야기한 것이지 민족 독립을 이야기한 건 아니다."고 번복했습니다. 또 16명 중 절반 이상은 일제강점기 말 친일로 돌아섰습니다. 기독교가 3·1운동을 포함해 독립운동에 앞장섰다는 사실입니다. 그 때 기독교 선각자들과는 달리 목사들은 변절로 돌아선 경우가 많았습니다. 기독교 민족주의자들의 사회진화론적 세계관은 경쟁의 담론으로 시작했습니다. 그러나 1930년대 초중반에 큰 좌절을 겪으면서 일제에 협력하는 논리로 변질되기도 했습니다. 이러한 전후 사정을 고려하지 않고, 한국교회 입맛에 맞게 역사를 재구성해서는 안 됩니다.

기독교대한감리회에서 순교자로 인정하는 양주삼 목사 사례입니다. 그는 1930년대 감리교를 대표하는 목사였습니다. 독립운동을 했다고 알려져 있지만, 1930년 후반부터 친일로 돌아섰습니다. 해방 직후 사회주의 세력이 만든 친일파 팸플릿에 양 목사 이름이 들어가 있고, 반민족행위특별조사위원회반민특위에 잡혔다가 풀려난 기록도 있습니다. 이후 한국전쟁 당시 인민군에 납북됐다가 행방불명됐습니다.

한국교회는 역사적 사실을 언급할 때 불리한 내용은 '생략'하고 있습니다. 교인들은 그대로 받아들입니다. 초대 감독을 했던 분이 납북돼서 순교한 것으로만 생각합니다. 흑역사는 전혀 언급하지 않고 있습니다. 은혜만 받을 수 있다면 역사적 사실을 왜곡해도 상관없다는 태도로 보입니다. 민주화 운동도 마찬가지입니다. 사실 이 운동을 주도했던 건 한국기독교교회협의회교회협인데, 내부적으로도 소수만 동참했습니다. 민주화 운동은 소수 기독교인이 전개한 것이지, 한국교회가 앞장섰다고 말하기는 어렵습니다.

교회가 교회답지 않은 문제는 시대를 구분하지 않고 반복되고 있습니다. 1960~1980년대에 일어난 일은 지금보다 더하면 더했지, 덜하지는 않았습니다. 큰 사건이 많았는데, 그때는 크게 문제가 되지 않았습니다. 목사가 여고생을 성추행하고, 어떤 목사는 권총으로 살인까지 했습니다. 그런데 지금과 같이 잘 알려지지 않았습니다. 교회 문제는 늘 있어 왔습니다. 역사 회의론에 빠질 만큼 문제가 반복되고 있습니다. 차라리 교회가 망했으면 하는 생각이 들 정도입니다. 그럼에도 한국교회는 굳건합니다. 이제부터라도 한국교회는 역사 앞에 부끄럽지 않게 바른 역사의식과 냉철한 지성으로 거듭나야 합니다. 더 늦기 전에 말입니다. 종교는 권력과 부유함에 가까이할 때 썩을 수밖에 없습니다.

국내기독교성지순례의 의미와 준비

I

21세기에 들어서면서 인구에 가장 많이 회자膾炙되는 용어는 이른바 '문화'와 '영성'일 것입니다. 웰빙과 삶의 질을 높여야 한다는 사회적·정신적인 차원에서 문화가 요청된다면, 성숙한 신앙생활을 위한 종교적인 차원에서는 영성이 요구되고 있습니다. 가톨릭교회는 이러한 시대적 요청에 부응하여 2005년부터 이른바 '순례영성'을 주제로 다양한 프로그램을 진행하고 있습니다. 제2차 바티칸 공의회[1]에서 교회를 '순례하는 교

---

1 제2차 바티칸 공의회라틴어:Concilium Vaticanum Secundum는 1962년부터 1965년까지 열린 로마 가톨릭교회의 공의회를 말합니다. 로마 가톨릭교회가 장차 앞으로 나아갈 길을 타진한 교회의 현대적 개혁이 이 공의회의 목적이었습니다. 가톨릭 역사상 가장 최근에 이루어진 공의회입니다. 로마 가톨릭 교회가 겪어온 쇄신은 제2차 바티칸 공의회에서 공식적으로 그 절정에 이르렀습니다. 교회의 쇄신으로 유익한 점도 많았지만, 개신교개혁 이래로 일찍이 교회가 겪지 못한 가장 심각한 내적 소요가 초래되었습니다. 제2차 바티칸 공의회이후 교회 내에는 중재할 여지가 없는 진보파와 보수파의 양극대립이 있어왔습니다. 이러한 불일치는 실제로 분열의 위험을 안고 있지만 몇몇 사소한 경우를 제외하고는 집단적 이탈은 없었습니다. 그러나 개인적인 이탈자

회'로 적시適時한 이후, 인간을 '순례적 인간'으로 정의하고 있습니다. 이에 이탈리아의 밀라노 및 독일의 뮌헨을 비롯한 유럽의 유서由緖 깊은 국가의 가톨릭 교구에서는 '순례국'을 두고 기독교 초기부터 전통적인 회개와 속죄의 방법 중 하나인 성지순례를 체계적으로 지원하고 있습니다. 우리나라 가톨릭교회도 국내 가톨릭성지를 발굴하고 보존하는 일에 중점을 두고 있습니다.

순례는 종교적 의무 또는 신앙 고취의 목적으로 하는 여행을 말합니다. 일반적으로 성지순례聖地巡禮라는 이름으로 진행되는데 종교를 가진 사람들이 종교의 탄생과 관련된 역사의 현장을 찾아 확인하는 과정입니다. 이 과정을 통해 단순히 유적지 방문이 아닌 과거의 역사 현장을 찾아

의 수는 관심을 불러일으킬 만큼 많아지고 있습니다. 로마 가톨릭교회는 자신이 '유일한 참된 교회'라는 입장을 공식적으로 철회했습니다. 그리고 기독교계 모든 교회의 일치를 도모하고자 개신교와 에큐메니컬교회일치와 연합한 대화를 시작했습니다. 가톨릭교회는 교리와 교회 규율에 대해 양보할 자세가 되어 있음을 표명했으나 어느 정도 양보할 지는 논란의 여지가 있습니다. 제2차 바티칸공의회는 오랫동안 잠재되어 왔던 고위성직제도와 일반 성직자 사이의 갈등이 표면화되기도 하였습니다. 사제들은 그들의 생활과 사목司牧에서 전통적으로 중시되어온 '절대 순종'에 저항하기도 합니다. 로마가톨릭의 전례典禮도 상당한 변화를 겪고 있습니다. 제2차 바티칸공의회는 가톨릭의 현대화를 위해 각 교회로 하여금 현대화·민주화·지역화를 추진하여 사회에 대해 보다 적극적인 관심을 갖도록 하기도 했습니다. 그러한 영향은 한국가톨릭교회 쇄신의 계기가 되었습니다. 이것은 우선 전례부분의 토착화와 간소화로 요약될 수 있습니다. 공의회 제3회기가 끝난 후 주교회의 결정에 따라 미사를 비롯한 모든 의식에서 한국어를 대폭 사용하게 되었고, 새로운 전례와 '천주찬미경'이 한국어로 새로 제정되었습니다. 또한 전례위원회의 결의에 따라 전례헌장에 관한 제2차 시행령을 시달하여 미사전례와 교회의식을 대폭 간소화했습니다. 또한 교회일치와 타 교회와의 접촉이 대폭 확대되었습니다. 신·구교 간의 일치주간을 설정하고, 〈공동번역성서〉를 시작했으며, 특히 타종교와의 대화뿐 아니라 개신교의 세례를 인정하는 등 기독교의 일치운동에도 적극 나서게 되었습니다. 이러한 활동에 힘입어 한국 가톨릭교회 내의 현대화 및 민주화가 크게 진전되었습니다. 교회사목위원회를 조직하여 평신도가 교회운영에 참여하게 되었으며, 주교선임에도 평신도를 참여하게 하여 권위주의적 교회구조를 쇄신했습니다. 타종교와의 대화를 권장하는 교황 요한네스 파울루스바오로 6세의 '비그리스도 선언문'이 발표된 이후 한국 가톨릭교회는 과거의 배타적인 자기중심적 입장에서 타종교의 교리존중과 이해를 넓히는 데 많은 노력을 기울이게 되었습니다. 한국 가톨릭교회는 이를 계기로 교회의 현대화, 전례의 토착화, 교회의 일치, 비기독교의 인권보호 등에 적극적으로 노력하고 있습니다.

봄으로써 현재의 삶 속에서 살아 숨 쉬는 엄숙함에 옷깃을 여미고 경건함을 느끼게 됩니다.

전통적으로 '성지순례'라는 말이 나오면 열에 아홉은 예루살렘, 베들레헴, 시내산, 갈릴리 같은 곳을 먼저 떠올릴 것입니다. 조금 더 나아가면 사도 바울의 전도여행 코스를 따라가는 소아시아 여행이나, 종교개혁 발원지를 떠올릴 것입니다. 이와 같은 성지순례를 통해 신앙의 뿌리를 찾고 그 속에서 오늘 우리의 신앙을 반성하고 새롭게 다짐하는 은혜가 충만한 기회를 가질 수 있습니다. 그러나 아쉬운 것은 이런 성지순례는 비용도 만만치 않고, 시간도 많이 소요되다보니 누구나 쉽게 성지순례의 은혜를 누리기는 어렵다는 점입니다. 이런 점에서 '성지순례를 반드시 외국으로만 떠나야하는 것일까' 하는 생각을 해봅니다.

기독교복음은 누구에게나 쉽게 전해지고 받아들일 수 있는 것입니다. 성지순례의 은혜도 누구에게나 쉽게 그 기회가 주어져야 할 것입니다. 예수 그리스도의 십자가와 복음 위에 세워지고, 믿음의 선진先進들이 흘린 땀과 피를 마시고 자란 이 땅의 교회들이 지나온 역사들, 그 흔적들을 찾는 것만으로도 해외성지순례여행 못지않게 넘치는 은혜와 감동을 느낄 수 있습니다. 국내성지순례는 우리 신앙의 뿌리를 확인하며, 영적으로 깊은 도전을 받는 축복의 여행입니다. 최근 들어 이른바 '국내 기독교 성지순례'라는 이름으로 새로운 관심이 증폭되고 있습니다. 그동안 우리나라에서 '기독교성지'라고 하면, 가톨릭교회의 전유물처럼 인식되어 온 것이 사실입니다. 하지만 최근 기독교에서도 국내 기독교 성지를 재조명하여 역사와 문화적 전통을 축적함으로 이를 통한 신앙체험을 강조하려는 움직임이 활발합니다.

그러나 안타까운 현실은 이러한 수요의 증가에도 이에 대한 대책은 부실한 실정입니다. 국내기독교 문화유산에 대한 실태파악이 아직 제대로 되어 있지 않고, 진행되는 것도 답사수준에 머물러 있습니다. 그러다 보니 기독교적인 정체성을 제대로 드러내지 못하고 있습니다. 보다 근원적인 문제점은 기독교 성지순례에 대한 역사신학적인 고찰이 제대로 되어 있지 못하다는 점입니다. 국내든 국외든 기독교 성지순례는 단지 일반적인 관광이나 문화답사와는 차원이 다른 영역으로 이해해야할 것입니다. 기독교 성지순례는 신앙의 고백을 넘어 체험까지를 생각하는 영성적인 것이기 때문에, 단순한 관광이나 여행의 차원을 넘어서는 측면이 있습니다. 그러므로 개인 또는 단체별로 성지순례가 보편적으로 진행되는 현실을 직시直視하고, 보다 깊은 차원의 준비를 통해 체계적인 접근으로 국내 성지순례 프로그램을 만들어 가야할 것입니다.

기독교문화유적지 탐방의 의미

i

"역사를 잊은 민족에게 미래는 없습니다." 단재 신채호 선생의 말입니다. 신채호 선생의 말을 되새긴다면 2017년 올해는 이른바 종교개혁(1517년 10월 31일) 500주년이 되는 뜻깊은 해이고, 한국근대사의 아픔 속에서 기독교 정신과 민족혼을 연결해나간 청년시인 윤동주(1917년 12월 30일~1945년 2월 16일)의 탄신 100주년이 되는 해이기도 합니다. 이 두 가지의 의미는 우리 기독교가 오늘의 안정감에 만족하거나 게으를 수 없는 끊임없이 개혁해 나가야하는 교회로서, 기독교신앙이 민족과 지역과 함께할 수밖에 없고 그 안에서 참된 신앙을 추구해야함을 일깨워 준다고 볼 수 있습니다.

2017년을 맞이하면서 한국 교회는 교회 안에 개혁해 나가야할 것은 무엇인지, 진정으로 부끄러워해야할 것은 무엇인지를 찾아나가는 의미로 다양한 논의들이 진행되고 있습니다. 이런 일들의 하나로 우리기독교

역사를 되새기는 일은 중요합니다. 이 일을 보다 활성화하는 것이 기독교문화유적 답사일 것입니다. 가서 보고, 듣고, 느끼고, 함께 어울리며 공감대를 형성해 나가는 여정旅程을 통해 든든한 정신문화적 토대 위에서 미래를 꿈꾸는 우리의 교회가, 역사와 전통이 살아 숨 쉬는 지역공동체로 활성화될 것입니다.

기독교는 다른 종교에 비해 우리나라에 전래된 시기가 짧습니다. 그러다보니 우리나라에서 기독교역사는 다른 종교에 비해 역사가 짧은 것이 사실입니다. 이런 이유로 기독교를 외래종교外來宗敎라느니, 우리역사와 동떨어진 서양식 종교라느니 하는 말들이 있습니다. 이런 말들이 다 틀린 말은 아니지만 그렇다고 모두 맞는 말이라고 인정할 수는 없습니다. 비록 기독교역사가 짧은 것은 사실이지만 기독교는 한국근현대사의 소용돌이 속에서 민족과 지역과 함께 고통 받고, 함께 아파하면서 한국기독교문화를 꽃피워나가기도 하였습니다. 그러기에 우리나라 기독교를 이해하려면 한국근현대사를 이해해야만 합니다.

기독교가 전래되고 정착되던 시기는 급변하는 국제정세와 외세의 침탈 그리고 새로운 문화가 급격히 유입되면서 혼란을 겪던 시대였습니다. 급기야 주권을 빼앗겨 나라 잃은 설움으로 일제강점기에 접어들고 말았습니다. 이런 시대에 믿음의 선각자들은 어떻게 복음을 받아들이고 믿음을 지켜나갔는지, 신앙공동체인 교회는 어떤 방식으로 민족과 지역에 뿌리내렸는지를 살펴보는 일은 오늘 우리가 누구인지를 알게 하는 중요한 기준점이 될 것입니다.

역사는 그저 과거에 흘러간 시간이 아닙니다. 오늘 우리를 끊임없이 비춰주는 거울이요, 내일의 방향을 안내하는 내비게이션과 같습니다. 이렇게 중요한 역사를 우리는 얼마나 알고 있을까요? 우리의 역사를 알고, 기억하려고 노력하는 사람은 많지 않습니다. 그동안 우리는 당장의 먹고 살기에 급급해서 소중한 우리의 뿌리를 알게 해 주는 유산遺産들을 잃어 버렸습니다. 값으로 매길 수 없는 소중한 문화유산이 어디로 간 줄도 모르게 없어지고 말았습니다. 어느 것은 그 흔적조차 찾기 어렵게 되었 습니다. 역사유적들을 중요하게 여기지 않다보니 제대로 보존하는 데 소홀하였습니다.

왜 이제 와서 역사를 말하고 찾으려고 할까요? 첨단과학시대에 앞으로 나아가기 위한 노력에도 정신없는 이 시대에, 굳이 아주 오래전 이야기와 이해하기도 어려운 이전 시대의 산물은 기록물을 끄집어내야 할까요? 도대체 역사가 무엇이기에 오늘 우리에게 그 의미를 되새기게 할까요? 이런 질문은 오늘 우리사회 곳곳에서 들려오고 있습니다. 이는 일본의 독도점유권 주장과 중국의 동북공정에 맞서는 우리의 역사관을 정립하자는 논의가 그 대표적인 경우일 것입니다. 한국인, 한국사회, 한국문화에 대한 인식을 높여 올바른 역사관을 정립하고 사회발전과 민족통일에 기여할 인재를 양성하기 위해 한국사가 필수과목으로 지정되기에 이르기도 하였습니다. 이처럼 국가와 사회의 흐름이 우리 역사를 강조하는 시기이듯, 우리 지역 기독교의 자랑스러운 역사를 찾아내서 우리 지역 교회의 자랑스러운 전통을 구축하고 이를 우리 지역의 다음을 짊어지고 나갈 다음세대들에게 교육해 나가야함이 중요함을 인식하게 되었습니다.

우리 기독교역사이해는 현재와 미래를 조망해 기독교역사에 담긴 숭고한 믿음의 열정과 헌신을 계승하고 공유하는 성숙한 신앙으로 개인의 믿음과 신앙공동체인 교회가 활성화되도록 하는 데 유익한 일일 것입니다. 역사공부라 하면 흔히 무작정 역사적인 사건만을 암기하던 학창 시절의 역사 수업을 떠올리는 이들이 많을 것입니다. 그런 탓인지 역사학이라고 하면 고루하고, 실용적이지 못한 학문으로 여기는 사람들이 많습니다. 이런 역사의 이해는 역사에 대한 제대로 된 이해가 부족해서입니다. 역사란 과거 인간이 거쳐 온 모습이나 인간의 행위로 일어난 사실, 또는 그 사실에 대한 기록을 말합니다. 이러한 역사를 통해 우리 사회와 국가는 물론 우리가 속한 공동체에 대한 이해를 더할 수 있습니다.

　인간이 살아온 모습을 다각도로 이해하고 분석하고자 하는 시도는 인간의 역사가 지속되는 한 중단될 수 없습니다. 그 이유는 인간의 역사를 이해하고자 하는 노력은 단순히 과거의 사실을 알고자 하는 차원을 넘어, 인간과 사회에 대한 진정한 의미를 발견하고자 하는 시도이기 때문입니다. 역사에 대한 통찰은 인간의 삶에 대한 편협한 시각을 극복하게 해줍니다. 또한 현재를 살아가는 인간들에게 인간과 사회에 대한 포괄적 이해의 폭을 제시한다는 점에서 그 의미가 큽니다. 역사학은 오늘을 살피고, 내일을 설계함에 확고한 지침을 얻고자 과거의 제반 문제를 과학적으로 탐구하는 학문입니다.

　기독교역사유적지탐방은 거창하게 전문적으로 역사를 연구하고 정리하는 학문을 하려는 것은 아닙니다. 다만 오늘 우리 지역의 역사관歷史觀을 정립하고, 이를 오늘 우리를 반성하고 내일을 준비하는 중요한 시사점示唆點을 얻고자함입니다. 우리 교회의 역사를 둘러싼 한국근현대사를 이해하고, 우리 교회를 품고 있는 지역 사회를 이해하고, 지역과 함께해 온 지역사회의 기독교문화유산들의 의미를 통시적으로 이해하려는 것입니다. 기독교역사유적지 탐방을 통해 우리 지역 교회 역사의 심오深奧함과 위대偉大함을 확인하고 확고한 역사인식을 지닌 우리 지역 교회의 공동체성을 구축해나가려는 것입니다. 역사적 토대 위에 든든히 서 가는 우리 교회의 모습을 기대해볼 수 있을 것입니다.

종교 간의 갈등, 그 해법은 있는가요

i

　최근 이라크에서 발생하고 있는 내전의 상황을 보면 그 밑바탕에는 정치적인 이유가 크게 작용하고 있지만 종교적인 갈등의 양상이기도 합니다. 스스로를 이슬람국가라 부르는 이슬람 수니파 무장단체에 의해 자행된 일련의 학살행위의 대상이 되었던 사람들은 대부분이 야즈디교도, 기독교도, 시아파 무슬림들이었습니다.
　이처럼 종교 간의 갈등으로 촉발된 폭력의 사례들은 그리 멀지 않은 과거만 살펴보더라도 수없이 찾아 볼 수 있습니다. 예를 들면 이슬람 원리주의의 상징이었던 오사마 빈 라덴은 이른바 성전聖戰을 선포하면서 알 카에다가 수행하는 전쟁이 이슬람과 기독교 간의 종교전쟁임을 선언하였습니다. 빈 라덴은 사우디아라비아가 친미적 성향으로 돌아서자 이교도에 의탁한다는 이유로 반미 테러를 지원하였습니다. 2011년 이집트 카이로 외곽의 임바바 지역에서 발생한 무슬림과 콥트 기독교도 사이의 유혈 충돌도 그 한 사례입니다. 이슬람으로 개종한 기독교 여성들을 기독교교회가 억류하고 있다는 소문으로 인해 시작된 시위는 결국 총격전과 화염병 공격으로 이어져 12명을 살해했고, 232명을 부상시켰고, 교회를 완전히 불태웠습니다. 2014년 5월 나이지리아에서 발생한 여학생들의 피랍 사건도 표면적으로는 이슬람과 기독교 사이의 갈등이 직접적인 원인인 것으로 지적되었습니다.

이슬람 무장단체인 보코하람은 나이지리아의 무슬림이 기독교도들로부터 박해를 받아왔다고 주장해 왔습니다. 나이지리아 정부가 보코하람 대원의 아내와 자녀를 체포한 것에 대한 보복으로 300명 가까운 여학생들을 학교 기숙사에서 납치하였습니다. 이들 중 탈출한 50여 명을 제외하고 200여 명은 행방을 알 수 없었습니다.

이러한 사건들의 연원淵源은 지정학적인 이유로 그 뿌리가 깊은 기독교와 이슬람의 갈등의 역사에 있습니다. 1,400여 년 전에 성립된 이슬람은 급속히 세력을 확장하여 북아프리카와 스페인에까지 전파되었습니다. 이에 맞서 기독교는 십자군 전쟁을 일으켰습니다. 그 결과 기독교는 성지聖地 팔레스티나와 성도聖都 예루살렘을 탈환할 수 있었습니다. 하지만 이로부터 400여년이 지난 1389년 이슬람 국가인 오스만 튀르크 제국은 코소보전투를 통해 세르비아를 물리침으로써 십자군 전쟁의 패배를 설욕하였습니다. 앞서 언급한 가까운 과거에 있었던, 그리고 지금도 진행되고 있는 기독교와 이슬람의 갈등은 이러한 역사적 연장선상에서 이해되어야 합니다. 그러므로 각종 내전과 국제전은 단순한 정치나 경제의 문제를 넘어서는 종교적인 측면이 있음을 이해해야 합니다. 그렇지 않으면 문제를 제대로 바라 볼 수 없기에 그 해결책도 제대로 찾을 수 없습니다.

그 어떤 종교도 전쟁이나 파괴를 미덕으로 여기지 않습니다. 또한 모든 종교가 평화, 사랑, 자비, 복음, 구원 등을 지고의 가치로 여깁니다.

그런데 이러한 갈등이 왜 이렇게 일어나는 것일까요? 심지어 살인과 전쟁까지 하면서 말입니다. 종교 갈등의 이면裏面에 숨은 정치적이거나 경제적인 비종교적인 원인들을 일단 논외論外로 한다면 각 종교에 존재하는 소수의 근본주의자 혹은 원리주의자가 문제입니다. 이들은 교조적이며 비타협적인 성향을 갖는 지극히 보수적이며 전투적인 집단입니다. 지금까지 발생한 대부분의 종교 갈등의 원인을 제공한 집단입니다. 이들을 반면교사로 삼는다면 종교 갈등의 해법을 찾을 수 있을 것입니다. 아니 어쩌면 우리는 이미 종교 갈등의 해법을 알고 있는 지도 모릅니다.

종교 간의 '우정'과 '존중'이 바로 그것입니다. 문제는 우리의 마음에 있습니다. 종교 간의 대화나 협력을 한다고 하면 자기 종교가 부정되거나 종교혼합이 되는 것을 우려합니다. 물론 이런 측면이 전혀 없지는 않지만 자기 종교에 분명한 확신이 있는 종교지도자종교인은 종교 간의 만남과 소통으로 자기성이 부정되지는 않습니다. 자기종교를 조금은 객관적으로 바라보는 시각이 생기고 자기종교를 변증하는 역량이 생기기도 합니다. 또한 우리사회의 각종 문제에 종교 간의 협력으로 지역의 환경 문제나 사회문제를 해결하는 힘이 결집되기도 합니다. 결국 우리사회는 단일 종교가 국교일 수 없는 종교다원사회입니다. 우리의 이웃에, 우리 동창 중에, 내 종교와 다른 종교가 있습니다. 나와 다른 종교를 배타적인 의미로 타종교라고 하기보다는 조금은 정다운 의미로 이웃종교라고 지칭하는 것도 유익할 것입니다.

예수가 산타 할아버지보다 더 좋은 이유

해마다 12월이 되면 거리마다 성탄절聖誕節을 맞아 흥겹습니다. 성탄절은 예수가 이 땅에 온 기쁜 날로 기독교신앙인들로서는 축제와 같은 날입니다. 이 날이 국가공휴일로 지정되어 전 국민이 쉬는 날인 것은 예수의 출생이 수많은 종교 중에 하나인 기독교의 축제일의 의미를 넘어서 전 세계가 함께 기뻐할만한 가치가 있기 때문입니다. 그 만큼 예수의 출생은 기독교만이 아닌 전 세계의 역사를 뒤흔드는 엄청난 사건입니다. 실제로 세계 공용으로 쓰는 서력기원西曆紀元, 약칭 서기西紀는 예수 출생을 기원紀元으로 한 서양 기독교 문화권에서 사용해 온 기년법의 책력으로, 현재 전 세계적으로 통용되고 있습니다. 서기는 일반적인 다른 역법·연호 체계와 마찬가지로 0년이 존재하지 않으며, 그레고리력의 1년을 기원, 곧 '시작하는 해'로 삼습니다. 로마자 약어로 기원후는 AD라틴어:Anno Domini 아노 도미니, '주의 해)에'로, 기원전은 BC영어:Before Christ 비포 크라 이스트 '예수 이전에'를 주로 써왔습니다. 이 말의 기원은 라틴어로, 현재 라틴어 문장 내에서 쓸 때는 주로 장음 표시 악센트인 마크론(¯)을 덧붙인 'annō Domini'로 표기합니다. 반면에 영어에서는 앞서 보인 바와 같이 마크론을 떼는 게 일반적입니다. 인쇄물이나 컴퓨터 문서에서는 이탤릭체로 입력하는 경우가 많습니다. 과거 영어권 국가에서는 '(in) (the) year of our Lord (Jesus Christ)우리 주 (예수 그리스도)의 해에'와 같은 표현이 대신 쓰이기도 하였습니다.[1]

그러다보니 교회를 다니지 않는 사람들에게도 성탄은 뜻깊은 날로 이해되고 있습니다. 그러나 되짚어 봐야할 아쉬움이 있습니다. 이 아쉬움은 성탄절이 왜곡을 넘어, 변질된 것은 아닌가하는 생각마저 듭니다. 성탄의 주인공이 예수가 아니라 산타가 된 것입니다. 어린아이들에게 예수보다 산타클로스 할아버지가 더 중요합니다. 산타클로스는 성경에 나오는 인물이 아닙니다.

그럼 도대체 산타할아버지는 누구일까요? 크리스마스 전날에 착한 아이들에게 선물을 나눠준다는 산타클로스는 어린이들의 수호성인聖人인 '성 니콜라스'의 별칭입니다. 진실한 신앙과 기부와 나눔을 실천하던 성 니콜라스는 후에 대주교가 되었습니다. 그는 언제나 남몰래 많은 선행을 베풀었습니다. 그의 일생에 이런 선행에서 유래해서 지금의 산타클로스 이야기가 생겨났다고 합니다. 어린 시절에 착한 일을 하면 자는 동안에 산타할아버지가 찾아와 선물을 놓고 간다는 말은 바로 성 니콜라스의 선행으로 인해 오랫동안 전해져 내려온 풍습이라고 합니다. 우리가 흔히 생각하는 산타클로스의 모습은 코가 빨간 루돌프 사슴이 끄는 썰매를

---

1 서력기원은 예수가 태어난 날짜부터 시작하는 기력이라고 알려졌고 실제 예수가 태어난 해부터 계산하려 했지만 후에 이 계산이 잘못된 것을 알게 되었습니다. 하지만 예수가 태어난 시기 자체에 논쟁이 많고, 해당 시기에 맞춰 서력 전체를 옮기면 기존 역사서 등에 혼란이 가중될 수 있어 그대로 사용하고 있습니다.

타며 빨갛고 커다란 주머니에 선물을 잔뜩 싣고는 아이들에게 날아가는 산타클로스라고 생각을 많이 하는데요. 이러한 모습이 처음 등장한 건 1822년 성탄절 이브로, 이때 뉴욕의 신학자 클레멘트 무어가 쓴 '성 니콜라스의 방문'이라는 시에 산타의 모습이 묘사되어 있습니다. 또한 본래의 날렵하고 키가 큰 모습에서 통통한 볼에 뚱뚱한 모습을 하게 된 건, 토마스 나스트라는 19세기의 만화가가 20년 동안 잡지에 성탄절 삽화를 그리면서 완성한 것이라고 합니다. 산타클로스를 생각하면 떠오르는 것이 '빨간색'인데요. 1931년 미국 해돈 선드블롬이 코카콜라 광고를 위해 그린 그림에서 유래한 것입니다.

산타클로스가 전 세계 어린이들에게 다정한 할아버지의 모습으로 인식되고 있습니다. 예수는 아무 것도 주지 않는데, 산타클로스 할아버지는 산물을 줍니다. 문제는 기독교신앙인 가정에서도 어린이들이 예수가 아닌 산타클로스 할아버지를 기다립니다. 기독교신앙인 가정에서 부모들은 아이들이 잠든 시간에 미리 사둔 아이들이 원하던 선물을 머리맡에 두어 아이들이 깨어나면 산타클로스 할아버지가 주고 가셨다고 합니다.

이를 통해 아이들이 순수한 마음을 지니고 착한 마음을 갖게 하는 것은 좋으나 자칫 성탄의 진짜 주인공인 예수가 잊히고 예수를 진심으로 따른 성 니콜라스가 생각지도 않게 자신이 변형에 변형을 거쳐 성탄의 주인공이 된 것은 황당한 대사건입니다. 성탄의 의미를 되새기면서 기독교신앙의 측면에서 이를 진지하게 생각해봐야할 것입니다. 그런 점에서 산타클로스 할아버지와 예수를 비교해봅니다. 산타보다 예수가 좋은 이유입니다.

산타는 북극에만 살지만, 예수는 어디에나 있다.
산타는 썰매를 타지만, 예수는 물위를 걸을 수도 있다.

산타는 오직 일 년에 한 번만 오지만, 예수는 언제든지 우리 마음에 와서 친구가 되어준다.

산타는 우리 양말 속에 좋은 것들로 채워 주지만, 예수는 우리의 모든 것을 채워준다.

산타는 불청객처럼 굴뚝을 타고 내려오지만, 예수는 우리 마음에 들어온다.

산타를 만나려면 줄을 서서 기다려야 하지만, 예수는 이름을 부르기만 하면 된다.

산타는 자신의 무릎 위에 앉게 하지만, 예수는 그의 팔에서 우리를 쉬게 한다.

산타는 우리 이름을 몰라서 "안녕, 이름이 뭐지?"라고 하지만, 예수는 우리가 알기도 전에 먼저 우리 이름을 알고 우리가 사는 곳도 알고, 우리의 과거도 알고, 미래도 알고, 심지어 우리 머리카락이 몇 가닥인지도 다 안다.

산타에게는 젤리로 가득한 그릇 같은 똥배가 있지만, 예수는 사랑으로 가득한 심장이 있다.

산타가 줄 수 있는 건 "호호호" 하는 웃음뿐이지만, 예수는 건강과 도움과 희망을 준다.

산타는 "울면 안 돼!" 라고 말하지만, 예수는 "모든 염려를 내게 맡기라. 내가 너희를 쉬게 하리라" 라고 한다.

산타의 도우미들은 장난감을 만들지만, 예수는 새 생명을 만들고, 상처받은 영혼을 치료하고, 깨진 가정을 고쳐주고 아름답게 해준다.

산타는 웃음을 줄 지 모르지만, 예수는 능력이 되는 기쁨을 준다.

산타는 크리스마스트리 밑에 선물을 놓아두지만, 예수는 우리에게 선물이 되어 나무 십자가에서 죽음으로 우리를 구원해주었다.

확실히 산타와 예수는 비교도 되지 않습니다. 성탄절의 근본 이유는 하나님이 우리를 지극히 사랑하셔서서 구원하시기 위해 하나님의 가장 소중한 단 하나인 아들을 내어주심이고, 하나님 자신이 낮고 천한 인간으로 내려오셔서 우리와 함께하심의 감격이요, 축복이요, 사랑입니다. 이 날의 정신을 본받아 우리가 하나님처럼 겸손히 사랑을 실천해야합니다. 그러므로 성탄절에는 가난한 사람, 병든 사람 등의 연약한 사람들과 함께하는 날입니다. 나만 선물 받고 기뻐하는 날이 아니라 선물이 필요한 사람에게 전해주는 날입니다.

제 2부
오늘 이 시대에
믿음이란 무엇인가

부활 신앙으로 바라본 세월호

봄은 왔건만 모두에게 봄은 아닙니다. 사람의 심정마다 봄을 맞는 마음이 같지 않습니다. 이런 이유로 시인 동방규는 '춘래불사춘春來不似春'이라 했나 봅니다. 이른 봄 설렌 마음으로 집을 나선 못다 핀 꽃송이들인 햇청춘들의 수학여행길, 희망을 싣고 떠난 세월호는 13시간이면 도착할 수 있는 제주에 이르지 못하고 말았습니다. 깊은 바다 속에 포박되고 말았습니다. 세월호참사가 벌써 3년이나 지난 시점에 드디어 악귀의 사슬을 끊고 목포항에 회선하였습니다. 아직도 하선하지 못한 아홉 명도 확실하게 귀가하기를 기대해 봅니다.

세월호가 침몰한 3주기에 부활을 맞습니다. 자식을 잃고, 또 시신도 찾지 못한 가족들에게 신앙은 무엇이고 예수의 부활은 무엇일까요? 그들에게 무엇이 기쁜 소식복음이며 무엇을 구원이라 일러줄 것인가요? 하나님의 착한 종 욥은 하나님의 저주를 받아 아들도 재산도 모두 잃고 병까지 얻어 잿더미에 앉았습니다. 친구들이 찾아와 위로하면서 하는 말이었습니다. "모두 하나님의 뜻이 있는 것이니 순종하라." 이는 위로가 아니라 지적이고 충고였습니다. 욥은 저항했습니다. "내가 자네들 처지라면 나도 그렇게 말했을 것이네. 그러나 나는 죄 지은 것이 없는데 왜 이런 저주를 받아야 하는가? 이건 내가 믿는 하나님이 아니야. 나는 반드시 하나님을 만나 따지고야 말거야!"(욥기 21장 7-34절; 19장 25-27절)

친구에게 훈계와 위로로 열심이었던 욥의 친구들은 결국 하나님께 야단맞습니다. "너희는 나의 종 욥처럼 솔직하지 못하였다. 너희들 태도에 분노를 참을 수 없다. 그러나 나의 종 욥이 너희를 위해 기도해 줄 것이다."(욥기 42장 7-8절) 무죄한 고통에 대한 욥의 심정과 진실한 저항에 대해 하나님은 '솔직한 믿음' 이라고 신뢰를 보내주셨습니다.

"빨리 자식의 시신을 찾아 유가족이라도 되는 게 간절한 소원입니다!" 듣고 읽고 배우고 아는 말 가운데 이렇게 슬픈 말을 들어본 적이 없습니다. 멀쩡한 대낮에 자식이 탄 여객선이 뒤집혀 가라앉고 있는 현장을 두 눈으로 대하면서 펄쩍 뛰다 까무러치다 대통령 앞에 무릎 꿇고 애원하던 엄마, 통한痛恨의 유가족들에 대해 국가는 어떻게 했는가요? 시신이라도 찾고 싶은 유가족들의 슬픔과 고통에 일부 몰염치한 인간들이 보인 태도와 저지른 악행도 아직 기억합니다.

'경기가 어려운데 언제까지…', '교통사고 같은 것일 뿐인데…', '받을 만큼 보상받지 않았나?' '누가 제주도까지 수학여행 가라고 했어?' '비행기로 가든지….' 심지어는 진상규명을 요구하는 유가족들의 단식농성 앞에서 피자와 치킨을 시켜먹으며 빈정대는 잔악한 인면수심人面獸心의 인간들, 진상규명을 방해하던 정치인과 공직자, 도저히 용서하기 어려운 이들의 그 비정한 역사를 우리는 기억합니다. 이들을 향한 하나님의 말

씀입니다. "나는 너희들에 대해 분노를 참을 길 없다!"(욥기 42장 7절)

정부와 기관에 종사하던 이들은 멀쩡한 눈과 입을 가지고도 숨기고 은폐하며 거짓말을 물마시듯 해왔습니다. 문제의 세월호 육신肉身은 목포신항에 말없이 누워 있습니다. 자신의 몸에서 일어난 모든 일을 지켜보았던 세월호. 세월호의 외침을 양심이 있는 사람들은 그 외침을 들을 수 있을까요? 세월호의 외침입니다.

"나는 죽음을 앞둔 노령의 몸으로 고달픈 항해에 늘 혹사당했지. 인간의 탐욕은 말릴 수가 없었어. 그날 오전 나는 차오르는 바닷물 속에서 엄마아빠를 부르던 아이들의 절규를 들었어. 손가락에 피가 나도록 객창을 긁어대던 처참한 모습, 몸트림 하며 하나둘 꺼져가던 목숨을 지켜볼 뿐, 나는 아무 것도 할 수 없었어. 그렇지만 내겐 믿음이 있었어. 모든 진실은 밝혀진다는 거. 어둠은 빛을 이길 수 없으니까 억울한 죽음들은 부활할 거야. 예수님은 사흘을 견디고 부활하셨지만, 우린 3년을 견뎌 부활하고 마는 거야, 잊지 않고 기억해 줘서 고마워. 내 진실이 부활한다면 여러분 덕분이야."

부활은 무엇인가요? 죽은 시신에 핏기가 돌고 회생하는 것이 부활이라면 장애인은 다시 장애인으로 태어나고 세상 죄악과 부정과 부패의 귀태鬼胎들이 그대로 부활하여 다시 괴롭힌다면 그런 하나님 나라를 구원이라 할 수 있을까요? 아닙니다. 예수님의 부활은 영적인 부활입니다. 영적인 부활은 영적인 눈을 가진 사람에게만 보입니다. 그래서 예수님은 예루살렘 성전 복판에서 부활하지 못하시고, 다만 제자들의 눈에만 보이시고는 승천하셨습니다.

영적인 부활이란 인간의 선량함이 부활하는 것입니다. 하나님의 것만이 부활의 영광에 참여하게 됩니다. 하나님의 진실과 정의, 하나님의 사랑과 평화, 하나님의 노동과 이루어 가실 일들이 무효화되지 않고 부활하는 것입니다.

　악령의 것인 탐욕과 이기심, 패권주의 권력, 명예욕의 본성적 욕망들은 하나님의 뜻과 일을 방해하고자 진실을 감추고 정의를 무력화시킵니다. 그래서 착한 사람들이 핍박과 고통을 받고 억울하게 죽임 당합니다. 불의가 세상을 덮고, 위선과 기만이 진리 행세를 합니다. 그것이 죄악입니다. 예수님은 "서로 사랑하라" 하셨습니다. 가르침대로 따르자니 정말 고통스럽고 세상은 패배와 좌절, 억울한 죽음뿐입니다. 그래도 십자가의 고난과 죽음이 하나님의 뜻에 맞는 것임을 선포하는 것이 바로 예수 부활입니다. 예수님은 억울한 죽음의 대표자이십니다.

　탐욕과 죄악이 온 세상을 지배할지라도 자녀들에 대한 하나님의 사랑을 막을 수 없습니다. 엔도 슈사쿠의 소설 『침묵』에서 "왜 당신 때문에 이토록 고초를 겪는데도 침묵만 하시느냐?"는 항의에 하나님은 이렇게 대답하셨습니다. "나는 한 번도 침묵하지 않았다. 네가 고통 받는 그 순간에 늘 함께 하고 있었다." 하나님은 우리 삶의 고난과 십자가에 눈길을 멈추시고, 함께하시면서 우리의 영혼을 소생시키시고 정화시키십니다.

　고통이란 하나님의 품에 안겨있음의 징표입니다. 억울한 죽음의 영혼들, 그 가족과 친구들 모두 십자가의 아픈 고통의 무게만큼 정화의 단련을 받았으니 이제 예수님의 부활과 함께 높이높이 솟아오를 것입니다.

　제자들은 예수님의 생애와 삶에 온전한 '일체성―體性'으로 결합되고자 했습니다. '동시성同時性'으로 살았습니다. 의식의 일체성, 행위의 동시성은 제자의 정체성이고 본질입니다. 그래서 스승의 죽음이 곧 자신들의 죽음이었고, 스승의 부활이 곧 자신들의 부활이었습니다.

　평생 그토록 자식을 위해서 간절히 기도해 본적 없고 이웃의 고통이 내 아픔이 된 적 없고, 정치와 투표와 촛불이 그토록 위대한 혁명이 될 수 있음을 알지 못하고 살아왔습니다. 그러나 이제는 나를 초월해서 이

옷에 대한 관심으로, 또한 정치와 문화와 사회가 하나가 된 공동체적인 세계관을 깨닫습니다. 고난의 연대가 공동체가 되어 함께하는 사랑이 됩니다.

역사는 언제나 위대한 스승입니다. 세월호는 우리 가슴에 물망초勿忘草가 되어 대한민국 모든 국민의 의식과 삶을 지켜볼 것입니다. "나를 잊지 마세요!" 부활의 삶을 구하는 우리 누구에게나 4월 16일을 잊지 말아야 할 의무가 있습니다.

기억과 행동의 토대는 기도

체육전문가들의 한결같은 이야기 중 하나입니다. "운동은 머리로 하는 것이 아니라 근육이 그 운동의 구조를 기억하는 것입니다. 아무리 머리를 써도 그 운동에 쓰이는 근육이 기억하지 못하면 운동을 할 수 없습니다. 근육이 운동의 구조를 기억하는 방법은 반복, 또 반복하는 연습입니다. 행동으로 여러 차례 같은 동작을 반복해서 연습할 때 몸의 근육은 그 운동을 기억하게 됩니다. 기억으로 행동하게 만들고 동시에 기억하기 위해 행동하는 것입니다." 맞는 말입니다. 우리의 행동과 삶이 머리로만 되는 게 아닙니다. 기억이 행동으로 드러남이 반복되면 그것이 머리를 넘어서는 자동적인 습관이 되고, 몸에 각인됩니다. 저는 이런 일을 자주 경험합니다. 저희 집 현관과 학교 집무실 번호가 기억나지 않을 때가 있습니다. 그런데 어김없이 문을 열 수 있습니다. 그것은 머리가 아니라 손가락이 자동으로 움직여 문을 열 수 있기 때문입니다. 이것을 처음 안 순간 얼마나 깜짝 놀랐는지 모릅니다.

인간은 생각하는 동물이라고 머리가 엄청 중요하다고 배우고, 그렇게 확신했는데 그게 다가 아니었습니다. 머리 이전에, 머리 너머의 몸이 있었고 행동이 있었습니다. 그렇다고 이것이 머리와는 무관한 것이 아닙니다. 그냥 몸과 행동이 아니라 머리와 연관된 기억이 기초가 된 것입니다.

기억하고 행동하는 것은 단순히 추억을 되씹는 것이 아닙니다. 오래 전의 사람과 사건과 의미를 오늘 여기 지금 순간에서 만나는 현실입니다. 그런데 이런 기억의 행동이 그저 그런 일상의 습관이 아니라 거룩한 사랑에 근거한다면 이것은 감격이요, 감동이 됩니다. 그러면 이는 그 어떤 것으로도 대신할 수 없는 막중한 당위와 책임을 지니게 됩니다. 사랑은 그 안에 생명력이 있습니다. 그 힘은 고인 물처럼 정지되어 있는 것이 아닙니다. 흘러가는 물과 같습니다. 한시도 가만히 있지 못합니다. 흘러흘러 강을 이루고 바다를 이룹니다.

사랑하는 사람을 기억한다면 쉼 없이 그 사람을 되새기고 그와 함께 행동하게 됩니다. 이것이 진정한 기억이요, 기념입니다. 사랑하는 사람을 기억하는 것은 행동하게 만드는 원동력입니다. 사랑한다고 말하면서 아무런 행동도 하지 않는다면 그것은 말뿐이고, 머리로만 하는 것일 뿐입니다. 그것은 오래 가지 못합니다. 그저 반짝 효과밖에 없습니다. 기억한다고 말하는 것은 곧 사랑으로 행동한다는 것입니다. 예수님을 기억한다는 것은 그의 삶과 죽음과 부활을 말과 머리만이 아니라 행동으로 재현해내는 것입니다. 이는 그저 이벤트나 모방이 아닙니다. 오늘 우리가 예수님이 되어 예수님의 정신으로 예수님의 행동으로 살아야 합니다.

그러나 이런 다짐과 결심으로 다 되는 것은 아닙니다. 기억에도 한계가 있습니다. 기억이 행동으로 이어지지 못하면 기억은 결국 희미해지고 맙니다. 또한 아무리 기억하고 행동한다고 해도 변하는 것이 없고, 달라지는 것이 없다면 그 기억과 행동은 흐지부지 그 힘을 잃고 맙니다. 의미를 찾지 못하고 포기하는 순간, 기억도 행동도 사랑도 힘을 잃고 맙니다. 기억하는 것이 행동으로 옮겨져 삶을 변화시키지 못한 것은 우리네 경험과 역사를 통해 잘 알고 있습니다. 어떤 행동을 해도 바뀌지 않는 세상과 삶과 맞닥뜨리면 지루한 싸움처럼 여겨지는 기억과 행동으로 이것이 과연 옳은 것인지 필요한 것인지 의구심을 가지게 되기도 합니다.

그렇기에 기도가 반드시 필요합니다. 기도는 기억하고 행동하는 일이 인간적인 한계에 도달해서 포기하고 싶은 유혹이 들 때, 의미를 되새기게 하고 힘을 얻게 합니다. 기도는 지치지 않는 용기가 생기고, 변하지 않는 버팀목이 되어줍니다. 기도가 든든한 토대가 되고, 그 토대 위에서 기억하고 행동한다면 마침내 목숨도 내어 놓을 수 있는 확고한 의미로 굳건한 실천적인 신념으로 나아갈 수 있습니다.

무엇을, 어떤 기준으로 기억하는가에 따라서 살아가는 행동의 내용도 달라질 것입니다. 오늘 우리 한국근현대역사에서 4월은 여러 가지 아픈 사건을 기억하게 하는 시기입니다. 4월 3일은 가슴 아픈 날입니다. 1948년 4월 3일은 제주 4·3사건이 발생한 불행한 일이 있었습니다. 이 날의 아픔은 오늘날까지 제주도민은 물론 온 국민의 아픔입니다. 해방 이후 제주도는 사회주의 세력과 미군정의 지지를 받은 우파 세력이 대립하였습니다. 이런 상황에서 1947년 3·1절 기념집회에서 미군정 휘하의 우파 성향의 경찰이 제주도민들에게 발포하여 6명이 사망하면서 갈등이 증폭되었습니다. 경찰과 서북 청년단 등 우파가 행한 제주도민에 대한 탄압에 대항하여 제주도민들이 1948년 4월 3일을 기해 일제히 봉기했습니다. 폭력적 탄압 중지, 단독 선거 반대, 단독 정부 반대, 민족 통일, 미군정 반대, 민족 독립 등의 정치적인 구호가 있었습니다. 미군정은 군을 투입했고 진압 과정에서 약 28만 명의 도민들 중 약 10%에 해당하는 3만여 명이 군·경 토벌대에 학살된 것으로 추정되는 참변이 일어났습니다. 발발 1년여 만인 1949년 봄에 종결되었는데 언급 자체를 금기시 하다가 1990년대 들어서야 역사적 재조명 되었고, 2000년 1월 국회에서 '제주4·3 진상규명 및 희생자 명예회복에 관한 특별법'이 제정되면서 진상 조사와 피해자 파악이 실시되었습니다.

4월 13일은 대한민국 임시정부수립일입니다. 1919년 4월 13일 중국 상하이에서 우리나라 최초의 민주공화제 정부 대한민국 임시정부가 수립되었습니다. 한반도 중심이 아닌 곳에서 대한민국 주권을 외친 독립운동가들의 헌신을 기억해야하는 날입니다.

또한 1960년 4·19혁명이 있었습니다. 4·19 혁명 또는 4월 혁명四月革命 은 1960년 4월 대한민국에서 제1공화국 자유당 정권이 이기붕을 부통령으로 당선시키기 위한 개표조작을 하자, 이에 반발하여 부정선거 무효와 재선거를 주장하는 학생들의 시위에서 비롯된 혁명이었습니다. 3·15 부정 선거의 무효와 재선거를 주장하던 마산 3·15 의거에 참여한 마산 상업고등학교 입학생 김주열이 실종된 지 27일 후인 4월 11일 아침 마산 중앙부두 앞바다에서 왼쪽 눈에 경찰이 쏜 최루탄이 박힌 채 시신으로 떠오른 것이 부산일보를 통해 보도되면서 시위는 전국적으로 격화되었습니다. 4월 19일 경찰이 대통령 관저인 경무대로 몰려드는 시위대를 향해 발포하였고, 발포 이후 시위대는 무장하여 경찰과 총격전을 벌이며 맞섰습니다. 전 국민적 저항과 군 지휘부의 무력동원 거부에 봉착한 대통령 이승만이 4월 26일 하야를 발표함으로써 이승만의 자유당 정권은 몰락하였고, 이 혁명의 결과로 과도정부를 거쳐 6월 15일(6·15 개헌)에 제2공화국이 출범하였습니다.

그리고 지금으로부터 3년 전, 4월 16일에는 영원히 잊을 수 없는 참변이 벌어진 날입니다. 국가의 총체적인 무능과 부실, 이윤만을 내세우는 신자유주의의 탐욕을 만천하에 드러낸 세월호 참사 3주기가 되는 날입니다. 참혹한 기억을 잊지 않기 위해 하나님의 창조 질서를 외치고, 생명의 거룩함과 존엄을 수호하기 위해 거리에서 단식하고 기도하며 행동하는 일들이 많았습니다. 가슴에, 가방에 노란 리본을 달고 이를 기억하는 이들이 많았습니다. 지치지 않기 위해 기도하며 기억한 행동은 진도 앞바다에 수장된 세월호를 1073일 만에 인양되는 광경을 볼 수 있게 해주었습니다. 참담한 박근혜-최순실 국정농단의 진실이 하나씩 드러나듯이 온 국민의 촛불시민혁명의 토대에는 세월호 참사의 기억과 행동과 기도가 있었습니다. 세월호 참사를 책임질 사람들은 손바닥으로 하늘을 가리려 했습니다. 아니라고 우기고, 책임이 없다고 말했습니다. 그러나 진실은 반드시 밝혀집니다.

2017년 3월 31일 새벽에 몇 주 전에 파면된 전직 대통령은 구속되어 구치소에 수감되었고, 오후에는 세월호가 침몰한 지 1081일 만에 뭍에 올랐습니다. 같은 날 무소불위의 절대 권력을 휘두르던 전직 대통령은 끝 모를 나락으로 추락하고, 물속 깊이 철저히 잠겨 있어야 했던 세월호는 빛을 보았습니다.

지난 3년 동안 거꾸로 존재하던 '어둠과 빛', '음과 양', '거짓과 진실', '죽이는 이와 죽임당하는 이'가 마침내 제 자리를 찾는 듯합니다. '박근혜로 대변되는 이 땅의 추악한 권력'에 의해 짓밟히고 때로는 죽어야만 했던 '세월호로 대변되는 이 땅의 보통 사람들'에게 해마다 3월 31일은 특별한 날로 기억될 것입니다. 세월호는 3월 31일 인양현장인 진도 앞바다에서 반잠수식 선박 화이트 말린White Marlin호에 실려 같은 날 오후 1시 30분 경 목포신항에 입항했습니다. 2014년 4월 16일 인천항을 떠난 지 1081일 만에 부두에 접안된 것으로 미수습자 9명의 온전한 수습과 사고 원인 규명에 대한 염원이 어느 때보다 높아지고 있는 상황입니다.

지난 3년 동안 세월호 참사에 대한 의혹과 진실을 밝히고 재발방지를 위해 행동하며 기억을 잊지 않기 위해 기도해온 사람들의 간절함이 변화를 이룩해낸 것입니다.

그러나 이런 가운데 일각에서는 "지겹다", "그만 하라"는 등의 상반된 의견도 없지 않은 듯합니다. 같은 사안을 두고도 바라보는 눈길, 떠오르는 생각이 다를 수 있습니다. 하지만 그러한 입장 속에 더불어 살아가는 공동체정신과 "우는 자들과 함께 울라"는 예수 정신이 얼마나 깔려 있느냐 하는 점은 늘 고민해야 할 부분입니다. 지금 우리나라는 한 시대를 뒤로하고 새로운 시대로 진입하기 위한 진통의 순간을 지나고 있기도 합니다. 많은 이들이 겪고 있는 혼란과 고통스런 상황이 신앙인으로서 삶에 어떤 의미로 새겨질 것인지는 이 문제를 대하는 자세에 달려있습니다.

이 땅의 신앙인들은 세상에서 어둠이 짙어질 때마다 빛과 소금의 역할을 해왔습니다. 현재의 어둠을 넘어 새 시대를 열어가는 과정에서도 신앙인들의 역할은 한층 더 클 것입니다. 앞으로의 최우선 과제는 9명의 미수습자가 모두 가족 품으로 돌아갈 수 있도록 하는 일입니다. 더불어 세월호 인양을 계기로 그간 가려져 온 진실이 하늘 아래 드러남으로써 이 참사로 인한 아픔을 딛고 치유와 화합의 길로 나아갈 수 있어야 합니다. 그러므로 지난 3년간 지속되어온 기억과 행동과 기도는 멈춤이 없이 계속되어야 합니다. 앞으로도 영원히 말입니다.

다시 거룩한 교회의 회복을

2017년 새로운 정부가 들어섰습니다. 국정농단과 탄핵 정국 등 혼란 속에서 소용돌이 쳤던 지난 시간을 보내고 새로운 희망을 펼쳐나갈 새로운 정부가 우리에게 다가왔습니다. 그러나 여전히 해결의 실마리를 풀지 못한 정국을 바라보고 있으면, 우리의 마음은 더욱 답답하기만 합니다.

물량주의와 기복주의 등 세속주의에 물들어가는 교회의 현실도 우리의 마음을 더욱 피폐하게 만듭니다. 새로운 출발, 해로운 다짐을 맞아, 우리는 다시 한 번 개혁의 돛을 높이 올려야 합니다. 특히 루터의 종교개혁 500주년을 맞는 뜻깊은 해에 우리는 '개혁'의 진정한 의미를 다시 한 번 점검해야 할 때입니다. 종교개혁자들이 내걸었던 "개혁된 교회는 계속 개혁돼야 한다."는 정신은 '개혁됐다'는 '이미'의 의미와 '개혁돼야 한다.'는 '아직'의 의미를 함께 포함하고 있는 만큼, 개혁교회는 계속 개혁될 수밖에 없습니다.

'종교개혁 500주년'을 맞는 뜻깊은 2017년을 맞아, 한국교회는 올해를 '변화와 갱신'의 해로 삼고 분주하게 움직이고 있습니다. 교회와 신앙인들의 개혁 실천과 '성경으로 돌아가자'는 신앙 본질 회복 운동이 한국교회에 어떤 긍정적 변화를 가져오게 될지 기대되기도 합니다. 주요 교단과 교회 단체들이 펼치는 '종교개혁 500주년 기념사업'은 '다짐' 보다는 '실천'에 초점이 맞춰져 있는 게 특징입니다. "오직 의인은 믿음으로 산다"는 믿음의 중요성과 "행함이 없으면 무슨 유익이 있느냐"는 말씀을 통해 믿음과 실천을 강조함으로써 균형을 이루겠다는 취지로 보여 한국교회와 신앙인들의 신앙이 한 층 성숙해져 갈 수 있으리라 생각합니다. 어느 교단은 '매일 10분 이상 성경 읽고 기도하기', '믿음 소망 사랑의 언어를 적극 사용하기' 등을 개혁 실천 과제로 삼았다고 합니다. 이 교단은 산하 모든 교회가 참여하는 '성경통독 새벽기도회'를 진행, 성경을 개혁의 동력으로 삼아 신자들의 삶이 말씀 위에 바로 서도록 힘쓰는 것으로 알려져 있습니다.

　아무튼 종교개혁 500주년 해를 맞아 '교회는 항상 새로워져야 한다'는 명제 아래 그 방향을 분명히 했으면 하는 바람을 가져봅니다. 이를 위해서 교회내의 논리라는 반사회적 비합리적인 허구성에서 탈피하고, 대사회적인 공신력을 갖춘 사회적 공감대를 갖춘 스스로 책임지는 자세를 가졌으면 합니다. 이를 위해서 교회갱신과 개혁 운동에 교회는 물론 목회자와 신앙인 모두가 동참해야합니다. 물론 갱신은 하루아침에 이뤄지기 어렵고 갱신의 길은 가시밭길이지만, 이 길을 통과하지 않고서는 새롭게 될 수 없습니다. 이 일에 너와 내가 따로 없습니다. 나부터 개혁하는 한 해가 되길 기대해봅니다.

　이를 위해서 우리가 잊지 말아야할 것이 있습니다. 개혁은 '타인으로부터' 아닌 '나로부터' 시작해야 한다는 것입니다. 여기에서 나는 개혁의 주체가 아닌 개혁의 대상이라는 의미입니다. 우리는 끊임없이 나 자신부터 개혁하는 삶을 살아가야 합니다. 나 자신부터 개혁하는 삶이란 성경적으로 표현하면 '거룩한 삶'을 살아가는 것을 의미합니다. 우리가 세상으로부터 곱지 않은 시선과 비난을 받는 이유는 개혁의 삶인 거룩성을 상실했기 때문입니다. 성경의 기록은 "너희는 거룩하라 이는 나 여호와 너의 하나님이 거룩함"이라고 전합니다. 우리가 거룩성을 회복하기 위해서는 예배와 말씀과 기도와 찬양의 삶을 회복해야 합니다. 예배와 말씀과 기도와 찬양은 예수님의 참된 제자의 삶을 살아가는 데 필요한 요소들입니다. 예수님의 참된 제자의 삶을 살아갈 때 우리는 이 세상에서 소금과 빛의 역할을 감당할 수 있습니다.

한 걸음 나아가 예수 그리스도를 주로 고백하고 따르는 신앙공동체인 교회도 거룩성을 회복해야 하고, 또한 스스로 개혁돼야 합니다. 교회의 거룩성 회복은 하나님의 명령이며 교회의 본성이기 때문입니다. 교회 거룩성을 회복하는 개혁은 단순히 조직을 개편하고 프로그램을 바꾸는 차원이 아니라 하나님의 은혜 안으로 들어가는 것입니다. 하나님의 은혜 안으로 들어가는 것은 오직 믿음, 오직 성경, 오직 하나님께만 영광을 돌리는 삶입니다. 이제 우리의 교회는 개혁과 거룩성 회복을 통해 이 나라와 민족에 희망을 주는 교회로 다시 한 번 발돋움해야할 것입니다.

지금은 시급히 교회를 개혁할 때입니다

I

　2017년 올해는 마르틴 루터의 종교개혁 500주년을 맞는 해입니다. 종교개혁은 최근 새롭게 인식되고 있습니다. 신앙인은 실제 신앙생활 안에서 루터의 덕을 많이 보고 있습니다. 평신도들이 성경을 읽을 수 있게 된 것도, 설교의 중요성이 강조된 것도, 성가^{聖歌}와 복음송가와 기독교실용음악을 부를 수 있게 된 것도 루터 덕분입니다. 가톨릭의 제2차 바티칸공의회를 거쳐 자국어 중심의 미사전례를 할 수 있었던 뿌리는 루터의 개혁에 있습니다. 당시 부패한 교회의 개혁은 마땅한 일이었습니다.
　종교개혁으로부터 얻은 교훈은 하나님의 나라를 향한 여정 속에 있는 교회는 개혁을 게을리 해서는 안 된다는 사실입니다. 교회는 하나님의 백성으로 이루어져 있고 이 백성들은 자기 쇄신을 통해 하나님의 나라로 나아가고 있는 중입니다. 그러나 때때로 이 여정이 하나님의 뜻과는 다른 길로 향하는 경우가 있습니다. 이를 바로잡는 것이 성령의 인도하심이고, 교회 지도자들의 가르침입니다. 초대교회부터 믿음의 개혁을 촉구하는 말씀이 성경에 자주 등장합니다.

칼 바르트는 교회의 개혁은 지속되어야 한다고 강조했습니다. 이는 말씀을 중심으로 제도뿐만이 아니라 신앙인이 끊임없는 신앙의 갱신이 필요함을 의미합니다. 함께 깨어 기도하고 복음을 증명하는 삶을 살아갈 의무가 신앙인 모두에게 주어져 있습니다. 세파는 언제든 방주의 키를 틀어 우리를 혼란에 빠져들게 할 수 있습니다. 그러므로 하나님의 자녀는 신앙생활을 성찰하는 가운데 하나님의 나라를 일구어야 합니다.

그런데 오늘날 우리 교회의 모습을 바라보면 성찰의 면모를 찾기 힘듭니다. 개혁의 의지와 여지가 없는 것 같이 보입니다. 교회 담임목사들의 관심은 외적인 지표와 행사와 교회당에 있는 듯합니다. 교인수의 증감, 재정의 증감, 행사의 참여도, 교회당 증축 등 외적으로 드러나는 일에 깊은 관심을 표명하고 있습니다. 교인들도 이러한 목회방침을 말없이 따르고 있습니다. 목사와 장로 등 소수의 교회권력자들로 인해 교회당이 임의적으로 증개축 되거나 교회 내부의 중요한 일들이 교인들과 협의 없이 진행되는 경우가 많습니다. 교회의 주체는 교인들이 아니고 담임목사와 장로들로 여겨집니다.

아무 일 없는 듯한 일방적인 결정과 운영이 사실은 심각한 문제입니다. 이를 반영하듯 주일예배는 나눔과 친교와 파송의 의미를 상실하고 단지 주일 참석의 소극적 의미만 남아있습니다. 절망적인 삶의 현실을 반영하지 못하는 설교에 지식인들과 청년들은 교회를 떠나고 있습니다. 그나마 유지되는 구역모임이나 기도모임은 말씀이 살아서 삶을 변화시키지 못해 종종 친목의 수준에서 머물고 맙니다. 더 늦기 전에 시급히 교회가 변화해야 합니다.

우리 교회는 루터에게서 배울 것이 많다. 한국교회는 총체적으로 바꿔지 않으면 안 됩니다. 외적인 지표와 물질적인 차원에 벗어나야 합니다. 지역교회마다 경쟁하듯 짓는 교회당의 건축은 재고돼야 합니다. 오히려 영적인 교회로 내적 개혁을 이루어야 합니다. 담임목사나 장로로 구성된 당회堂會와 같은 소수의 일방적인 교회운영이 아니라 교인들이 주체적이고 적극적이고 자발적으로 주인의식을 가지고 참여하는 만인제사장직萬人祭司長職이 함께 어우러지는 소통의 교회운영이 이루어져야 합니다.

 모든 교회는 형제적 사랑으로 가난한 교회에 손을 뻗쳐야 합니다. 목사는 세상 안에서 어떻게 복음 말씀을 실천할 수 있는지 교인들과 함께 고민해야 합니다. 신앙인은 내적인 거룩함과 하나님의 정의를 회복하기 위해 말씀 안에서 쉼 없이 기도하고 세상일에 참여해야 합니다. 하나님에 대한 지식만이 아니라 사람에 대한 한없는 사랑과 나눔이 이루어지는 교회를 이루어야 합니다. 세상을 위해 우리 신앙인 모두가 참된 신앙인으로 교회개혁의 첫걸음을 내디뎌야 할 때입니다. 누가요? 우리 모두가 말입니다.

참회가 있어야 교회가 삽니다

I

　기독교 선교 132년이 되는 지금 한국교회는 대국민 신뢰도에서 낙제 수준에 머물러 있습니다. 지난날 일제강점기를 지나며 암울했던 근대 한국역사에서 기독교는 그 성장 동력의 주체였습니다. 이러한 한국교회가 1990년대를 지나며 이 사회를 향한 영향력을 상실하면서 지난 20년 간 추락한 비행기의 모습이 된 채 만신창이가 되었습니다.
　얼마 전 실시한 기독교윤리실천운동본부기윤실 조사에 의하면 한국교회 신뢰도 개선을 위한 최우선 과제로 불투명한 재정사용이 26.1%로 나타났습니다. 기독교 목사들의 삶이 17.2%로 나타났습니다. 특히 기독교목사들의 윤리도덕성이 44.4%로 최고의 수치였습니다. 기독교윤리의 핵심이 무엇인가요? 이것은 하나님 앞에서 행하는 진실함, 즉 개인적인 양심과 사회적 책임과 사명이 아닌가요? 지금 한국교회의 가장 큰 문제는 황금 앞에 눈이 먼 모습입니다. 인터넷과 공영언론을 도배하는 낯

뜨거운 소식들의 다수는 돈 문제입니다.

도대체 "네가 좌하면 내가 우하고 네가 우하면 내가 좌하리라"는 믿음의 조상 아브라함의 신앙은 어디 갔단 말인가요? 거룩하신 하나님의 은혜를 따라간 아브라함에게 전능자 되시는 하나님은 그에게 나타나셔서 믿음으로 사는 자의 자세를 분명히 알려주셨습니다. 그것은 자신만 잘 먹고 잘 사는 자세가 아니었습니다. 오직 믿음으로 하나님의 자녀답게 사는 것입니다.

조국이 을사늑약으로 누란의 위기일 때 '시일야방성대곡'을 쓴 장지연 선생의 글이 다시 되뇌어 짐은 오늘의 한국교회가 무너져가던 말기 조선의 모습 때문 아닌가 싶기 때문입니다. 1905년 11월 20일자 〈황성신문〉에 실린 '시일야방성대곡'의 뜻은 "이날 목 놓아 우노라"였습니다. "아 원통한지고 아 분한지고 우리 2000만 동포여, 노예된 동포여, 살았는가 죽었는가" 비분강개했던 선생의 심정이 되고 싶은 것은 오늘 이 지경이 된 우리의 현실이 너무도 안타깝기 때문 아닌가요?

기독교윤리실천은 개인으로서만이 아닌 공동체의 교회가 끊임없이 개혁되고 새롭게 갱신되어지는 과정이 담겨야 합니다. 이미 구원을 받았지만 아직 완성되지 않은 우리의 구원. 이를 위한 긴장 구조가 있어야 합니다. 언제부터인가 다수의 기독교 목회자들은 믿음의 실천을 위한 전투적 자세를 잃어 버렸습니다. 지속적인 자기 쇄신을 포기한 자는 이미 목회자의 자리를 떠난 탈선한 목회자임을 잊지 맙시다. 심심찮게 들려오는 금품수수 소리, 사회 일각에서도 김영란법이 실시되고 있는데 가장 윤리적이고 도덕적이어야 할 목회자들이 패역의 길을 가야 되겠는지요? 오늘의 한국교회를 위해 목 놓아 우는 참회가 있어야 할 것입니다.

역사의식과 영성을 상실한
한국교회의 현실

i

　서구의 기독교 신자들이 기독교사회윤리에 대한 엄격한 원칙주의에 서있다면, 대부분의 우리나라 기독교 신자들은 우리나라에서 주류 세력이 된 교회 세력에 편승하려는 세속적 동기와 반공주의, 물량주의에 더 기울어져 있습니다. 한국사회가 교회를 걱정하거나 막말 하는 일은 이제 일상이 되어 별로 충격도 받지 않는 것만 같습니다. 슬픈 일입니다.
　유명 신문에서 정년퇴임한 사람이 있습니다. 그는 수년 전부터 그의 아내와 함께 교회에 출석했습니다. 그런 그가 요즘은 교회 출석을 하지 않는다고 합니다. 이유는 예수는 좋은데 교회가 싫다는 것입니다. 그러면서 그가 한 말입니다. 지난 세월호 사건 때 목사가 단 한 번도 세월호에 대한 기도는커녕 설교에서 언급조차 하지 않더라는 것입니다. 도저히 이해할 수 없어 남선교회에서 그 말을 했더니, 임원이란 사람이 나무라면서 이렇게 말했다고 합니다. "주의 종에게 반감을 품으면 벌 받습니다.

그리고 교회에서 그런 얘기하면 안 됩니다."그는 이 말에 충격을 받았다고 합니다. 뭐 이런 이해할 수 없는 이기적이고 냉정한 집단이 있나하는 생각이 들었다고 합니다. 그는 이제 교회에 대해 냉소적인 비판을 폭포수처럼 쏟아 내는 사람이 되어 버렸습니다. 우는 사람과 함께 우는 공감의 영성을 상실한 오늘 한국교회의 현주소입니다. 이런 지식인 신앙인들이 '가나안안나가 교인'이 되고 있습니다. 그는 화려한 교회 프로그램을 추구하면서 물량주의로, 권위주의로 치닫는 교회, 세월호와 같은 가슴 아픈 사회현실에 애써 무관심한 교회가 안타깝습니다. 보수로 위장한 친일 인사들이 건국절을 주장하거나 국정 교과서를 찬성하는 어처구니 없는 일들도 있었습니다.

한국교회의 비뚤어진 역사의식이 문제가 된 것은 어제 오늘의 일이 아닙니다. 대표적인 한국교회의 어른으로 추앙받던 한경직 목사는 박정희를 모세로, 정진경 목사는 전두환을 여호수아로, 김진홍 목사는 이명박을 아모스로 치켜세운 적이 있습니다. 이런 추태로 인해 한국교회는 망신을 톡톡히 당했습니다.

한국교회는 선거철만 되면 은근히 우리 교인을, 우리 기독교인 후보를 묻지도 따지지도 말고 찍어야한다고 합니다. 설교로, 친교모임에서 은근히 선거운동을 펼칩니다. 어느 교회에서는 젊은 목사가 당시 대통령의 실정을 가볍게 비판하자 장로들이 들고 일어났습니다. '어디 감히 우리 장로 대통령님을 비난하느냐'고 하면서 결국 사임시켰습니다. 이것이 한국교회 역사의식의 현주소입니다.

박원순 시장이 푸념 섞인 말을 한 적이 있습니다. 그가 바라보는 한국교회의 안타까움입니다. 한국교회가 자기를 좌파로 몰아 공격하다가 이제는 동성애 옹호론자로 공격한다고 말했습니다. 자신은 정당한 법절차에 의해 그들의 집회를 허락할 뿐이지 동성애 추종자가 아니라고 하는데 그렇다고 합니다. 이처럼 한국교회의 신중하지 못한 인신공격형 집단행동은 어제오늘의 일이 아닙니다.

일부 목회자들은 '효도 교과서'라고 비난 받은 박근혜 전 대통령의 교과서 파동에도 들러리를 섰습니다. 올바른 역사의식을 가진 학자나 상식을 존중하는 시민 누구도 찬성하지 않은 일이었습니다. 서울신대 역사신학자 박명수 교수는 한국사 국정 교과서를 찬성하는 것도 모자라 '1948년 건국절' 주장에 까지 적극적이었습니다. 인천순복음교회 최성규 목사는 2008년부터 지속적으로 건국절을 주장하면서 건국절 전도사처럼 열심이었습니다. 그 일로 국정농단으로 박근혜 전 대통령이 국민적 지탄이 되는 중에 장관급인 '국민대통합위원장'이라는 직함을 얻었지만 한국교회를 크게 망신시킨 추한 감투였습니다. 건국절 문제는 독립 운동가를 무시하고 친일파를 개국공신으로 만드는 반역사적 행위입니다. 이런 민족의 자존심을 훼손하는 작태에 왜 목회자가 이용당하고 있는지 안타깝기 그지없습니다.

역사의식을 상실한 한국교회를 지식인들이 비난하는 내용입니다. 입만 열면 종북타령이요, 흑백논리 혹은 냉전논리를 꺼내는 이유는 비판세력을 견제하기 위해서라는 것은 이제 공공연한 비밀입니다. 예수를 팔아 기업이 된 대형교회, 그들에게 영혼을 판 곡학아세한 지식인들이라고 말입니다.

조급증을 경계하라

조급증은 사람의 이성을 마비시키고 판단을 그르치게 하는 묘한 힘이 있습니다. 교회 담임목사가 빠른 교회의 성장에 대한 열망이 지나쳐서 목회 조급증에 사로잡히게 되면 하나님보다, 교인들보다 앞서 행하게 되면서 자신은 물론 자신의 가정과 교회와 사회에 문제를 일으키기도 합니다. 사업하는 사람이 대박주의에 사로잡히게 되면 속도조절에 실패하게 됩니다. 정치인들이 국민의 마음을 단번에 얻고자 새로운 프로젝트를 벌이면 졸속 사업이 될 확률이 매우 높아집니다.

목사가 새로운 일을 계획하고 준비하려면 먼저 마음의 평안으로 차근차근 그동안 교회와 함께해 오신 하나님의 은혜의 손길을 하나하나 살피면서 교인들의 입장과 상황과 교회의 여건을 살펴보는 게 급선무입니다. 간혹 어떤 목사들은 부임하자마자 뭔가 보여주려는 조급증에, 과거 은혜의 흔적을 지워 버리고 의도적인 행사를 덧씌우려고 발 빠르게 처신합니다. 뭔가 자신의 능력을 빠르게 보여주려고 애를 씁니다. '역시 목사님이야!' 하는 소리를 듣고 싶어 합니다.

그동안 우리 문화는 지나치게 결과중심, 성공중심, 업적중심이다 보니 과정을 중요하게 여기지 않거나 생략해왔습니다. 심지어 절차를 생략해서 건너뛰는 것을 능력으로 여기기도 했습니다. 그것이 일사불란一絲不亂한 조직 장악 능력으로 여겼습니다. 이런 문화적 배경에서 경험한 것이 속전속결, 건너뛰기 식의 권력과 경제 구조입니다. 오랜 시간의 고뇌와 갈등 그리고 시행착오를 통한 민주주의의 착근을 선택하기보다 절차를 생략하는 관행에 익숙하게 되었습니다. 그 결과 우리 사회는 '헌법' 위에 '떼법'이 자리 잡고 있는 기형적 모습을 가지게 되었습니다. 여기에 목사도 예외가 아닙니다. 정도正道를 걷기보다 지름길을 택하는 것이 지혜로운 목회의 표지인양 많은 이들의 마음을 사로잡았습니다. 담임목사가 영적 조급증에 사로잡히면 다음과 같은 폐해를 남기게 됩니다.

첫째, 부교역자들과 교인들을 '동역'의 대상이 아니라 '동원'의 대상으로 간주합니다. 동원과 동역은 어감語感이 비슷하게 느껴지지만 결코 동종同種의 단어가 아닙니다. 동역은 목적 지향적입니다. 손에 손잡고 함께 보조를 맞춰 나아가는 것입니다. 거기에는 우연이 없습니다. 하나님의 섭리가 자리합니다. 사명감당과 헌신이 있을 뿐입니다. 그러나 동원은 수단 지향적입니다. 목적 달성을 위해 사람을 비인격화시킵니다. 사람들을 마구잡이로 들러리 세웁니다. 몇몇 사람을 위해 희생양을 양산합니다. 예수님은 제자들을 부르셔서 사명자로 세우실 때 그 한 사람 한 사람을 소중한 동역의 대상으로 여기셨습니다.

둘째, 소통보다 우격다짐으로 나아갑니다. 소통은 마음의 연결이며 상대의 존재와 인격을 최대한 존중함입니다. 이에 반해 우격다짐은 일방적이며 상대를 무력화시키는 것입니다. 애초부터 상대를 존중함이나 설득함에 무게를 두지 않음입니다. 교회 안의 많은 프로그램들이 때로는 용두사미로 끝나는 이유는 소통함에 대한 준비 부족이거나, 아예 공동체를 설득해서 한마음으로 묶어 내는 것을 권위에 대한 손상이라 여겨 불필요한 과정이라 믿기 때문입니다.

셋째, 유종의 미를 거둠보다 중도하차합니다. 유종의 미는 완주의 열매입니다. 중도하차현상 DNF Syndrome/ Did Not Finish 이 기승을 부리는 요즘입니다. 그 뿌리를 타고 내려가면 마지막에는 조급증이라는 괴물이 떡하니 자리 잡고 있습니다. 천천히 차분하게 내실을 기하는 것은 삶의 태도와 방향을 설정하는 삶의 준거 틀로써 사용되어야 합니다. "빠르게 빠르게"가 아니라, "바르게 바르게"를 고수해야 합니다.

통계청 발표, 인구주택총조사 '종교' 결과 어떻게 볼 것인가

통계청이 2016년 12월 19일 발표한 '2015년 인구주택총조사 표본 집계 결과-인구 가구 주택 기본특성항목'의 '종교'부문에 나타난 우리나라의 종교현황을 분석하고, 이와 같은 내용이 한국교회에 미칠 영향과 이에 따른 과제 등을 점검하는 일은 의미 있는 일일 것입니다. 5년마다 실시하는 인구조사 중에 종교부문 조사는 10년에 한 번씩 실시하고 있습니다. 2005년과는 달리 2015년에는 전체조사가 아니라 표본조사 20%로 시행했지만, 통계학적으로 보면 그 정확도는 전수조사에 비해 크게 떨어지지 않는 조사였습니다. 또한 지난번까지는 인구조사를 주택가구방문을 통해서 실시했는데, 이번 경우는 가구를 대상으로 먼저 온라인 응답하게 하고, 응답이 없을 경우에 한해서 방문조사를 함으로써, 직접응답을 거부하는 가구들이 참여할 수 있는 새로운 여건을 만들었습니다.

이렇게 실시한 2015년 인구주택총조사 표본 집계 결과를 간략하게 보면 개신교 인구는 967만 6000명(19.7%)으로 국내 종교 인구 중 가장 많은 것으로 나타났습니다. 2위는 불교로 761만 9000명(15.5%)이고, 3위는 천주교 389만 명(7.9%) 순이었습니다. 이 외에 원불교가 0.2%, 유교 0.2%, 천도교 0.1% 순이었습니다. 개신교 인구가 국내 종교 인구 중 1위로 올라선 것은 인구주택총조사 이래 처음입니다. 이전 2005년 조사에서는 불교가 22.8%로 개신교(18.2%)보다 많았습니다. 전수조사가 아니라 표본조사라 신빙성이 없다는 지적도 있지만, 신뢰도를 의심할 정도는 아닙니다. 1995년, 2005년, 2015년 종교인구 통계에 의하면, 불교의 신자 점유율은 23.2%, 22.8%, 15.5%로 줄곧 하향 곡선을 그리고 있습니다. 개신교는 19.4%, 18.2%, 19.7%로 다소 침체하였다가 성장세를 회복하는 상황입니다. 가톨릭의 경우에는 6.6%, 10.8%, 7.9%로 상당한 성장을 보이다가 100만 명 이상의 신자가 줄어드는 모습을 보이고 있습니다.

이번 종교인구 통계에선 불교와 가톨릭의 감소가 두드러집니다. 사실 이런 결과가 나올 것으로 예상된 것이긴 했습니다. 한국기독교목회자협의회한목협가 글로벌리서치에 의뢰해서 전국 5140명을 표본으로 2013년에 조사한 일이 있었습니다. 이 통계에 따르면 1998년도 개신교인의 비율은 20.7%였는데, 2012년엔 22.5%로 증가하였으며, 불교는 23.5%에서 22.1%로 감소했습니다. 가톨릭은 7.5%에서 10.1%로 증가한 것으로 나타났습니다. 이 통계는 2012년에 개신교가 불교보다 더 많은 신도수를 점유하고 있음을 보여준 바 있습니다. 개신교 인구가 불교를 추월한 한 예입니다. 그것이 이번 정부의 공식적 통계조사를 통해 다시 확인된 것입니다. 잘 알려진 바와 같이 한국 개신교는 종교 참여도가 다른 종교에 비해 높은 종교로서, 이제 국가와 사회에 대한 더 큰 책임 앞에 서있게 되었습니다.

통계는 사회적 지표를 알아내는 일에 유용합니다. 이 통계결과는 자신감이나 좌절감을 갖게 만드는 근거가 되기도 하고, 심기일전에 도움이 되기도 합니다. 그러나 얼마 전에 실시된 미국 대통령 선거과정에서 언론조사팀들이 보여준 통계의 한계에 대해서도 우리는 함께 생각해야 할 것 같습니다. 이번 조사에 나타난 증가수치가 개신교로서는 기뻐할 일이지만 이 통계수치가 얼마나 신뢰할만한지에 대해서는 항상 비판적 시각이 필요합니다.

이번 조사 결과에 대해 종교계는 일대 혼란에 빠졌습니다. 각 종교마다 예상했던 것과 다른 결과에 당혹감을 감추지 못했습니다. 불교는 개신교와 더불어 조사결과에 대해 예민하게 반응한 반면, 천주교는 자신의 하락세에 대해서 거품이 빠진 신뢰할만한 통계라고 진단하며, 통계결과에 대해 즉시 일희일비—喜—悲하지 않는 모습을 볼 수 있습니다. 이번 통계에서 크게 하락세를 나타낸 불교는 한국 제1위 종교지위를 개신교에게 빼앗긴 것에 대해서 조사방법에 문제를 제기하기도 했습니다. 반면에 불교계는 무려 300만 명이나 교인 수가 감소해 충격에 빠진 모습입니다. 762만 명 교세는 개신교 967만 명보다 크게 적었으며, 최대 교세 자리를 개신교에 넘겨주어 자존심이 상한 듯한 분위기입니다. 불교계 한 매체 보도에 따르면, 불교계 일각에서는 본래 교세는 이번 통계 결과보다 더 작은데 불교계의 거센 항의로 재조사가 이뤄져 그나마 이런 결과가 나왔다는 이야기도 돌고 있을 정도입니다. 또 표본조사의 한계와 면접 조사원의 종교편향성이 영향을 미쳤다는 의견도 있다고 합니다.

통계청은 재조사 의혹을 일축했지만, 2015년 12월초 조계종 측의 항의방문이 있었다는 점은 밝혔습니다. 조계종은 조사표와 조사과정에 대한 신뢰문제를 지적한 것으로 전해졌습니다. 통계청은 종교별 인구조사 기본문항을 한국종교지도자협의회에 의뢰해 구성했으며, 당시 공동대표 의장은 조계종 총무원장 자승이었다면서 반박했습니다.

천주교의 경우 교세는 389만 명으로 조사됐습니다. 10년 전 501만 명에 비하면 크게 줄었습니다. 그런데 이 결과는 한국천주교주교회의가 발간한 2015년 공식통계에서 발표한 565만 명보다 무려 176만 명이 적은 수치입니다. 천주교회에서 세례를 받았지만 자신을 천주교 신자라고 생각하지 않는 인원이 백만 명 이상이 된다는 설명이 가능합니다. 천주교는 최근의 자체조사보다도 낮은 수치로 나타난 우리나라 천주교 교세를 '거품이 빠진 통계'라고 인정하는 태도를 보여주었습니다.

개신교에서는 증가세를 보인 통계결과를 반가워하는 반응도 있지만, 크게 높아진 기독교인 수치를 비판적으로 분석하려는 분위기가 많습니다. 예를 들어 자연증가, 이른바 개신교 관련이단 신자들이 개신교로 정체성을 정의했을 경우, 그리고 젊은 층이 많이 응답했을 온라인조사방법이 젊은 층이 상대적으로 많을 개신교에 유리하게 작용했을 영향 등으로 원인을 분석하기도 합니다. 실제로 개신교의 주요 교단들의 통계는 어느 교단 할 것 없이 신자수가 줄고 있습니다. 이번 통계청 발표와는 다릅니다. 왜 이러한 결과가 나타났을까요? 통계의 허점 때문일까요? 앞에서 잠깐 언급한 바와 같이 이단교회에 속한 사람들이 증가한 때문도 있을 것입니다. 이 점도 주의 깊게 살펴봐야할 것입니다.

2005년에 발표된 인구조사 결과를 보면서 한국교회는 크게 우려했습니다. 당시 10년 전에 비해 기독교 인구가 1.2% 감소한 것으로 발표되었기 때문입니다. 그때를 생각해서 그런지 한국교회는 이번 통계청 발표를 조마조마한 심정으로 기다려 왔습니다. 그런데 개신교 교세가 123만 명이 증가했다는 결과에 개신교는 안도하면서도 이 같은 결과가 나온 배경을 분석하고자 애쓰는 모습이었습니다. 1995년보다 10년 뒤인 2005년에 개신교 교세는 감소했으며 그 추세가 이어질 것이며 감소폭이 갈수록 커질 것이라는 예측이 많았지만 실제 수치는 그렇지 않았습니다. 기독교계의 미래학자 중에는 이미 2030년이면 되면 한국교회 교인 수가 300만 명이 될 것이라고 비관적 전망까지 했지만 이번 결과는 그러한 전망을 무색하게 했습니다. 그런데 결과는 우려와는 달리 증가한 것으로 나타났습니다. 이를 어떻게 해석하고 이해해야 할까요?

그렇다면 대다수의 전망을 깨고 개신교인 인구가 이렇게 높게 나타난 이유는 무엇일까요? 또 의미는 어디에서 찾을 수 있을까요? 모습만 보면 실제 최근 한국교회 주요 교단들이 발표한 교세통계의 감소 흐름과 반대라는 것처럼 보입니다. 일선 교회 현장에서, 특히 목회자들이 강단에서 느끼기에는 교인들이 많이 교회를 떠난 것으로 느낄 수 있지만, 개개인의 신앙 정체성은 쉽게 변하지 않은 것으로 볼 수 있습니다. 당장 교회에 출석하지 않고 있더라도 개신교인이라고 밝힌 응답자가 적지 않을 수 있습니다. 최근 기성교회를 떠났지만 신앙은 지켜가고 있는 '가나안 교인'[1] 현상의 일부분일 수도 있습니다.

개신교의 경우 다른 종교보다 신앙 대물림을 중요하게 여기는 점도 영향을 미쳤을 것으로 도 보입니다. 자녀들이 교회를 다니지 않고 있더라도 부모의 신앙을 따라 개신교라고 응답할 수 있습니다. 부모가 대표로 설문조사에 응답한 경우, 가족 구성원을 개신교로 응답했을 수도 있

---

1 가나안 교인이라는 말은 기독교신앙인이지만 교회는 나가지 않는 사람들을 말하는 것입니다. 최근에 늘고 있는 가나안 교인들로 인해 한국 기독교는 위기에 직면해 있습니다. 신앙인들에 비해 실제 교인 수가 현저히 떨어지기 때문입니다. 과연 오늘날 한국교회는 이러한 교인들에게 적절한 해결책을 내놓을 수 있을까요? 한국교회가 사람들에게 인정을 받지 못하는 이유는 무엇일까요? 이렇게 교회를 떠나는 신앙인들이 증가하는 이유는 무엇일까요? 첫째, 목사들이 도덕성과 윤리를 상실했기 때문입니다. 목사들이 차마 입에 담기 힘들 정도인 비윤리적인 행동으로 교회에 대한 신뢰가 떨어진 것입니다. 둘째, 수많은 교단과 수많은 신학교 때문입니다. 대한예수교장로회 내에는 100가지가 넘는 교파로 나누어져 교파마다 신학교를 세워 목회자를 양성하고 있습니다. 오늘 이 시대는 가나안교인이 발생하지 않도록 교회에서 대비하고, 이들이 다시금 교회로 돌아오도록 하는 자기변혁의 노력이 요구되는 시점입니다. 그래서 '가나안'이 아니라 거꾸로 말해서 '안나가' 교인이 되도록 해야 합니다.

습니다. 하지만 이런 분석은 가설假說로, 다른 종교에서도 나타날 수 있는 특징일 수 있습니다.

앞서 불교계 반응에서 언급된 것처럼 이번 통계조사가 전수조사가 아니라 표본조사로 실시됐으며, 인터넷 사전조사가 처음 실시된 것도 결과에 영향을 미쳤을 수 있습니다. 그러나 이번 조사가 표본조사이기 때문에 오차誤差가 발생할 가능성이 있지만, 전 국민의 20%인 약 천 만 명 이상을 대상으로 실시될 정도로 표본이 결코 적지 않아 오류誤謬의 폭은 극히 제한적이었습니다. 인터넷 조사가 통계결과에 영향을 끼쳤을 것이라는 지적도 있지만, 인터넷조사에는 48%, 대면 면접조사에는 52%가 참여했기 때문에 두 조사방식의 문제점을 상호 보완했다고 볼 수 있습니다.

한편 개신교 인구통계에 이단 교세가 포함돼 있기 때문에 부풀려진 것 아니냐는 비판어린 시선도 있습니다. 하지만 2005년 당시에도 이단이 개신교에 포함돼 종교인구로 구성됐으며, 신천지와 같이 성장폭(17~18만 명 추산)이 큰 곳도 있지만, 모든 이단異端 종파들이 크게 성장했다고 보기는 어렵다는 측면에서 그렇지는 않아 보입니다. 현재로서는 이단마다 교세를 부풀리고 있고, 통계청 조사에서 기성교회와 구분하고 있지 않아 명확하다고 보기는 어려운 실정이니 정확치는 않습니다.

개신교가 지난 10년간 하락세를 만회挽回할 대단히 획기적인 민족적인 과업을 수행한 것은 아닙니다. 개신교는 그동안 잘못한 일들이 많고 지금도 그렇기도 합니다. 성장위주의 전략, 기복신앙의 증대, 교회이미지 실추, 포용력 부족 등은 지금도 여전합니다. 여전히 권력구조적이고 개인주의적인 신앙양태가 표출되어왔습니다. 그러나 개신교는 지난 10년간 자성自省의 소리를 높여가며 자정自淨하려는 몸부림을 해왔습니다. 이 결과 개신교의 회복세가 긍정적인 통계 수치로 드러난 것으로 볼 수 있습니다. 또한 그 동안 매스컴과 안티기독교 사이트들이 개신교를 그렇게 비판하였음에도 개신교인의 숫자가 통계상에 감소하지 않은 것은, 그러한 비판으로 인해 개신교 내에 자정능력이 강화되었으며 이에 국민들의 개신교에 대한 관심이 더욱 커졌음에 기인한 것으로도 볼 수 있습니다. 개신교는 지난 10년 동안 나름의 노력을 하였는바, 이런 결과 내에서 지난 기간 동안 잘한 일들은 더 강화하고 못한 일들을 찾아 수정해나간다면, 더 큰 희망을 줄 수 있을 것입니다.

우리나라의 사회복지의 절반에 가까운 시설을 개신교가 감당하고 있는 것은 주지의 사실입니다. 신앙은 사적인 영역에만 머물러서도 안 될 것입니다. 1919년 3·1운동을 미국선교부의 입장에서는 치명적인 기독교의 하락세를 가져올 사건이라고 예상했지만 반대로 기독교의 예상치 못한 상승세를 가져오게 했습니다. 여기서 알 수 있듯이 종교는 사적인 차원과 동시에 공적 차원을 중요시해야 합니다. 종교가 사회적 책임을 다할 때 사회는 그 종교와 그 종교가 말하는 것을 인정하게 됩니다.

예상을 깨고 한국교회 교세가 성장했다는 점은 다행스럽고 감사한 일입니다. 그럼에도 한국교회 갱신과 변화를 위한 몸부림이 중단돼서는 안 될 일입니다. 특히 다양한 교회 내 갈등과 비로 교회를 향한 세상의 시선이 곱지 않은 때에 방심하지 말고 교회갱신을 위해 힘써야 할 것입니다.

오늘 이 시대에 믿음이란 무엇인가

I

기독교 신앙이 근본으로 강조하는 것 중 대표적인 것이 '믿음'입니다. 그런 믿음의 확신으로 내세우는 성경구절 하나가 "오직 의인은 믿음으로 말미암아 산다."는 말씀입니다. 이 말씀은 로마서 1장 17절에 나오는 말씀입니다. 헬라어 원문에는 '오직'이란 단어는 없습니다. 아마 이런 번역의 차이는 면죄부 판매와 같이 '행위'로 구원받는다는 것에 대한 강력한 저항의 의미를 담고자 했던 것 같습니다.

로마서 4장 3절의 말씀도 '오직 믿음'을 강조하게 된 '칭의론稱義論'의 대표적인 본문입니다. "아브라함은 하나님을 믿었고 하나님께서는 그의 믿음을 보시고 그를 올바른 사람으로 인정해 주셨다." 이 말씀은 원래 바울이 한 말이 아니라 창세기 15장 6절 말씀을 인용한 것입니다. 그럼 창세기 15장 6절엔 어떻게 되어 있을까요? "아브람이 여호와를 믿으니 여호와께서 이를 그의 의로 여기시고." 로마서의 내용과 크게 다르지 않습니다. 하지만 히브리어 원문으로 보면 의미가 크게 달라집니다. 하나님이 아브라함을 의롭다고 여긴 것으로 번역하고 있지만, 실제 히브리어 원문은 '아브라함'이 하나님아도나이을 믿었고, 아브라함이 그 하나님을 '의쩨다카'로 여겼다는 것입니다. 전혀 다른 번역입니다.

교회의 전통과 오직 예수 그리스도를 주로 여기고, 그가 살아계신 하나님의 아들임을 고백하는 믿음을 부정하려는 것이 아니라, 다만 그 근거로 인용하고 있는 성경본문에 대한 이해가 과연 올바른가 하는 문제입니다. 어제까지 굳게 믿어왔던 신앙의 고집이 아니라, 오늘 새롭게 말씀하시는 하나님의 말씀을 올바르게 다시 보고 들을 수 있어야 합니다.

오늘날, 중세 교회처럼 종교적인 자기만족으로, 입으로만, 헌금으로 신앙생활을 다 한 것처럼 여기는 세태에서, '믿는다'는 것은 단지 "예수님을 믿습니다."고 말해서 의롭게 되는 것이 아닙니다. 오직 '공의로운 하나님만을 의지하며 신앙의 모험을 감행하는 것!'이 되어야 합니다.

'니고데모와의 대화' 이야기(요한복음 3장 1-15절)는 불과 15절 분량의 짧은 대화체로 구성되어 있으나, 복음의 본질을 유대교 및 헬라철학과 차별화시키면서 드러내고 있는 중요한 이야기입니다. 니고데모와의 대화에서 예수님은 '하나님 나라'에 들어가기 위해 거듭나야만 한다고 분명히 말씀하셨습니다. '거듭 난다'로 번역된 헬라어는 '겐네테 $\gamma\epsilon\nu\nu\epsilon\theta\eta$'입니다. 이는 3가지 의미를 지니고 있습니다. '다시 태어나다', '새롭게 난다', '위로부터 난다'란 뜻을 가지고 있습니다. 단의의 뜻이 밝히고 있듯이 '하나님 나라'는 초자연적 기적이나 표징을 따르거나 믿는 것은 아무 의미가 없습니다. '거듭났는가?', '새사람이 되었는가?'와 같이 본질적인 자기 혁명에 대한 여부가 기독교의 본질이라는 것입니다.

거듭 난 사람은 하나님 나라를 볼 수 있는 사람이 됩니다. 여기에서 '본다'라는 단어 '에이데인 에이도스 $\omega\epsilon\nu\ \omega\varsigma$'는 그리스적인 정신세계 전통에서는 본질을 직관한다는 것을 의미합니다만, 히브리적인 정신세계 전통에서는 경험해서 나오는 통전적인 앎을 의미합니다. 요한복음이 증언하는 하나님 나라는 유대 전통의 기대처럼 의인들이 들어갈 미래의 왕국이라기보다, 지금 여기에 이미 와 있는 것, 실재를 경험하여 완벽히 알 수 있는 것으로서, 하나님 나라가 철저히 현재화되고 실존적인 것임을 말합니다.

'거듭남'에 대한 이해는 현실도피적인 저 세상의 영역이고 비밀스러움으로 왜곡된 하나님 나라가 아님을 상기시켜 줍니다. 일반적인 구원이해의 새로운 지평을 열어 줍니다. 물론 성경이 증언하는 비밀스럽고 내세적인 구원이해도 있지만, 현세적인 억압 상황으로부터 해방적인 성격 역시 가지고 있습니다. 예수님과 니고데모의 대화는 지금을 살아가고 있는 우리에게 개인적이고 영적인 구원이해로부터 공동체적이고 정치·경제적인 구원이해로 인식의 지평을 넓혀줍니다. 그것이 우리가 서 있는 이 땅에서 올곧은 믿음으로 든든히 뿌리박게 하기 위한 소중한 사명임을 가르쳐 주고 있습니다.

우리는 암울한 시절을 뚫고 민주화를 이뤄내며 깨달은 것이 있습니다. 민주화라는 것이 형식적인 민주화를 이루는 데서 그치는 것이 아닙니다. 자유와 평등, 인권, 생태 등 더 높은 차원의 민주화를 이야기해야 한다는 것입니다. 그리고 불의하고 억압적인 체제가 저 밖에 어디에선가 나를 옭아매는 것이 아니라, 내 삶에서 내 일상적인 삶을 통하여 구조화되고 체계화된다는 것을 말입니다.

고도로 구조화되어버린 그리고 일상에 깊숙이 내재화되어버린 시스템을 직시하고, 대안을 넘어서는 새로운 혁신적인 가치로 전환해야함을 꿈꾸게 합니다. 그렇기에 우리는 자신들의 삶 전체를 사회와 관련시켜 성찰하고, 새로운 삶의 방식에 대해, 일상의 새로운 구성을 꿈꾸는 장구한 변혁을 이야기해야 합니다. 하나님 나라 운동은 단지 교회 안에서만 행하는 운동이 아닙니다. 자신의 전 생애를 통해 이루어지는 '장구한 변혁'을 꾀하는 운동입니다. 이러한 점에서 현실에서 요구되는 다양한 사건들에 대한 관심의 끈을 놓치지 않고, 삶으로 연결될 수 있는 방식을 고민해야 합니다. 이렇게 일상과 신앙이 괴리되지 않도록 노력하는 운동이 '생활신앙운동'입니다.

신앙은 '일련의 믿음과 확신일 뿐 아니라, 믿는 것에 대한 결단력 있는 행동과 지속적인 태도'를 말합니다. 이런 점에서 신앙은 자신의 일상적인 생활과 동떨어진 것이 아닙니다. 그래서 생활신앙이란 일련의 움직임으로 이해할 때 가능한 것입니다. 말이나 언어로 표기되지 않는 내 표현, 내 태도, 내가 살아가는 방식 등을 통해 우리 삶의 대안적 의미를 만들어 내는 것입니다.

우리 국민은 전 세계적으로 부끄러운 정치 스캔들인 박근혜·최순실 국정농단 사건을 맞아 줄기차게 평화적인 민주저항운동을 통해 역사상 최초로 대통령탄핵과 파면과 구속을 이룩해냈습니다. 이는 그동안 불의에 타협하지 않고 위기 앞에 좌절하지 않은 모든 촛불들을 위로하는 일이 되었습니다. 매서운 추위를 뚫고 온갖 어려움을 이겨낸 촛불집회의 주역들인 국민들의 노고가 컸습니다. 민심이 곧 천심이라는 헌법수호의 의지와 정치적 폐습들을 청산하기 위한 의지를 표명하는 일이 되었습니다.

역사의 슬픔은 고난 자체가 아니라, 고난 속에서도 '생명의 등불을 든 사람'이 보이지 않는다는 데 있습니다. 믿음은 미래를 향한 전적인 모험이요, 행진입니다. 낡고 죽은 가치들을 회복시킬 움직임은 새로운 시대의 주역들이 등장할 때 현실화됩니다. 깨어있는 신앙인들의 생명과 평화를 일구기 위해 일하는 모습은 우리로 하여금 미래가 지닌 빛을 더욱 소망하게 합니다. 어둠이 빛을 결코 이길 수 없다는 믿음을 안고 모험을 하는 신앙인만이, 이 세계에 생명과 평화의 주로 오시는 예수님을 증거하게 될 것입니다.

이 여정 가운데에서 우리는 혼자, 그리고 또 함께 길을 나서게 될 것입니다. 늘 혼자 하고 있다는 소외감이 늘 따라다닐지 모릅니다. 나 혼자라는 외로움도, 함께 해야 한다는 강박감도 넘어서 위협과 유혹으로 다가오는 것들에 솔직해지고, 그 긴장을 오래참고, 이를 풀어가는 집요한 과정 속에서 마침내 도래할 하나님 나라를 보게 될 것이라 믿습니다. 새로운 믿음으로 일어선 신실한 발걸음에 의해서, 어둠을 이기는 생명과 평화의 복음이 회복되고 널리 전해지기를 소망합니다.

1960년대 청춘들의 우상은 '비틀즈'였습니다. 저들은 단지 새로운 장르의 음악을 만든 것이 아닙니다. 당시 사회의 기존의 가치를 허무는 저항의 새 물결을 만들어낸 사람들이었습니다. 이 영국 백인 그룹인 비틀즈의 뒤를 이은 또 다른 장르의 저항 음악이 '레게'라는 음악입니다. 이는 영국의 지배를 받았던 자메이카 아프리카 흑인들의 토속적인 리듬과 카리브해 특유의 칼립소리듬 거기에 미국 흑인들의 리듬앤블루스가 함께 어우러진 음악입니다. 그냥 새로운 리듬 음악이 아닙니다. 이 안에는 사탕수수밭 노예로 끌려온 흑인들의 한을 담아 백인들의 지배에 저항하는 노래입니다. 중남미에 살아가는 흑인들은 다수이지만 대개는 게토라는 빈민지역에서 살아갑니다. 레게는 바로 이곳 게토 지역 흑인들의 삶을 위로하는 노래로 저들의 슬픔과 분노와 희망을 담고 있으며, 고향 아프리카로 돌아가야 한다는 정치적 행동을 음악으로 표출하였던 것입니다.

60년대 저항가수의 기수가 비틀즈요, 저들의 대표적인 노래가 'Let it be' 이었다면, 이를 이은 70년대 저항가수의 기수는 밥 말리였습니다. 그의 대표적인 노래는 'Get up, Stand up'입니다. 예수님은 당시 바리새파 종교지도자들을 비판하시면서 그들을 향해, 기득권에 편승하지 말고 가난하고 병든 사람들과 함께하라고 촉구하셨습니다. 예수님은 정치와 경제와 종교의 중심지인 예루살렘이 아닌 변두리 갈릴리에서 가난하고 병든 이들과 함께 사셨습니다. 1970년대 저항가수 밥 말리의 노래는 오늘의 종교지도자들을 비판하는 듯합니다. 그의 노래 첫 마디가 이렇게 시작합니다. "Preacher man, don't tell me;목사들이여, 더 이상 우리에게 설교하지 마시오." 후반부에 가면 "We're sick and tired of your ism and skism game.;당신들의 교리놀이와 천국 게임에 지칠 대로 지쳤다고 그만 집어치우라고." 이 노래 가사 전문입니다.

깨어 일어나! 너희 권리를 위해 일어나!
깨어 일어나! 투쟁을 포기하지 마!
목사들이여 내게 설교하지 마시오.
천국은 지상에 있다고.
나는 당신이 모르는 걸 알고 있지
삶의 진짜 가치를.
반짝이는게 다 금이 아니듯
이야기의 절반은 말해진 적이 없지
그러니 자! 이제 당신은 빛을 본거야.
이제 너의 권리를 위해 일어나!
깨어 일어나! 투쟁을 포기하지 마!
사람들은 대개
위대한 신이 하늘에서 내려올거라고 생각하지
모든 것을 앗아가고
그리고 모든 사람을 황홀하게 만들지.

그러나 당신이 진정 삶의 가치를 안다면
당신은 이 지상에서 당신의 것을 찾아야 하지
자 이제 당신은 빛을 보았어
그러니 이제 당신의 권리를 위해 일어나라고!
우리는 당신들의 교리놀이와 천국 게임에 지칠대로 지쳤다고 그만 집어치우라고.
주 예수 이름으로 죽어 천국에 간다고 했지
우리는 이미 알고 있지
전능한 신은 살아있는 인간이라고 하는 것을.
당신은 가끔 몇 사람을 속일 수는 있겠지.
그러나 언제까지나 모든 사람을 속일 수는 없지
이제 우리는 빛을 보고 있다네.(당신은 언제 볼건데?)
우리는 우리의 권리를 위해 일어날거야.(그럼, 그럼, 그럼)

청와대와 국회는 말합니다. "정치는 우리가 알아서 할 테니까 너희는 너희에게 맡겨진 회사 일과 가정 일과 예배하는 일이나 열심히 해!" 그런데 열심히 했더니 그 번 돈들이 재벌들의 회사 보유금으로 쌓여 있더니 어느 날부터는 박근혜와 최진실의 개인 금고 속으로 옮겨가기 시작했고, 부동산투기를 통해 남한의 땅값을 금값으로 만들어 놓았습니다. 게다가 작은 땅덩어리 남한이라는 나라의 국방과는 전연 상관도 없는 값비싼 최고 기술의 신예 전투기나 공중급유기 구입 그리고 중국과 러시아의 대륙을 다 들여다 볼 수 있는 고성능 X밴드 레이다가 달린 사드 구입비로 다 낭비되고 있습니다.

이런 시대와 사회에서 교회가 해야 할 일이 무엇인가요? 예수님 당시의 바리새파 종교지도자들이 외쳤듯이 '모세율법 할례구원'만을 외쳐야 할까요? 아니면 유럽과 미국의 백인들이 선교라는 명목으로 아프리카에서 아시아에서 외쳐 왔듯이 '불신지옥 예수천당'만을 외칠까요? 아니면 십일조 떼먹으면 벌 받는다고 가르칠까요? 아니면 한손에 남한 국기를 다른 한손에는 미국 국기를 들고 박사모 행렬에 동참하라고 할까요? 이제는 교회가 눈을 떠야 할 때입니다. 2017년은 개신교 500주년 개혁의 해입니다. 교회가 루터로부터 배워 개혁해야 할 과제는 무엇일까요?

빛은 끌어 당겨야 찬란해집니다. 빛은 받아야 밝게 할 수 있습니다. 빛은 소리 없이 내일을 보여줍니다. 우리는 세상의 빛! 보여주라고 보내어졌습니다. 보여주지 못 하나요? 그럼 빛이 아닙니다. 이제 빛이 되어 세상을 비춥시다. 어두운 곳만이 아니라 마음에도 비춥시다. 우리는 세상의 '빛'입니다. '바르게 사는 사람'을 이야기할 때 '바르게'는 다른 측면의 의미도 갖습니다. 바르게 사는 사람은 용기 있는 사람입니다. 삶 앞에, 문제 앞에 용기 있게 서는 사람입니다. 바르게살기가 힘든 세상입니다. 그럼에도 좀 더 바르게, 좀 더 올곧게 살아가고자 하는 용기가 필요합니다. 불의에 맞설 수 있는 용기! 서로 정직할 수 있는 용기! 두려움을 용기로 바꿀 수 있는 용기 말입니다.

1인 가구 시대에 따른 교회의 변화 모색

1

　1인 가구 500만 시대가 열렸습니다. 2015년 인구주택총조사 결과 1인 가구는 520만3000가구로 2010년 조사(414만2000가구) 때보다 25.6%나 증가했습니다. 가파른 상승세입니다. 뿐만 아니라 1인 가주는 전체 가구 유형 중 27%로 1위를 차지했습니다. 이와 함께 미혼 인구도 2010년 1231만2000명에서 2015년 1337만6000명으로 증가했고, 이혼 인구 역시 2010년 161만 명에서 2015년 218만3000명으로 증가했습니다. 전체 1인 가구 구성비를 살펴보면 미혼이 43.9%로 가장 많았고, 이어 사별(27.9%) 이혼(16.2%) 배우자 있음(11.9%) 순으로 나타났습니다. 특히 1인 가구가 급격하게 증가한 것은 미혼과 이혼 상태의 1인 가구가 늘어난 영향으로 보입니다. 1인 가구 중 미혼 인구는 2010년 184만3000명에서 2015년 228만6000명으로 24% 늘어났습니다. 또한 이혼 상태의 1인 가구는 2010년 55만6000명에서 2015년 84만5000명으로 무려 51.9%나 증가했습니다. 1

인 가구 증가의 주요 원인은 생계가 불안정한 청년층의 결혼과 출산 기피현상에 있습니다. 2015년 조사 결과를 보면 미혼 인구 중 결혼적령기인 30대의 증가율이 7.1%로 가장 증가했습니다.

이처럼 1인 가구 증가와 더불어 미혼·이혼 인구 증가는 기존의 가족 개념이 무너지고 있다는 것을 의미합니다. 또한 과거 공동체문화가 중심이었던 한국 사회가 점차 개인주의 문화로 바뀌고 있다는 것을 의미하기도 합니다. 이러한 변화의 움직임은 지속될 전망입니다. 1인 가구, 미혼, 이혼의 증가는 계속되고 개인주의는 더 심해질 것입니다. 이미 '나 홀로 삶'이나 '혼밥' 등이 하나의 문화로 자리 잡았고, 미디어마저 이러한 현상을 부추기고 있습니다. 1인 가구, 미혼, 이혼 인구의 증가는 가족 개념만 무너지게 하는 것이 아닙니다. 한국교회의 전통적인 목회 방식에도 지대한 영향을 줄 것으로 보입니다. 그도 그럴 것이 그동안 한국교회는 가족 중심, 장년 중심의 목회를 해왔습니다.

이미 목회현장에서는 변화의 분위기를 체감하고 있습니다. 몇몇 목회자들은 교회 안에서 가족 중심 프로그램을 진행하는 것을 꺼려진다고 말합니다. 1인 가구 미혼·이혼 인구가 늘어나면서 가족 중심 프로그램 때문에 소외 받는 교인이 생길 수 있다는 것이 이유입니다. 뿐만 아니라 한부모 가정에게는 상처를 줄 수 있어 엄두가 나지 않는다고 말하기도 합니다. 더구나 1인 가구가 전체 가구 유형 중 1위가 됐고, 미혼과 이혼 인구가 계속해서 늘어나는 상황에서 기본 목회 방식을 고수한다면, 한국교회는 교인수 감소가 문제가 아니라 생존의 위기에까지 직면할 우려가 있습니다. 한국교회는 운영시스템에 대한 전환이 시급한 과제로 다가왔습니다. 1인 가구, 그중에서도 미혼과 이혼 인구 중 상당수는 아픔과 상처를 경험한 이들입니다. 게다가 이들은 교회 안에서도 떠돌고 있는 경우가 많습니다. 교회가 이들을 아우르고, 보살필 수 있는 대안을 마련해야 할 때입니다.

2015년 인구주택 총조사 결과를 보면, 미혼 인구 중 남자는 40대(7.3%), 여자는 30대(7.7%)에서 가장 많이 증가했습니다. 이와 같이 미혼 인구의 범위가 확대된 만큼 교회의 청년사역에도 변화가 있어야 하는 시점입니다. 교회에서도 30대 중반에서 40대 미혼자들은 청년부에 속해 활동하기도 애매하고 장년부에 갈 수도 없습니다. 따라서 청년사역을 세대별 상황별로 보다 세분화해서, 늦깎이 미혼자들을 포용할 수 있는 관심이 요구됩니다. 아울러 한국교회는 이혼에 대한 인식 변화도 필요합니다. 한국교회는 여전히 이혼을 죄로 여겨 금기시합니다. 물론 결혼은 신성한 것이고, 이혼은 올바른 선택이 아닙니다. 하지만 이혼을 했다고 손가락질하고, 무조건 참고 살라고 할 수 없는 시대가 됐습니다. 가정도 중요하지만 개인의 삶의 결정도 존중받아야 합니다. 교회도 이혼한 이들의 아픔과 상황을 이해하고, 나아가 치유할 수 있는 상담사역도 펼쳐야 할 때가 된 것입니다.

지금도 이혼을 했다고 하면 안 좋은 시선으로 보고, 특히 남자보다는 여자에게 보내는 시선은 더욱 그렇습니다. 이제 교회도 이혼을 약자보호적인 관점에서 봐야 할 때입니다. 교회가 이혼에 대한 인식을 바꾸고 이혼한 이들의 상처를 감싸줄 수 있어야 합니다. 아울러 결혼학교를 운영하는 것처럼 이혼을 조정해주는 일을 교회가 펼친다면 이혼도 줄고, 상처도 감소할 것입니다. 1인가구의 급격한 증가와 30~40대의 미혼 증가 그리고 이혼가정의 증가 등은 교회에도 큰 영향을 미치고 있습니다. 특히 예배 중심의 전통적인 목회를 유지하고 있는 교회들은 사회의 변화에 대응하기 힘들다는 지적입니다.

전통적인 방식의 교회구조에서는 1인가구와 미혼 및 이혼 증가를 적절히 대응하기 어렵습니다. 이를 보완하고 해결해나갈 대안 중 하나는

'소그룹'입니다. 소그룹을 통해 이들을 품어야 합니다. 사회심리학의 연구 결과, 사람이 소속감·수용감·안정감·자존감이라는 4대 욕구를 갖는다고 밝혀졌습니다. 하지만 1인 가구와 미혼 또는 이혼 가정의 경우, 소속감은 물론 자신의 이야기를 들어주고 받아주는 사람이 없기에 수용감과 안정감까지 느끼지 못하고 결국 자존감을 상실하는 위기에 처하게 됩니다.

과거 한국교회는 구역조직을 통해 교인들이 서로의 삶을 나누고, 보듬도록 했습니다. 이런 구역조직을 통해 한국교회는 성장을 거듭했고, 교인의 행복지수를 높였습니다. 그러나 어느 때부터인가 한국교회는 1인가정과 이혼가정의 증가로 '친밀한 공동체'로서 구역의 기능을 더욱 강화해야 하는데도, 거꾸로 구역을 예배 중심으로 전환하면서 구역의 기능을 약화시켰습니다. 그러다보니 구역조직이 유명무실해진 경우가 많습니다. 또한 운영방식도 일제강점기부터 해온 방식 그대로인 경우가 많아 젊은층에게는 기존의 구역조직이 그다지 호의적으로 여겨지지 않기도 합니다.

오늘 이 시점에서 이에 대한 깊이 있는 반성을 통해, 구역조직을 소그룹으로 활성화하는 방안을 모색해봐야 합니다. 기존의 행정구역을 근거한 구역조직이 아니라 특정 세대나 특정 직업군의 교인들을 보듬기 위한 '필요 중심적 소그룹'을 조직할 필요가 있습니다. 고3 자녀를 둔 학부모들은 1년 동안 가정의 중심이 고3 자녀에게 집중하게 됩니다. 교회에서 고3 부모를 위한 소그룹을 만들고, 부모들이 신앙교육적인 권위를 잃지 않고 자녀를 교육할 수 있도록 한다면 부모들은 소그룹에 적극적으로 참여할 것입니다. 이런 방식으로 교회는 소그룹을 통해 사회의 변화와 욕구에 대응해 나갈 수 있고, 교인들의 필요를 채워줄 수 있을 것입니다. 이런 방식으로 취미를 공유하는 동호회도 좋고, 직업군을 묶어주는 방식도 좋을 것입니다. 이를 통해 서로의 공감대를 통해 서로 위로하고, 격려하는 소그룹이 될 수 있습니다. 이런 소그룹이 활성화되도록 적합한 교재를 개발해 나가야할 필요도 있습니다.

'필요 중심적 소그룹'으로 몇몇 대형 교회에서는 이혼한 사람들로 구성한 '돌싱 소그룹'을 운영하기도 합니다. 교회가 이혼가정을 위로하고, 보듬기 위해 소그룹을 조직하는 것은 매우 의미 있는 일입니다. 그러나 이런 방식이 이제 시작 단계이고 흔한 경우가 아니다보니 이들을 위한 전문적인 교재가 마땅치 않고, 이 분야에 전문적인 소양과 역량을 갖춘 사역자도 드문 것이 현실입니다.

오늘 이 시대에서 교회가 중점적으로 관심을 가져야 할 부분은 '이혼가정의 증가'입니다. 부모가 이혼하면 자녀들은 부모가 사망하는 것과 비슷한 충격을 받습니다. 남은 아버지나 어머니마저 자신을 떠날지 모른다는 불안을 느낍니다. 이혼한 가정의 자녀들은 사춘기에 비행이나 자존감 하락, 게임중독에 빠질 위험이 일반 가정보다 매우 높습니다. 교회에 와서도 가정 문제를 꺼내놓지 못하고, 주눅 들어하다보니 소외되기도 합니다. 부모에 대한 불신으로 하나님에 대해서도 부정적으로 인식하게 됩니다. 어른이 되어, 배우자 선택이나 가정관에 대해 혼란을 느끼기도 합니다. 이를 예방하고 보다 적극적으로 대처하는 작업으로 건강한 부부관계와 가정을 위한 설교와 상담과 교육이 필요합니다. 이를 위한 하나의 방안으로도 소그룹활용은 유익할 것입니다. 만일 부부가 극심한 갈등을 겪고 있다면, 아내는 여자소그룹에서 남편은 남자소그룹에서 돌봄으로 이혼을 예방하기 위해 노력해야 합니다. 아울러 교회에서 결혼예비학교를 운영해서 청년들을 대상으로 성경적인 결혼관을 가르치고, 신혼부부들을 부부소그룹 모임에 참여시켜 실제적인 경험을 나누며, 갈등해소 방안을 키우는 것이 좋을 것입니다.

이 시대의 모델, 광교산울교회이야기

깊고 단단한 신학과 그에 걸 맞는 실천. 이것이 산울교회 이문식 목사의 느낌입니다. 그는 이미 세 번을 분립개척하고, 네 번째는 직접 분립·개척해 나갔습니다. 그렇게 결정한 이유입니다. 세 번 부목사들을 내보냈는데, 네 번째는 교인들이 잘 안 나가려고 했습니다. 익숙해졌고 나가기보다는 머무르려는 마음이 많아진 것이었습니다. 이에 그는 그가 오래 있으면서 구심점이 너무 강해져 원심력이 떨어지는 것으로 여겼습니다. 모이는 교회의 기능은 강해지고 흩어지는 교회의 기능이 갈수록 약해졌다고 판단했습니다. 이에 그는 이번엔 자신이 나가야겠다는 생각을 하게 됐습니다. 균형을 잡아야 할 필요를 느꼈습니다. 분립개척을 하면 교회 성장에 몇 번 제동이 걸립니다. 오르막을 올라갈 때 탄력을 받아야 쭉 올라가는데 텅텅텅하면서 분립하는 것은 교회 성장에는 도움이 안 됩니다. 그래도 그는 해야 한다고 믿고 실천했습니다. 이게 그의 확고한 목회

철학입니다, 한 그루 큰 나무보다 아름다운 숲이 좋다는 것입니다.

그가 분립개척의 기준으로 삼는 내용입니다. 인원수가 분립의 결정적인 기준이 된 것은 아니지만, 3백 명이 넘으면 분립을 고려해야 한다고 봅니다. 한계효용체감의 법칙처럼, 교회공동체의 규모가 어느 선을 넘어가면 유지하는데 만 돈과 인력낭비가 심하게 됩니다. 선교적 효율성이 떨어집니다. 분립의 적절한 선이 3백 명에서 5백 명 사이라고 봅니다. 사회를 섬기려면 교회에 잉여가 좀 있어야 되는데, 인적 잉여나 물질적 잉여가 3백 명 넘어가면서 생깁니다. 시스템이나 조직이 들어오지 않고도 목사와 교인 사이에 인격적으로 소통이 가능한 것이 3백 명 수준입니다. 이 정도 규모에서는 아날로그 소통이 됩니다. 하나님은 세상을 아날로그로 창조하셨고, 예수 그리스도의 공동체도 아날로그 공동체였습니다. 그 특성을 충분히 살리자는 것입니다.

기본적으로 산울교회의 분립은 기획개척입니다. 처음부터 분립개척을 꾸준히 한다는 철학을 가지고 있었기 때문에 개척시스템을 만들었습니다. 첫째, 전교인이 매년 작정하는 겨자씨헌금이 있습니다. 이건 교회개척헌금입니다. 6백 명 정도가 3년을 헌금하면 2억이 됩니다. 가정교회 방식으로 하지 않는 한 공적인 모임 장소가 필요한데, 그럴 때 이 기금을 가지고 교인들 30명 정도가 함께 하면 교회개척이 가능한 경제력이 됩니다. 그러니 특별히 따로 헌금을 할 필요가 없습니다. 그래서 겨자씨헌금은 쌓아두고 계속 분립개척을 위한 기금으로 만듭니다. 그러나 이보다 중요한 것은 사람입니다. 부목사를 목자로서 교인들의 신뢰와 존경을 받을 수 있는 인물로 키우는 것입니다. 도제적인 부분이 필요합니다. 설교기회나 티칭기회를 많이 주어서 그 목사를 통해서 예수님의 음성을 듣고 쫓는 양들이 생겨나게 해야 합니다. 담임목사를 따르는 양들로만 자기 교회를 세우려고 하지 말아야합니다.

분립하려면 부목사를 동역하는 목사로 여겨, 교인들이 모이는 과정을 지켜봐야 하고, 또 열어놓고 만들어가야 됩니다. 이렇게 해서 목사와 교인들이라는 교회의 기초공동체가 구성되면 거기에 돈과 시스템 등을 지원합니다. 산울교회 규정에는 부목사가 전임으로 6년 목회하게 되어 있는데, 이 시간 동안 그 과정을 다 봅니다. 6년 끝나면 3개월이든 6개월이든 안식년을 줍니다. 좀 쉬고 돌아오면 곧바로 매주 교회개척세미나를 열게 합니다. 그래서 자기 목회비전을 교인들에게 알리고 교회개척을 위한 기도회를 그 목사의 주관으로 가지게 합니다. 당회에서는 장로 한 사람과 함께 할 집사 한 사람을 부위원장으로 하는 개척위원회를 구성합니다. 필요한 것들을 어떻게 지원할 것인가, 예산 배정은 어떻게 할 것인가, 지역은 어디로 선택할 것인가, 그 교회의 비전이나 사역의 소명이 뭔가. 이런 것들을 다 정돈해내는 일을 6개월 동안 합니다. 그래서 6개월 정도 지난 다음에 목사와 교인들을 다 파송합니다. 돈도 하나님의 공적 자금이기 때문에 공동체에 줍니다.

교인대표와 목사가 사인을 하고, 영수증 처리해서 기금을 가져갑니다. 기금을 받아가는 데에는 조건이 있습니다. 교회 문을 닫거나 이단시비가 붙거나 더 할 수 없을 때는 산울교회의 허락을 받고 환원해야 합니다. 이렇게 처음부터 기획 개척을 합니다. 일단 개척된 교회에는 최대한 독립성을 인정해주어서 개교회의 자유를 인정합니다. 개척되는 교회에 동참하려는 이들에게는 개척기금을 마련하는 일을 함께 하게 합니다. 헌금하거나 신용대출을 해준다든가 하는 식입니다. 처음부터 상당한 열정과 헌신을 하고 가는 것입니다. 목사가 목사 개인 돈으로 하게 되면 개인교회가 되고, 나중에 세습하고 싶은 마음이 생깁니다. 철저한 하나님나라의 공공성을 가지고 시작해야 세습도 막아낼 수 있다고 봅니다.

그의 신학적 배경은 철저히 복음주의적인데, 사역의 내용은 복음의 공공성을 중요시하는 사회참여적인 면이 강합니다. 희년선교회라든지, 남북나눔운동이라든지 이런 활동에 열정적입니다. 우리나라에서 이것은 쉽지 않은 행보라고 여겨집니다. 그는 총신대 신학과, 합동신학대학원, 아세아연합신학대 대학원 신학과를 거친 보수적인 교단과 신학의 토대에서 공부했습니다. 그는 선교학으로 신학석사를 공부할 때 해방신학, 민중신학, 성서해석학을 비판적으로 공부했습니다. 예수그리스도를 사회적 메시야, 정치적 메시야로 보편화시킨 해석학에 대해서, 유럽의 정치신학에 근거해서 예수그리스도의 유일성을 보편화시키는 것에 대해 상당히 비판하는 논문을 썼습니다. 구원론에 관한 문제점들을 썼는데, 논문을 쓰면서 그가 갖고 있는 해석학적 입장은 옳지만 실천에 관해서는 그가 비판한 사람들이 옳다는 생각을 하게 되었습니다. 그래서 현장의 고민이 없는 신학은 공허한 관념론 신학의 한계를 갖고 있다고 생각했고, 신학은 연구하거나 가르치는 것이 아니라 '행함doing'이 필요한 '행함신학doing theology'이라는 입장을 갖게 되었습니다.

그는 대도시 빈민선교쪽으로 방향을 잡았습니다. 청년대학생사역을 하는 연장선에서 공단으로 갔습니다. 서울 구로 지역에 민중교회 연합이 있었습니다. 13개 교회. 저도 그 중에 한 명으로 들어갔는데 복음주의에서는 그가 유일했습니다. 그 때 1987년 6월 항쟁이 발생했습니다. 그 후로는 군사정부시절에 하듯이 노동자들이 교회에 숨어서 사역을 할 필요가 없어졌습니다. 교회의 보호가 필요 없어졌습니다. 구로교회 민중교회연합에 공동화가 일어났습니다. 복음재생산 능력이나 신앙에 정체성이 없이 사회적 보편화, 공공성만을 추구했을 때 교회가 어떻게 공동화되는가를 봤습니다. 이것은 그가 극복할 수 있겠다는 생각이 들었습니다. 교회의 신앙고백, 신앙의 정체성을 재생산하는 작업, 제자훈련을 그대로 하면서도 어떻게 사회적 공공성을 지켜내고 선교적 과제를 달성해

내느냐 할 때, 그에게는 외국인 노동자가 처음 눈에 띄었습니다. 그 때 그가 노동문제는 우리사회 내부문제, 자본주의의 내부문제가 아니라 동아시아 자본주의 문제라고 보았습니다. 동아시아의 가난한 사람들이 와서 자본시장만 국제화되는 것이 아니라 노동시장도 국제화되어가고, 더 가난한 나라 사람들이 덜 가난한 나라의 노동시장으로 유입되어 국제적 모순이 더욱 깊어지는 것을 보면서 이 사람들을 대상으로 사역해보자 해서 희년선교회를 시작한 것입니다.

이런 과정을 거쳐 그는 산울교회를 개척했습니다. 산울교회는 하나님 나라 운동의 지역화작업입니다. 지역에 기반을 둔 공동체를 만드는데, 지역공동체 안에서도 지역시민단체와 연대를 하지 않으면 그건 게토 공동체가 된다고 봤습니다. 그래서 이 지역의 공공성과 복음적 특수성, 선교적 특수성을 어떻게 통합하느냐를 고민했습니다. 그는 군포경실련을 창립했습니다. 기독여민회를 지원하고 환경운동도 같이 하면서 지역단체들은 연대하게 되었습니다. 교회라는 정체성이 중요하다고 봤습니다.

그는 새로 시작되는 교회의 위치를 경기도 광교로 정했습니다. 그 이유는 그의 모교인 합신대학원이 있는데, 거기 그의 교단 교회가 하나도 없었습니다. 그래서 학교를 돕는 교회를 하고 싶다는 것이 첫째였습니다. 둘째는 그가 광교로 정하게 된 가슴 뭉클한 일이 하나 있었습니다. 삼성전자 여직원이 백혈병 걸려서 그 부모가 투쟁하는 다큐멘터리를 보다가, '내가 젊었을 때 하다 만 사역인데 저게. 저런 사람들을 돕는 목회를 해야겠다.'는 생각을 했습니다. 삼성이라는 기업이 갖고 있는 가치관이 우리 국가가 갖고 있는 가치관 이상으로 영향을 미칩니다. 오죽하면 삼성공화국이라는 말이 있을 정도입니다. 이런 가치관에 동의하지 못하는 부분이 상당히 많이 있었습니다. 그는 삼성적인 가치관에 사람들이 그냥 흡입되게 놔두는 것보다는 대안을 좀 제시하는 것이 삼성을 위해서도 좋을 거라고 봤습니다. 그런 측면에서 삼성적인 가치관에 가장 크게 희생된 자들을 돕는 목회를 해야겠다는 생각을 하게 됐습니다. 노동자 딸의 아버지가 법률적 투쟁을 하는데 삼성에서 돈을 많이 제시하면서 계속 화해해달라는데 거절했습니다. 그 이유를 묻는 기자한테 "내 딸하고 똑같은 딸들이 똑같은 병에 걸려 죽어 가는데 내가 어떻게 타협하느냐? 나는 못한다. 끝까지 가겠다, 대법원까지." 이런 고독한 싸움을 삼성을 상대로 혼자는 못하는데 아버지 마음이니까 한다고 봤습니다. 이처럼 자기 자식을 넘어서는 사회적 사랑이 나타난 걸 보면서 저런 사람들을 돕는 교회가 있어야겠다는 생각을 하고 삼성의 도시, 수원 광교로 가자 이런 생각을 했습니다.

그는 새로 시작할 목회의 방향성을 생태목회라고 합니다. 이는 성장, 성공, 번영에 대한 반대급부입니다. 경제논리가 아니라 생명논리로 접근해야한다고 봅니다. 그는 갈수록 생명에 대한 외경, 하나님나라의 생명이라는 것에 대해서 굉장한 경외심을 가지게 된다고 말합니다. 거듭남, 회복, 재활, 신앙재활, 공동체, 그다음에 재창조리크리에이션. 성장이데올로기가 결국은 지구생태계의 위기로 와버렸기 때문에 근원적 반성을 해야 합니다. 생태문제는 도시문제입니다. 오히려 생태위기가 극한 원인인 도시 안에서 생태공동체를 꿈꿉니다.

문명, 성장, 성공, 번영 온갖 공해의 근원인 도시가, 거기서부터 생태복원력을 회복하기 위한 꿈을 꿔야 한다고 생각하기 때문에 도시에 생태공동체를 해야 한다고 생각합니다. 자그마한 것에서. 그래서 우선적으로 생각하는 것이 교회 안의 셀 처치입니다. 이것이 생태적 공동체가 되어야 몸이 그렇게 변합니다. 본질 변화는 제도가 아니라 셀의 변화입니다. 소그룹 공동체. 이 셀을 생태적 공동체로 만들어야 합니다. 그래서 그는 텃밭공동체를 만들었습니다. 생태적인 삶을 통해서 친교도 하고 전도도 할 수 있는, 그렇게 해서 의식이나 교육이 아니라 바닥에서 시작한다는 것입니다.

GDP가 2만 불이 넘는 현실에서는 청빈의 영성 실천하기 어렵습니다. 그건 수도승만 가능할지 모릅니다. 개신교는 생활 속의 영성입니다. 광야의 영성이 아닙니다. 일상성의 영성에서는 청빈이 중요하지 않고, 절제가 중요합니다. 한발자국만 내려놓자는 것입니다. 절제를 가르치는 기독교로, 지속가능한 영성을 하자는 것입니다.

한국교회, 배타적 독선 경계해야 합니다

종교개혁자들이 내세웠던 '오직 성경, 오직 믿음, 오직 은혜, 오직 예수, 오직 하나님께 영광'의 모토들을 오늘의 한국교회가 물려받아 몸과 마음과 삶에 지녀야 합니다. 그런데 아무리 귀중한 모토들이라고 해도 '오직'을 지나치게 일방적으로 강조하면서 '다른' 면을 무시하고 부정하는 배타적인 입장은 조심해야 합니다. 한국교회가 종교개혁자들로부터 배워야 할 것은 배타적인 독선이 아닌 포용적인 연합과 일치입니다. 종교개혁자들은 과거의 역사를 전적으로 배타적으로 부정한 것이 아니었습니다. 과거의 역사에서 올바른 신앙적인 전통을 배우려고 했습니다. 사실 루터와 칼뱅은 오직 성경의 모토를 내세우면서 그리스도 중심적인 즉 십자가 중심적인 성경관을 내세웠습니다.

종교개혁의 핵심은 십자가에 나타난 복음의 회복입니다. 그것은 예수님이 지니셨던 약함과 착함과 주변성을 몸에 지니고, 세상의 부요함과 지혜로움과 강함과 악함과 자기중심적인 이기주의와 민족주의를 모두 벗어버리는 일입니다.

요한계시록에 나오는 살았다 하는 이름은 가졌으나 죽은 자가 된 사데교회의 부끄러운 모습을 부정하고 버리고 떠나는 일과 부자가 되었다고 부족한 것이 없다고 자랑하는 라오디게아교회의 부끄러운 모습을 부정하고 버리고 떠나야 합니다. "회개하라"를 다섯 번 반복해서 말씀하신 주님의 분부를 따라 회개에 전력을 다해야 합니다. 그리고 세상 속으로 찾아가서 사랑과 도움의 손길을 펼쳐야 합니다. 예수님은 믿고 따르는 제자들에게 세상의 소금과 빛의 역할을 다하는 일을 수행해야 한다고 말씀하셨습니다. 그것은 모두에게 착함을 나타내 보이므로 저들로 하여금 하나님께 영광을 돌리게 하는 일입니다. 이것이 한국교회가 세상에서 신뢰와 영향력을 다시 회복할 수 있는 가장 기본적이고 본질적인 일입니다.

히브리서 11장과 12장에서 권면한대로 신앙의 선배들을 바라보고 또 바라보는 일과 예수님을 깊이 생각하고 바라보고 또 바라보는 일입니다. 그래서 이기적이고 세속적인 옛 사람을 벗어버리고 하나님이 바라고 기뻐하시는 예수님 닮은 인성과 지성과 영성을 조금이라고, 아주 조금이라도 몸에 지니도록 최선을 다하는 일입니다. 로마의 웅변술도 헬라의 지혜도 아무 소용이 없다고 사도 바울이 지적했습니다. 유창한 설교는 은이고, 심오한 신학강의는 동이고, 대단한 이적異蹟은 철이고, 멋진 프로그램은 흙일뿐입니다. 예수님을 닮는 삶만이 금입니다.

오늘날 한국교회의 여러 연합기관이 귀감이 되지 못하고 있습니다. 지도자들은 개인 또는 개 교단의 입장이나 주장을 성취하려는 마당이나 방편으로 삼으려는 욕망을 버려야 합니다. 특히 자기나 자기의 단체들은 의롭고 다른 개인이나 단체들은 죄스럽다는 바리새주의를 버려야 합니다. 모두가 부족하고 모두가 불완전한 존재라는 겸허한 자세를 지녀야 합니다.

　모든 개인들과 모든 단체들과 협력하고 연합하려는 포용적인 자세를 지니는 것이 급선무입니다. 한국교회 연합기관의 역할은 분열과 분쟁으로 치닫고 있는 한국교회가 협력과 연합을 소원하고 시도하게 하는 것입니다. 다양한 문화 속에서 분열과 분쟁과 대결로 치닫고 있는 한국의 정치 사회가 감동을 받게 해야 합니다. 사실 이 세상에는 완전한 목사도 완전한 신학자도 없고 완전한 교회도 완전한 교단도 없습니다. 사도 바울의 처절한 죄 고백에 귀를 기울이는 것이 중요합니다.

　"그러므로 내가 한 법을 깨달았노니 곧 선을 행하기 원하는 나에게 악이 함께 있는 것이로다 내 속 사람으로는 하나님의 법을 즐거워하되 내 지체 속에서 한 다른 법이 내 마음의 법과 싸워 내 지체 속에 있는 죄의 법 아래로 나를 사로잡아 오는 것을 보는 도다 오호라 나는 곤고한 사람이로다 이 사망의 몸에서 누가 나를 건져 내랴"(로마서 7장 21-24절).

갑질의 결정판

2017년 여름 그 무더위의 열기보다 더 뜨겁게 우리사회를 달군 소식은 '박찬주'라는 이름이 포털 사이트에 실시간 검색 순위의 상위권을 계속해서 유지된 일이었습니다. 좋은 일로 이런 일이 있다면 축하할 일입니다. 그런데 그렇지 않았습니다. '갑질'의 결정판이라고 해도 과언이 아닌 사건 때문이었습니다.

'박찬주'라는 사람은 어깨에 별 4개가 올라간 대장이었습니다. 군에서 서열 3위에 오른 인물로 누구나 부러워할 만큼 성공한 인물이었습니다. 같은 군인이라면 얼굴 한번 올려다보기조차 힘든 그런 사람입니다. 그런데 이 사람이 좋은 일은 커녕 그렇지 않은 일로 세상에 이름이 알려졌으니 참 한심한 노릇이 아닐 수 없었습니다.

지휘관들에게는 공관병公館兵이 배정됩니다. 이러한 것이 있다는 것 또한 일반인들은 박찬주 대장 갑질 의혹이 알려지면서 처음 알게 되었습니다. 군대를 경험한 사람들이라면 이러한 보직을 두고 아무나 갈 수 없는 '꽃보직'이라고 기억할 것입니다. 장병들의 부러움을 사는 보직 중 하나가 지휘관의 공관병입니다. 그런데 이번 박 대장의 사건에서 밝혀졌듯이 모셔야 하는 지휘관에 따라서는 꽃보직이기는 커녕 자살까지 생각해 볼 정도로 힘들고 고된 자리가 될 수 있었습니다.

이번 박 대장 사건을 통해 또 다시 기독교를 향하는 시각이 따가워졌습니다. 우리 사회에 주목을 받을 만한 고위층의 사건이 벌어지면 기독교계에서 하는 말이 있습니다. "혹시 기독교인 아닐까?" 그런데 이번 사건 또한 당사자 부부가 교회생활을 열심히 했다고 합니다. 그것도 박찬주 대장이 교회 장로이고 여러 교회들을 방문해서 구국기도회에 귀빈으로 참석하고 자신의 성공을 간증하고 다녔습니다. 부부는 새벽기도를 하는 신앙인이었습니다. 결국 기독교계는 또다시 고개를 숙일 수밖에 없게 됐습니다.

이쯤 되면 기독교계가 나서서 공개적인 사과라도 해야 하는 것이 아닌가 하는 생각이 들 정도입니다. 사실은 이 보다, 박 대장의 이야기를 끌어내기 전에 한국 기독교계는 고개를 숙여야 할 일이 더 많습니다. 이번 박 대장의 사건에 비춰 볼 때 '과연 한국교회의 목회자 세계는 어떠한가?'를 한번 생각해 봅니다. 목회자들 사이에 우스갯소리로 하는 말이 있습니다. "코끼리를 냉장고에 넣는 방법?"이라는 질문에 일반적으로는 "냉장고 문을 연다. 코끼리를 넣는다. 문을 닫는다."라고 답을 합니다. 그러나 목회자 사이의 정답은 "부목사에게 시킨다."입니다.

부목사는 1년마다 노회의 허락을 받아서 시무합니다. 그러다 보니 다른 임지를 구하기 전에는 현재의 자리를 고수해야 합니다. 그렇지 않으면 하루아침에 실업자(?) 신세가 될 수 있기 때문입니다.

주일 예배에서 교인들 앞에서 아무런 영문도 모르는 부목사를 세워

놓고, "오늘부로 사임하셨습니다. 인사하세요."라는 담임목사의 말 한마디로 사역을 정리했다는 목사들의 후일담이 비일비재합니다. 담임목사라고 해서 예외는 아닙니다. 교인들로부터 하루아침에 버림을 받기도 합니다. 3년마다 연임청원을 해야 하는 담임목사를 교회에서 청원결의를 해 주지 않아 자동적으로 사임하도록 하고, 위임 청원을 미루다가 그냥 끝나버리는 경우도 있습니다.

'갑질'이 사회에서만 일어나는 일은 아닙니다. 공개되지는 않지만 교계에서도 이러저런 이유로 심심치 않게 일어납니다. 우리 사회의 '을'의 위치에 있는 약자들을 위한 관심과 함께, 교회 내에서 일어나는 갑질에 대해서도 유심히 살펴야 할 것입니다. 이제는 한 개인의 인권적인 차원에서 더불어 살아가는 공동체질서 확립으로 제도적인 보완이 이뤄져야 할 것입니다.

소명Vocation과 사명Mission

국민에 의해 대통령으로 선출된 사람이 그 직분을 올바로 수행하지 못해 탄핵심판을 받는 불행한 시대를 살아가면서, 소명과 사명에 대해 생각해 봅니다. 사람은 부름에 응답하는 존재입니다. 부름은 관계의 확인이며 사회적 존재로 나아가도록 하는 요청입니다. 이러한 부름은 한 개인의 부름, 사회의 부름, 하나님의 부름으로 나눌 수 있습니다. 이에 따른 응답도 각기 차원을 달리하게 됩니다. 위로부터의 부름을 소명이라고 한다면 세상을 향한 행위의 응답은 사명이라고 할 수 있습니다. 소명과 사명 사이에 주체가 되는 내가 있습니다. 소명은 직업이나 직분으로 번역돼 쓰이기도 합니다. 그리고 사명은 그 직분에 따른 과업을 말하기도 합니다. 현대사회에서는 사회적인 소명인 직업이 강조되고, 거룩한 부름의 소명은 종교적으로 제한해 사용되고 있습니다. 사명 역시 사회적 관점에서 구체적인 과업을 실천하는 일로 한정해 사용하고 있습니다.

하지만 소명과 사명은 개인과 사회와 종교를 포괄하는 의미를 함축하고 있습니다.

전통적으로 이름을 부름은 이름에 담긴 의미에 부응副應하는 이상적인 인격에 대한 기대를 담고 있습니다. 직분을 말함에 있어서도 직분을 부여받은 자는 이에 부응하는 태도를 일관되게 지켜나가지 않으면 안 되었습니다. 따라서 옛 선비들은 공적인 삶에 있어서 뿐만이 아니라 사적인 생활에 있어서도 직분에 맞는 수행적인 태도를 갖추는 데 심혈心血을 기울였습니다. 사람의 인품은 일을 통해 나타나고 인간관계 안에서 확인되기 때문이었습니다. 오늘 우리의 대통령탄핵이라는 현실에서 보듯 후일 반드시 드러나며 인간관계를 파괴하고 사회에 폐해를 끼치기 마련입니다. 따라서 국가의 부름과 이에 합당한 직분을 수행하는 선비의 본분은 의로움을 위해 자신의 생명을 내어놓는 절체절명의 순간을 마주하는 일과 다름이 없었습니다.

한 개인에 대한 부름은 그가 누구인지 정체성을 일깨우는 것이고, 사회의 부름은 사회적 삶의 가치를 깨닫게 하는 것이고, 하나님의 부름은 완전한 삶을 지향하게 합니다. 이렇게 본다면 세 차원의 부름은 다른 것이 아니라 연속된 하나의 부름이라고 말할 수 있습니다. 따라서 이에 응답하는 사명도 분리된 것이 아니라 하나의 응답입니다.

이러한 하나의 부름과 하나의 응답을 성경에서 발견할 수 있습니다. 하나님은 아담을 부르시고, 아브라함을 부르시고, 사울을 부르셨습니다. 이 부름은 한 개인에 대한 정체성의 부름으로부터 새로운 사명을 부여받은 새 사람으로 공동체 안에 그의 정체성을 확인하게 합니다. 아담과 하와는 자신들의 잘못을 깨닫고 세상을 일구고 새 생명을 낳는 하나님의 사람이 되고, 아브라함은 하나님의 믿음으로써 모든 민족의 아버지가 되며, 기독교인을 박해하던 사울은 예수가 그리스도임을 전하는 바울

사도가 됩니다. 바울 사도는 로마인들에게 보낸 서신 첫머리에서 스스로를 "그리스도 예수님의 종으로서 사도로 부르심을 받고 하나님의 복음을 위하여 선택받은 바울"이라고 지칭하며 자신의 소명과 사명을 명료하게 밝히고 있습니다.

이렇게 소명과 사명에 내재된 의미를 되새겨 본다면 우리 기독교인은 세상의 일과 관련해 서 세 가지 점을 심사숙고할 필요가 있습니다. 우리가 하는 일이 하나님이 각자에게 고유하게 부여하신 일인지, 세상 사람을 위하는 일인지, 하나님의 진리를 구현하는 일인지. 만일 우리의 삶이 이 세 가지 점을 충족시킨다면 우리가 하는 일이 어떤 일이든지 소명에 따른 사명입니다. 이 세 가지 관점에서 세상의 일을 바라본다면 우리가 수행하는 모든 일은 거룩합니다. 생산에 종사하는 노동, 생활세계를 창조하는 작업, 사회적 참여를 통해 삶을 풍요롭게 하는 활동 모두 거룩합니다. 모두 사람과 직간접으로 관계하고 도모하는 가운데 하나님의 말씀을 이루는 일이기 때문입니다. 우리는 적폐積弊를 청산淸算하고 새로운 삶의 자리를 꾸려나가야 하는 중대한 과제 앞에 서 있습니다. 내적으로 우리 각자가 어떤 소명과 사명을 받고 있는지 되돌아보아야 할 시기입니다. 하나님의 부르심은 희미하지만 분명하고, 우리의 응답은 미약하지만 절실합니다.

미숙한 한국교회의 현실

미국 사회심리학자인 레온 페스팅거 교수는 1957년 '인지적 불협화 이론'을 발표했습니다. 이것이 현대심리학의 대표적인 이론중 하나인 '인지부조화' 이론입니다. 이 이론은 개인이 가지고 있는 신념과 생각, 태도와 행동 사이의 부조화가 유발하는 심리적 불편을 해소하기 위한 태도의 변화를 설명하는 이론입니다. 대부분의 경우, 개인의 신념과 현실 사이에 부조화가 생기면 자신의 생각대로 상황을 합리화한다는 것입니다. 그런데 페스팅거 교수가 이론을 연구할 때 집중했던 흥미로운 사례가 있었습니다. 바로 시한부 종말론자들의 행동 양태였습니다.

시한부종말론자들이 종말의 때가 지나고 아무런 일이 일어나지 않으면, 종말론을 포기하고 가정과 사회로 돌아와야 하는데 그렇지 않은 경우가 많았습니다. 왜 그럴까요? 도대체 왜 이들은 분명히 자신들의 믿음의 체계와 실상이 한순간에 무너졌음에도 거기서 헤어 나오지 않는 걸까요? 놀랍게도 이들은 종말론 포기대신 간절한 기도로 종말이 늦춰진 것이라며 자기 합리화를 하면서 체제를 더욱 공고히 해나갔습니다. 그러니 기성 교단의 예상과는 달리 이들 시한부종말론은 쉽게 없어지지 않았습니다. 결국 이들의 합리화가 인지부조화 이론이 태동하는데 중요한 원인을 제공한 셈이었습니다.

이런 인지부조화는 사이비종교도 마찬가지입니다. 이들 중 교주가 영생을 주장하다가 사망하게 되면 영생이 허구임이 분명하게 드러나게 되었는데 이들은 돌아오지 않는 경우가 많았습니다. 교주의 사망에도 새로운 형태로 영생한 것이라느니, 부활했다느니 하면서 합리화를 해나갑니다. 그러면 인지부조화가 시한부종말론이나 사이비종교만 그럴까요? 안타깝게도 그렇지 않습니다. 최근 사회에서 우리 기독교를 바라보는 시선이 예사롭지 않습니다. 거룩한 장소로서 존중, 사회를 비출 등대, 빛과 소금의 역할수행, 도덕적 정화소로 인식되기는커녕 사회문제를 일으키는 천덕꾸러기로 인식되는 지경에 이른지 오래입니다. 어쩌다가 우리 한국교회가 이 지경에 이른 것인지 답답합니다. 선교의 문이 막히는 정도가 아니라 기독교가 사회로부터 더욱 외면당하게 되지는 않을까 우려되는 일들이 비일비재합니다.

그런데 우리 기독교는 이런 일들에 자성의 목소리는 들려오나 이를 해결하려는 환골탈태換骨奪胎의 자세가 잘 드러나지 않습니다. 말 그대로 뼈를 깎는 아픔으로, 철저히 죄를 고백하고 거듭나야하는데 '나만 그런가', '우리만 그런가', '그럴 수도 있지'하는 식으로 변명하기에 급급하고 자기합리화에 급급합니다. 좀 비도덕적이고 폐쇄적이고 비민주적이고 편파적이라고 해도 그저 '교회만 성장하면 다'라는 인식이 팽배합니다. 뭐든지 크면 최고인 듯 대형교회지상주의에 빠져 있습니다. 이런 상황을 보면 한국교회의 수준에 그저 가슴이 먹먹해집니다. 이런 변명으로 죄를 합리화할 수 있다고 착각하는 목회자들의 수준이 답답합니다. 종교개혁 500주년을 맞아, 한국교회의 현실이 참 참담합니다. 가슴을 치며 통회자복하면서 죄를 고백하는 회개운동이 절실한 시점입니다. 바로 오늘 우리의 현실이야말로 더 늦기 전에 썩은 것을 도려내는 단호한 결단과 의지로 한국교회를 새롭게 할 골든타임은 아닐까 싶습니다.

다가오는 '인구절벽',
위기 속에서 '노인복지'로 대안 모색

우리는 베이비붐 세대 은퇴 본격화와 초고령사회를 눈앞에 둔 시대에 살고 있습니다. 이 시대에 우리는 그 무엇보다도 시급한 과제로 종교인구 고령화에 따른 체계적인 대책을 마련해야할 것입니다. 전 세계에서 출산율이 가장 낮은 국가 중 한 곳이 우리나라입니다. 가장 빠르게 인구 고령화 현상이 나타나는 국가이기도 합니다. 유엔이 정한 기준에 따르면, 65세 이상 고령 인구 비율이 7% 이상이면 고령화 사회, 14% 이상이면 고령사회, 20% 이상이면 초고령화사회라고 불립니다.

불과 10여 년 전만 해도 우리나라가 고령화시대에 접어들었다며 걱정했는데, 조만간 고령사회를 넘어 초고령화사회를 앞두게 됐습니다. 인구 고령화 현상이 두드러진다면 종교 인구 고령화 역시도 피할 수 없는 현상이 될 것입니다. 한국교회로서는 위기일 수밖에 없습니다. 그러나 이를 잘 준비하고 대비하고 맞이한다면 동시에 새롭게 변혁할 기회일 수도 있을 것입니다.

'베이비붐' 세대의 은퇴가 본격화될 것입니다. 한국전쟁 이후 1950~60년대 출생한 베이비 붐 세대가 조만간 은퇴하는 시기가 도래합니다. 2020년부터 본격화될 예정입니다. 이는 곧 우리나라 생산가능인구 감소 현상이 두드러지는 신호탄이 될 것으로 보입니다.

15~64세에 해당하는 생산가능인구, 특히 경제활동이 가장 활발한 25~49세 핵심생산인구 감소폭이 매우 클 것으로 전망되고 있습니다. 이른바 '인구절벽' 현상이 나타나는 것입니다. 2016년 7월 통계청이 발표한 자료에 따르면, 전 세계 인구는 73억 2천만 명으로 추산되는 가운데 우리나라 인구는 5천 1백만 명이었습니다. 현재의 생산 가능 인구는 2015년 전체의 73%로 1966년 53%에 이후 계속 증가해왔지만 2012년 73.1%를 정점으로 감소 단계에 이르렀습니다.

향후 생산가능인구는 2030년 63%, 2060년이면 49.7%로까지 낮아질 것으로 보입니다. 고령인구 비중은 2015년 13.1%로 1960년 2.9%에 비해 4.5배나 증가했습니다. 고령인구 비중은 계속 증가해 2030년에는 24.3%, 2060년 40.1%로까지 높아질 전망입니다.

엎친 데 덮친 격으로 우리나라 고령인구 통계 비율이 높아질 수밖에 없는 또 다른 이유는 낮은 출산율입니다. 전 세계 합계출산율은 2010~2015년 2.5명으로 1970~1975년에 비해 1.9명 감소했습니다. 이에 비해 우리나라는 1970~1974년 4.21명이던 합계출산율이 2010~2014년에는 1.23명으로 크게 줄어들었습니다. 이는 전 세계 국가 중 4번째로 낮은 수준입니다.

기대수명의 증가도 고령화 현상의 또 다른 이유입니다. 생활수준 개선과 의료수준 발달 등의 요인으로 우리나라 기대수명은 1970~1974년 62.7세에서 2010~2013년에는 81.3세로 크게 늘어났습니다. 비슷한 시기

세계 기대수명이 11.2세 증가한 것보다도 훨씬 가파릅니다.

통계에서 확인된 바와 같이 지금과 같은 현상이 지속될 경우 우리나라 생산가능인구 비중은 2016년 전 세계 국가 중 10번째였지만, 2060년이 되면 199번째로 낮아질 정도로 심각해질 것이라고 통계청은 내다보고 있습니다. 국가적 위기 수준입니다.

이 때문에 언론매체들은 2020년부터 본격화될 인구절벽 문제에 대해 심각성을 제기하며 2017년 새해 벽두부터 기획보도들을 내놓기도 했습니다. 인구 고령화 문제에 대해 선제적으로 대처해 효과를 거두기 위해서는 지금부터 서둘러야 하며, 이 시기를 전문가들은 '골든타임'이라고 언급하고 있습니다.

고령화는 종교계에도 예외가 아닙니다. 우리 사회 전체에 있어 고령화 속도가 **빠른** 만큼 종교계 역시 그 영향 아래 놓여 있다고 할 수 있습니다. 다시 말해 인구 고령화 현상은 종교를 막론하고 대체적인 현상으로 자리 잡고 있다는 말입니다. 탈종교화 현상, 특히 젊은 세대가 종교를 갖지 않은 실태까지 더해보면 종교인구 고령화는 피할 수 없다는 점이 더욱 분명해 보입니다. 한국갤럽이 2014년 실시해서 2016년 발표한 "한국인의 종교 통계조사"에서 개신교인 연령대별 비율을 확인할 수 있습니다.

19~29세 개신교인은 2004년 23%에서 2014년 18%, 30대는 23%에서 20% 감소했습니다. 그런데 50대는 19%에서 23%로 증가했습니다. 이와 같은 통계가 아니라고 하더라도 일선 지역교회에서 고령화비율이 높아지고 있음을 쉽게 목격할 수 있습니다. 교회학교 학생 수 감소가 개신교 주요 교단 통계에서 구체적으로 확인되는 것도 개신교 인구 고령화를 간접적으로 엿볼 수 있게 합니다.

이는 다른 종교도 마찬가지입니다. 한국천주교주교회의가 2015년 4월 발표한 "한국 천주교회 통계"에서는 19세 이후 신자는 전년도에 비해 줄고 65세 이상 신자는 늘어나고 있다고 밝혔습니다. 통계에 따르면 한국 천주교 신자는 556만971명으로 전년보다 2.2% 증가했습니다. 이를 구체적으로 보면 5~9세는 0.9%, 10~14세는 6%, 15~19세는 4.1%나 감소한 반면, 50대 이상 연령층에서는 적게는 3%부터 많게는 12%까지 증가한 것이었습니다.

불교계의 고령화는 다른 종교보다 더 가파른 것으로 여겨져 왔습니다. 실제 정부가 실시한 인구주택총조사에서도 그동안 불교인구 평균 연령은 높은 편이었습니다. 1995년 불교 인구 평균 연령은 37세로 개신교 30세, 천주교 32세보다 높았습니다. 2005년 10년 뒤 조사에서도 불교는 41세, 개신교 34세, 천주교 36세였으며, 이런 추세는 2015년 발표한 통계 조사 결과에서도 달라지진 않았습니다. 한국갤럽 조사에서도 불교인 비율은 2030세대가 10% 내외인데 비해 5060세대는 30%를 상회했습니다.

10년 전에 비해 젊은 층의 종교인 비율이 두드러지게 감소하고 있고, 종교 인구는 점점 더 고령화되어 가고 있습니다. 종교 인구 감소는 부정적인 의미에서 자기 정체성을 한층 강화하게 되어 폐쇄적이고 보수적인 성향을 띠게 될 우려가 있습니다. 그로 인해 종교간 갈등이나 국가의 종교 중립성 문제가 더 거세질 가능성이 많습니다.

이에 대한 대안 모색으로 노인복지의 체계적 접근과 실제적인 방안이 필요합니다. 인구 고령화로 인한 부정적 현상을 시간이 갈수록 더 많이 나타날 것입니다. 종교계가 노인복지 사역에 더 적극적으로 나서야 하는 이유입니다. 우리나라 노인빈곤율은 경제개발협력기구 OECD 국가 가운데 가장 높은 비율입니다. 65세 이상 평균 빈곤율은 무려 49.6% 수준. 노인 2명 중 1명이 빈곤에 시달리는 것으로 이는 OECD 평균 4배 수준에 달합니다.

노인자살률 역시 OECD 국가 중 1위입니다. 세계보건기구WHO가 2014

년 발표한 자료에서는 우리나라 70세 이상 노인 10만 명당 116.2명이 자살로 생을 마쳤습니다. 노인들을 위한 사회 안전망은 1차적으로 정부와 지방자치단체의 책임이지만, 그에 발맞춰 민간 차원의 역할로 종교가 감당해야 할 몫이 큽니다. 특히 한국교회는 이에 대해 민감하게 반응하면서 역할을 감당해야 할 사명이 있습니다.

한국교회는 이미 노인 복지영역에서 상당한 역할을 하고 있다는 점은 정부 관계자나 현장 전문가들의 입에서 확인되기도 했습니다. 2015년 월드디아스포라포럼이 전국 3,124개 교회를 대상으로 실시한 설문조사에서도, 응답 교회의 54.67%는 노인대학, 양로원 방문 등 지역 노인사역을 하고 있다고 답했습니다. 노인사역을 계획 중인 교회도 15.59%였습니다. 최근에는 노인목회를 전문적으로 하고 있는 실버처치Silver Church도 등장하고 있으며, 노인들을 위한 공간을 배려하는 교회들도 늘고 있습니다.

지역교회들이 더 체계적으로 노인복지 사역에 뛰어들 필요는 있어 보입니다. 또 단순히 수혜적 차원에서 그치는 것이 아니라 노인들이 일할 수 있는 환경을 조성해주는 방안을 찾아야 합니다. 교회 안에 노인들을 배려한 공간을 확보하는 것은 기본입니다. 한국교회가 적극적으로 해오고 있는 일들은 온정주의적 차원에서 하는 사역들이 대부분입니다. 이제는 온정적인 차원에서 벗어나 제도적인 차원으로 영역을 넓혀가야 합니다. 교회 안팎과도 연합해 서 일을 활성화하고 체계화해나간다면 섬김의 효과가 극대화 될 것입니다.

한편, 장기적 관점에서 볼 때 인구 고령화로 인한 생산가능인구 감소가 지역교회 재정 감소로 이어질 수 있다는 면에서 이에 대비하는 계획을 수립할 필요가 있습니다. 이를 위한 연구와 대책 마련도 시급한 과제일 것입니다.

호국종교신앙이란 무엇일까요

종교생활을 하는 이유는 무엇일까요? 종교마다 추구하는 교리적 지향점은 다 다릅니다. 하지만 아무리 종교가 달라도 신앙인들 간의 공통점이 하나 있습니다. 개인적 복을 추구하는 경향이 있다는 점입니다. 그래서 쉽게 종교를 바꾸기도 합니다. 기독교와 같은 고등종교는 드러내놓고 기복적이지는 않지만, 그래도 신자들의 평균적 내면세계가 타 종교인들과 근본적인 차이가 있을 것이라고 생각하지는 않습니다. 하지만 종교가 지나치게 기복으로 흐를 때 같은 종교 내에서는 물론 종교 간의 분열과 싸움은 필연적일 수밖에 없습니다.

나만 더 잘되게 해달라는 기도나, 조목조목 요구사항이 담긴 구체적인 기도를 하나님이 잘 들어주실지 의문입니다. 하지만 신앙이 조국을 지켜내려 할 때엔 그 격이 달라집니다. 우리나라는 고려 고종 때 오랑캐의 침략으로부터 강토를 수호하겠다는 염원으로 강화도 선원사에서 16

년간 온갖 정성을 들여 팔만대장경을 판각해 해인사에 보관했습니다. 이른바 호국불교사상이었습니다.

천주교 국가 아일랜드에도 비슷한 역사가 있습니다. 6세기를 넘어 아일랜드에서는 천주교의 영성이 여러 방면으로 꽃피웠고 학문도 융성해져서 '성인과 현자의 나라'라는 칭송을 받게 되었습니다. 우리나라가 '해동성국'이라고 일컬어지던 비슷한 시대였습니다. 하지만 바이킹들이 침공해 온갖 가톨릭 문화재를 노략질해 가기 시작했습니다. 당시 바이킹들은 기독교를 믿지 않았고 미개하고 잔인하여 그 피해는 이루 말로 표현할 수 없을 정도였습니다. 이에 영성이 깊었던 아일랜드의 천주교 수사들은 신앙과 조국을 지켜내려는 염원으로 우리의 독도와 비슷하게 생긴 섬의 꼭대기에 수도원을 건립했습니다. 그 섬은 본토와 14km나 떨어진 무인도였고, 식수를 전혀 얻을 수 없었습니다. 수사들의 고행이 얼마나 치열했을까요? 비바람을 겨우 막을 수 있는 돌담집을 짓고는 그 안에서 교리들을 필사하는 정성을 멈추질 않았습니다.

그 수도원의 이름이 스켈리그 마이클입니다. 그 수도원은 이후 700년간 계속 존재했고 바이킹의 만행이 끝나가자 고통의 흔적을 간직한 채 사적지가 됐습니다. 결국 그 척박한 돌섬은 오랜 시련을 참고 견디어냈던 정신사적 가치가 인정돼 유네스코 세계문화유산의 반열에 오르게 되었습니다. 거친 돌섬의 꼭대기에 수사들이 맨손으로 피 흘리며 지은 돌무더기집 몇 채가 인류의 소중한 보물이 된 것입니다. 게다가 그 섬이 '스타워즈7'의 촬영지가 되면서 세계적인 관광지로도 급부상했습니다.

진실한 호국신앙의 본보기라고 말할 수 있을 것입니다. 같은 종교라도 개인의 영달만을 기원하며 믿는 것과 조국의 안위를 염원하며 믿는 것은 차원이 다릅니다. 내가 없어도 조국은 있지만, 조국이 없다면 자신의 존재는 불가능합니다. 지금 우리의 상황은 그 옛날 오랑캐들이 들끓던 아일랜드나 고려시대와 다르지 않습니다. 그래서 더 진지하게 생각하고 기도해야 할 때입니다. 내가 만약 이기적인 기복신앙만을 간직한다면 세상은 더 양극화된 불협화음의 싸움판으로 바뀔 것입니다. 반면 호국신앙으로 나를 하나님께 바친다면 자신보다 더 위대한 '민족의 화해와 일치'를 얻게 될 것입니다.

사회양극화 현상은
반드시 해소되어야 합니다

2015년 월스트리트저널은 세계화의 광풍이 지구촌을 휩쓴 지난 25년 간을 결산하면서, 정치 경제 사회 문화 교육 등 모든 부문에서 심화된 양극화 현상을 수치로 정리했습니다. 이에 따르면 세계 갑부 80명 자산이 인구 35억 명 자산 총액과 같은 것으로 나타났습니다. 국제구호단체 옥스팜이 각종 경제 지표와 데이터들을 동원해 집계한 내용에 따르면, 부자 80명의 재산이 전 세계 인구 절반의 재산과 맞먹는다는 결과입니다. 빈부의 차이는 단지 재산만의 차이로 끝나지 않습니다. 빈부 격차, 심화된 양극화는 고착화됩니다. 보유 재산은 그것이 발휘할 수 있는 온갖 사회적 혜택과 특권, 특혜와 함께 상속됨으로써 더욱 견고하게 고착화됩니다.

소득 수준은 결혼에도 영향을 미칩니다. 소득 수준이 낮으면 혼인 연령이 높아지고 출산율도 떨어집니다. 비만은 가난한 사람들에게 더 많이 나타나고, 부자는 가난한 사람들보다 더 오래 삽니다. 부자와 가난한 사람 사이의 교육 격차는 이미 두드러진 사회적 현상입니다. 빈부 격차, 경제적 양극화는 사회적인 문제를 필연적으로 야기합니다. 부모의 경제력은 자녀 교육 실태를 좌우함으로써 교육의 격차를 낳고, 이는 다시 경제적 격차를 이어갑니다.

우리 사회의 현실 속에서, 양극화의 사회적 문제를 가장 극명하게 드러내는 것이 비정규직을 둘러싼 사회적 논란입니다. 고용 불안, 커다란 임금 격차, 비인간적인 대우와 차별 등 비정규직 노동자 계층은 말 그대로 사회의 하위 계층을 형성하면서 다양한 사회적 문제들의 희생양이 되고 있습니다.

'부의 양극화', '빈부 격차의 심화'가 가져오는 비인간적 사회 구조와 체제, 인간 존엄성과 인권을 말살하고 훼손하는 불의한 경제 체제를 개선하는 일에는 너와 내가 따로 없습니다. 모두가 관심을 갖고 실천해야 하는 사명입니다. 하나님의 사랑은 예수가 가장 가난하고 소외된 이들에 대한 특별한 관심과 사랑을 구체적으로 드러내 보인 데서 잘 드러납니다. 예수는 가난한 이들을 우선적인 하나님 사랑의 대상으로 선포했고, 전 생애에 걸쳐 이를 실천했습니다. 당시 과부와 고아, 장애인과 병자들은 개인적인 불행을 견디는 차원을 넘어 사회적·제도적으로도 소외되고 배척당해야 했습니다. 그래서 예수는 이들의 고통과 불행을 구체적으로 치유하면서, 이를 개인적인 치유의 차원에만 머물게 하지 않고, 이를 통해 공동체의 회개와 사회 제도적인 개선을 촉구했습니다. 예수의 몸된 교회는 예수정신을 이 땅에 실현하기 위해 가난한 이들을 가난하게 하는 것들에 관심을 두고, 가난으로 인해 고통을 받아야 하는 이들의 신음에 귀 기울여야 합니다.

현대의 사회구조, 특히 경제 체제는 빈부 격차와 양극화를 심화시켜 가난한 사람들이 아예 사회 구조 밖으로 축출되고 배척돼, 인간 이하의 가치 수준으로 취급되도록 만듭니다. 예수는 가난한 이들을 더욱 가난하게 하고, 부자의 배를 더욱 불리게 하는 불의한 세계 정치 경제 체제에 대한 신랄한 비판을 서슴지 않았습니다. 모든 그리스도인들에게 있어서 사회 정의 실현과 인권의 회복은 이러한 불의한 사회 구조에 대해 저항하고 개선을 위해 노력하는 것일 수밖에 없습니다.

오늘날 우리 사회 안에서 그리고 다문화 사이에 배척과 불평등이 사라지지 않는 한, 불의와 부패와 폭력이 뿌리째 뽑힐 수 없습니다. 가난한 이들과 못 사는 고통 받는 사람들이 폭력을 유발한다고 비난을 받지만, 균등한 기회가 주어지지 않으면 온갖 형태의 공격과 분쟁은 계속 싹을 틔울 토양을 찾고 언젠가는 폭발하기 마련입니다. 오늘날 많은 경우, 폭력의 원인은 불평등에 기인합니다. 한쪽에서는 굶주림에 시달리는 사람들이 있는데도 다른 곳에서는 음식이 버려지고 있는 현실을 우리는 더 이상 가만히 보고 있을 수만은 없습니다. 이는 사회적 불평등입니다.

현대의 사회구조, 특히 경제 체제는 애당초 불평등을 배태하는 폭력의 씨앗을 품고 있습니다. 고삐 풀린 자본주의, 신자유주의 경제이념, 무분별한 소비지상주의 그리고 '쓰고 버리는 문화'가 곧 가난한 이들을 더 가난하게 하고, 가난한 이들의 고통과 부르짖음을 더 비참하게 만듭니다. 배척의 경제, 새로운 우상인 돈, 세상을 지배하는 금융 제도, 사회적 불평등, 쫓겨나고 버려진 사람들에 대한 관심을 통해, 교회는 단지 이용되고 착취당하는 수준을 넘어서 가난한 사람들이 다시금 사회의 주인 된 구성원이 될 수 있도록 해야 합니다. 더 이상 가난한 사람들이 사회 구조 밖으로 축출되고 배척되어, 인간 이하의 가치 수준으로 취급되는 현실을 외면해서는 안 됩니다.

이러한 상황은 하나님의 눈으로 볼 때, 극심한 불의이고 인간의 기본권에 대한 심각하고 결정적인 침해입니다. 이러한 침해가 계속 묵인될 때, 결국 인간 사회는 무자비하고 비인간적인 사회로 전락하고, 인간의 품위와 존엄은 훼손되고 말 것입니다. 교회는 가난하고 소외된 이들의 고통과 울부짖음에 대해 깊은 관심을 기울여야합니다. 사회 현실은 개인적인 문제로 그치지 않는 사회적 구조와 경제 체제의 문제입니다. 교회는 이를 개선하기 위한 노력해야 합니다. 자신의 재산을 가난한 이들과 나누어 갖지 않는 것은 그들의 것을 훔치는 것이며 그들의 생명을 빼앗는 것입니다. 우리가 가진 재물은 우리의 것이 아니라 가난한 이들의 것입니다. 또한 교회는 경제와 이익을 위한 세계화가 아닌, 인간애와 연대의 세계화를 이루도록 노력해야합니다. 우리가 사는 이 시대는 경제적 세계화가 아니라 연대의 세계화가 절실합니다. 심화되고 있는 빈부격차를 불식시킬 수 있는 공통의 협력과 연대를 위한 노력해야합니다.

제 3부
샬롬 Shalom 공동체를 꿈꿉니다

기독교정신과 사회적 경제

"'사회적 경제'라는 말을 오늘 처음 들어봤어요. 그동안 사회적 문제를 해결하는 소비를 하고 싶어도 방법을 몰랐거든요. 특히 환경에 관심이 많았는데, 주부 입장에서 환경을 생각하는 소비를 하고 이것이 교회와 다른 이들에게 도움이 되면 좋은 일 아니겠어요."

제가 학생들에게 사회적 경제를 말하면 그런 게 있었냐고 하면서 처음 알게 됐다고 놀라워하곤 합니다. 7월 1일은 사회적기업의 날인데 이것도 모르는 학생들이 많습니다. 그런 날도 있었냐고 웃는 학생들도 있습니다. 하기야 어른들도 잘 모르긴 합니다. 사회적 경제의 개념과 일상생활에서 사회적 경제를 실천할 수 있는 방법을 아는 것은 우리 교회와 교육에서도, 꼭 필요한 것이라 봅니다.

사회적 기업은 영리기업과 비영리기업의 중간 경영 형태를 보입니다. 극단적으로 이윤 추구만을 목적으로 하지 않고, 인간과 사회의 공동선을 중심으로 하는 사회적 목적을 추구하면서 영리 활동을 하는 기업을 의미합니다. 오늘날 전 세계적으로 확산되고 있는 사회 문제 대부분은 이기적이고 맹목적인 자본주의로 인해 발생했다고 해도 지나친 말이 아닙니다. 점점 더 심화되고 있는 양극화, 부익부 빈익빈의 빈부격차가 대표적인 사례입니다. 최저임금 이하의 임금을 받고 살아가는 빈곤층 반대편에는 전 세계 부의 대부분을 움켜쥔 극소수의 부유층 자본가가 있습니다.

'사회적 기업'은 고삐 풀린 자본주의의 폐해를 줄이고, 인간 중심의 경제를 구축하고자 하는 노력입니다. 특히 소외되고 힘없는 가난한 이들을 염두에 두고 펼치는 기업 활동입니다. 교회는 이러한 사회적 기업의 활동을 적극 지지하고 이에 참여해야합니다.

최근 한국 사회에서도 '사회적 기업'의 취지와 목적에 공감하는 정부 지원이 마련되고, 이에 관심을 갖는 이들도 늘어나고 있습니다. 교회 역시 사회적 기업 활동을 지원하고 격려해왔습니다.

사회적기업과 협동조합에서 생산한 물건과 서비스를 소비하는 것은 사회적 공동선에 기여하는 것일 뿐만 아니라 복음적 가치를 삶에서 실천하는 것이기도 합니다. 무엇보다 힘없는 이들의 고통에는 아랑곳하지 않는 그릇된 자본주의를 극복하고, 더불어 살아가는 참된 지구촌 공동체를 건설하기 위한 노력입니다.

사회적 기업을 이해하기에 앞서 사회적 경제가 무엇인지 살펴보겠습니다. 사회적 경제는 사람을 중심으로 하는 경제를 말합니다. 빈부격차, 환경파괴 등 사회 문제를 해결할 대안으로 등장했습니다. 사회적 경제의 사람 중심은 이윤 추구를 최고 목표로 하는 기존의 자본주의 시장경제와 구분됩니다. 극단적 이윤추구 경제활동 결과 빈부격차 심화, 환경파괴 등의 문제가 일어났습니다. 사랑, 인간 존엄성, 공동체 정신이 없는 경제 활동을 했기 때문입니다.

사회적 경제란 사회적 경제의 일반적 가치에 더해 기독교적인 가치를 추구하고 기독교적인 가르침을 더한 것으로 볼 수 있습니다. 사회적 경제는 인간존엄성과 공동선을 추구한다는 점에서 기독교사회윤리에 기반을 둔 경제라고 말할 수 있습니다. 사회적 경제는 사회적 기업, 협동조합, 마을기업, 자활기업 형태 등으로 드러납니다. 한국사회에서는 주로 사회적 기업과 협동조합이 사회적 경제를 이루는 주요 주체입니다.

사회적 기업이란 고령자, 장애인, 경력단절여성, 북한이탈주민 등 취약계층에게 사회복지, 환경개선 같은 사회서비스와 일자리를 제공하거나 지역주민의 삶의 질을 높이는 등의 사회적 목적을 추구하면서 재화 및 서비스의 생산·판매 등 영업활동을 하는 기업을 이르는 말입니다. 이는 사회적 기업 육성법 제2조에도 잘 드러납니다.[1] 우리나라는 1997년 외환위기 이후 고용불안이 일상화되면서 사회적 기업에 대해 본격 논의하기 시작했습니다. 그 결과 2007년에는 사회적 기업 육성법이 제정 실행됐습니다. 2017년 6월 말 기준 1741개의 사회적 기업이 고용노동부로부터 사회적 기업 인증을 받고 취약계층에 일자리, 사회서비스를 제공,

---

1 사회적 기업 육성법 제 2조 정의입니다. 이 법에서 사용하는 용어의 뜻은 다음과 같습니다.
   1) "사회적 기업"이란 취약계층에게 사회서비스 또는 일자리를 제공하거나 지역사회에 공헌함으로써 지역주민의 삶의 질을 높이는 등의 사회적 목적을 추구하면서 재화 및 서비스의 생산·판매 등 영업활동을 하는 기업으로서 제7조에 따라 인증받은 자를 말한다.
   2) "취약계층"이란 자신에게 필요한 사회서비스를 시장가격으로 구매하는 데에 어려움이 있거나 노동시장의 통상적인 조건에서 취업이 특히 곤란한 계층을 말하며, 그 구체적인 기준은 대통령령으로 정한다.
   3) "사회서비스"란 교육, 보건, 사회복지, 환경 및 문화 분야의 서비스, 그 밖에 이에 준하는 서비스로서 대통령령으로 정하는 분야의 서비스를 말한다.
   4) "연계기업"이란 특정한 사회적 기업에 대하여 재정 지원, 경영 자문 등 다양한 지원을 하는 기업으로서 그 사회적기업과 인적·물적·법적으로 독립되어 있는 자를 말한다.
   5) "연계지방자치단체"란 지역주민을 위한 사회서비스 확충 및 일자리 창출을 위하여 특정한 사회적 기업을 행정적·재정적으로 지원하는 지방자치단체를 말한다.

지역사회에 공헌하는 등 사람 중심의 경제활동을 펼치고 있습니다.

협동조합은 재화 또는 용역의 구매·생산·판매·제공 등을 협동으로 영위함으로써 조합원의 권익을 향상하고 지역 사회에 공헌하고자 하는 사업조직을 말합니다. 이는 협동조합 기본법 제2조에 잘 나타나 있습니다.[2] 잘 살펴보면 협동조합은 기독교사회윤리와 많은 부분이 부합하기도 합니다. 협동조합은 공동선에 봉사하는 경제 모델입니다.

상호부조의 원칙에 바탕을 두고 '사회적 목적'을 추구하는 사기업들이 뿌리 내리고 발전할 수 있는 여지가 있어야 합니다. 모든 인간의 존엄성과 공동선은 모든 경제 정책에 반영되어야 하는 관심사입니다. 기업가들은 이 세상의 재화를 증대시키고 모든 이가 이를 더 잘 이용할 수 있게 노력함으로써 참으로 공동선에 이바지할 수 있습니다.

소비를 하는 것은 덕을 베푸는 것입니다. 사회적 기업과 협동조합에서 생산한 물건과 서비스를 소비할 때 공동체정신을 삶에서 실천하는 것입니다. 사회적 기업과 협동조합은 취약계층에게 일자리를 제공하며 사회적 문제를 해결하려 노력하는 기업이기 때문입니다. 또한 이들의 상품을 소비하는 것이 일상생활에서 더불어 살아가야하는 사랑의 경제활동을 하는 것입니다.

---

2 협동조합 기본법 제2조 정의입니다. 이 법에서 사용하는 용어의 뜻은 다음과 같다.
  1) "협동조합"이란 재화 또는 용역의 구매·생산·판매·제공 등을 협동으로 영위함으로써 조합원의 권익을 향상하고 지역 사회에 공헌하고자 하는 사업조직을 말한다.
  2) "협동조합연합회"란 협동조합의 공동이익을 도모하기 위하여 제1호에 따라 설립된 협동조합의 연합회를 말한다.
  3) "사회적 협동조합"이란 제1호의 협동조합 중 지역주민들의 권익·복리 증진과 관련된 사업을 수행하거나 취약계층에게 사회서비스 또는 일자리를 제공하는 등 영리를 목적으로 하지 아니하는 협동조합을 말한다.
  4) "사회적 협동조합연합회"란 사회적 협동조합의 공동이익을 도모하기 위하여 제3호에 따라 설립된 사회적 협동조합의 연합회를 말한다.

누가 이웃이 되어 주었느냐

율법학자가 예수님께 여쭈었습니다. "그 사람이 자기를 옳게 보이려고 예수께 여짜오되 그러면 내 이웃이 누구니이까"(누가복음 10장 29절) 그러자 예수님께서 착한 사마리아 사람의 비유를 말씀하신 후에 율법교사에서 되물으셨습니다. "네 생각에는 이 세 사람 중에 누가 강도 만난 자의 이웃이 되겠느냐?"(누가복음 10장 36절) "강도를 만난 사람의 이웃은 누구였느냐?"라고 묻지 않으시고 말입니다. 예수님의 말씀은 이런 뜻이라고 생각합니다. 이웃은 네 물음의 대상이 아니란다. 그러니 먼저 너를 간절히 원하는 누군가에게 다가가 이웃이 되어 주어라. 누군가에게 이웃이 되어줄 때에, 비로소 이웃이 누구인지 알게 된단다. 예수님은 중심 지역에서 학식을 자랑하고 종교적 지위를 자랑하는 율법교사에게 앎이 아닌 삶을 일깨워주셨습니다. 그렇습니다. 이웃이 누구인지를 앎이 중요합니다. 그러나 앎에 집중한 나머지 정작 이웃에게 다가가는 삶이 등한시되는 것은 문제입니다. 이웃이 누구인지를 앎이 먼저가 아닙니다. 누군가에게 다가섬으로써 이웃이 되어주는 것이 우선입니다.

그렇다면 '이웃이 되어 주는 것'은 무엇일까요? 이것은 누구나 잘 아는 것처럼 이웃을 향한 사랑의 실천입니다. 이는 내 것을 내 것이라고 단정 짓지 말고 우리 것이라고 여기는 고운 사랑의 마음과 그 실천을 말합니다. 우리가 잊지 말아야 할 것은 '더불어 함께'의 정신입니다.

더불어 함께하는 공동체성은 가깝든 멀든 수많은 사람들의 불행을 보고서 막연한 동정심 내지 그저 그런 근심어린 표정을 짓는 그 무엇이 아닙니다. 이를 넘어서, 공동선에 투신하겠다는 강력하고도 의지를 담아낸 결의입니다. 책임적인 자세로, 사회공동선을 실현하고 사회적 약자인 이웃에게 진심을 담아 투신함을 뜻합니다. 이런 결의는 지극히 이기적인 욕망과 권력에 대한 갈망을 거부하려는 몸부림이기도 합니다. 권력과 이익을 추구하려는 욕망을 극복하려는 결단과 실행에서 가능합니다. 자기 이익을 위해 다른 사람을 억압하는 대신에 다른 사람을 섬기는 것입니다.

더불어 함께하는 것은 이론이 아니라 실천입니다. "주의 성령이 내게 임하셨으니 이는 가난한 자에게 복음을 전하게 하시려고 내게 기름을 부으시고 나를 보내사 포로 된 자에게 자유를, 눈 먼 자에게 다시 보게 함을 전파하며 눌린 자를 자유롭게 하고 주의 은혜의 해를 전파하게 하려 하심이라 하였더라"(누가복음 4장 18-19절)입니다. 배고픈 이에게 먹을 것을 주고, 목마른 이에게 마실 것을 주는 것, 헐벗은 이를 입혀 주고 아픈 이를 돌봐주는 것(마태복음 25장 35-40절)입니다. 인간의 탐욕과 사회적 불의에 희생된 이웃들을 섬기고 돌보는 착한 사마리아인이 되어 주는 것입니다(누가복음 10장 29-37절). 이웃과 더불어 함께함의 원리는 우정이나 사회적 사랑입니다. 이를 위해서는 우선적으로 무관심으로부터 해방되어야 합니다.

　세상에서 가장 먼 여행은 머리부터 발끝까지의 여행입니다. 무언가를 생각하기는 쉽지만 그 생각을 실천하기란 쉽지 않다는 뜻입니다. 발은 실천이고, 도전입니다. 매정한 무관심이나 훈훈한 정을 마비시키고 새로운 것을 발견하지 못하게 하는 습관과 파괴적인 냉소주의에 빠지지 않도록 해야 합니다. 눈을 뜨고 세상의 비참함을, 존엄을 박탈당한 우리 형제자매들의 상처를 보도록 해야 합니다. 그리고 도움을 청하는 그들의 외침에 관심을 가져야 한다는 것을 깨닫도록 해야 합니다. 우리가 그들에게 다가가 도움을 주어, 그들이 외롭지 않음을, 함께 손잡고 더불어 살아가는 친구가 있음을 느낄 수 있게 해야 합니다. 이런 일 중의 하나입니다. 거리를 오가다보면 경찰의 과잉 진압으로 인해 사망한 농민운동가 고 백남기를 추모하는 플래카드가 걸려 있습니다. 많은 국민이 가슴아파하고 진상규명을 외치는 이때에 성당에 걸려 있는 플래카드는 불의한 사회에, 공의를 외치는 울림으로, 약자와 함께하는 가톨릭의 이미지로 마음에 새겨집니다. 이런 성당의 모습은 세월호 참사 때도 그랬습니다. 그에 반해 우리 교회는 어떨까요? 교회당에는 이런 것을 찾아보기가 어렵습니다. 사회의 아픔과 고통 받은 이웃에 대한 무관심뿐만이 아닙니다. 썩어질 세상에 관심 갖지 말고, 영원한 세계를 바라보고 교회봉사와 전도에 힘쓰라고 외치는 설교가 난무합니다.

　이런 교회의 모습을 보고 정의감에 불타는 젊은 세대들이 교회를 어떻게 볼까요? 가난하고 병든 이웃들은 또 어떻게 볼까요? 오늘날 교회마다 젊은 세대가 줄어들고 있다고 미래의 한국 교회가 걱정이라고 우려하는 목소리가 많습니다. 이를 해결하는 논의와 노력이 눈물겹도록 많지만 그 해결점을 찾기가 어렵습니다. 그 이유는 한국교회의 지도자들이 무엇이 중요한지를 제대로 파악하지 못하기 때문에 그런 것 같습니다. 세상에 마음을 두지 말고 위에 것을 추구하라면서 정작 우리의 교회는 세상 권력에 유착되기를 즐겨하고, 풍요한 물질을 추구하는 모습입니다. 그렇지 않은가요?

오늘 우리의 교회는 우는 자들과 함께 울고, 아픈 이들과 함께 아파하면서 고난 받는 종으로서 우리와 함께하신 예수님이 아니라 기독교가 국교가 되어 화려한 외모와 옷으로 치장한 예수님의 모습을 믿는 것만 같아 씁쓸합니다. 어느 날 교회연합 행사차 어느 대형교회에 간 적이 있습니다. 하늘 높은 줄 모르게 길게 뻗은 십자가 탑은 위압감을 주는 듯했습니다. 교회당에서 들어서니 수백억 원을 들여 지었다는 말이 실감이 되었습니다. 모임의 장소가 어디인지도 모르겠는 정도로 넓었고, 대리석재로 깔린 바닥과 치장에 괜스레 제가 잘못 온 듯한 느낌으로 불편했습니다. 어딘지 작은 농촌에서 버스 타고 겨우 찾아간 초라한 옷차림의 저와는 너무도 비교되는 교회당이었습니다. 모임의 장소에 들어서니 휘황찬란한 십자가와 예수님 사진이 낯설어보였습니다. 같이 간 5살배기 제 막내아들이 물었습니다. "아빠, 예수님도 큰 집을 좋아하고, 멋진 옷을 좋아하셔?" 그 순간, 쉽게 답을 하지 못하는 작은 농촌 목사 아비를 보고 제 아들은 어떤 생각을 했을까 싶었습니다. 저는 모임에 집중하지 못하고서, 아들과 함께 조용히 나와서는 한 시간에 한 대나 오는 농촌행 버스를 타고는 집으로 돌아왔습니다. 저는 제 아들에게 예수님이 무엇을 좋아하신다고 말해야할까요?

성숙한 교회로 거듭나기

한국 사회는 일제시대, 한국전쟁을 거쳐서 사회적인 격동과 변동의 세월을 보냈습니다. 그 과정에서 압축성장을 하면서 삶의 전반에서 급격한 변화를 겪어왔습니다. 많은 것을 이뤘지만 그만큼 잃어버린 가치들이 많은데 특히 바른 소통, 바른 관계를 잃어버린 것 같습니다. 기독교는 하나님의 소통을 소중히 생각합니다. 그런데 옛날과 비교하면 하나님으로부터 멀어졌고 이웃과도, 뭇사람들과의 관계도 멀어져 공동체성이 와해되어 버렸습니다. 지역사회, 국민, 환경과의 관계에서도 그렇습니다. 이 문제를 풀어가는 방식 중 하나는 생각과 입장을 달리 하는 사람, 이해관계가 다른 사람들이 서로 이야기를 나누는 것입니다. 그런데 소통이 안 되고 있습니다. 갈려 있고 대립하고 긴장된 관계입니다. 이런 관계를 바르게 하는 것이 시급합니다. 다르지만 서로 연결되어 있다는 생각, 그 정신으로 함께해야 합니다.

교회가 교회다워져야 합니다. 교회는 교인들이 모이고 흩어지고, 모이고 흩어집니다. 교회에 모이는 것이 중요하다기보다 세상 속으로 흩어지는 것이 중요합니다. 세상으로 흩어지는 과정에서 많은 어려움과 갈등이 생깁니다. 그러면 다시 교회에 모여서 성찰하면서 하나님의 뜻을 새깁니다. 매주 교회에서 회개하면서 균형을 찾습니다. 이처럼 기도할 수밖에 없는 균형이 필요합니다.

공간의 영성이 중요합니다. 교회당도 중요합니다. 예수님은 성 밖에서 늘 예루살렘을 향해 메시지를 던졌습니다. 오래된 종교건축물은 사람들에게 기억으로 남아있는 장소입니다. 기억에 남는 영성의 장소, 공간의 영성이 중요합니다. 이런 점에서 실용적인 가치로 교회당을 건축하고 새로 교회당을 지을 때 이전 교회당을 부숴버리는 것은 문제입니다. 역사적 가치와 의미는 돈으로 따질 수 없는 가치입니다. 보존과 계승으로 역사를 이어가는 것도 중요합니다.

다음 세대에 대한 참된 교육도 중요합니다. 생명, 평화, 사랑의 실천 등을 청춘들이 내면화할 수 있도록 교회가 나서서 역할을 해야 합니다. 청춘들과 어떻게 소통을 할 것인지도 고민할 문제입니다. 결국 교회는 사람답게 사는, 더 높은 차원의 모습을 보여줘야 합니다. 돈이 전 세계를 점점 더 지배하고 있습니다. 세계를 향해 이제는 우리나라에서 새로운 메시지를 발신할 시대입니다.

시민사회의 중요성에 비추어 보면 한국의 시민사회는 아직 성숙한 수준에는 이르지 못한 듯합니다. 물론 서구를 반드시 모델로 삼아야 하는 건 아니지만, 서구의 경험을 보면 시민사회는 왕정과 봉건제도가 무너지면서 성장했습니다. 그런데 우리나라는 조선왕조 붕괴 이후 바로 일제강점기로 넘어 갔습니다. 시민사회가 성장할 수 있는 시기를 거치지 못했습니다. 시민사회는 주체적인 개인이 중심이 됩니다. 그런데 일제 36년을 지나고 해방, 전쟁 그리고 남북분단으로 이어지는 일련의 흐름 속에서 군사적 집체문화가 지속되었습니다. 이는 시민사회의 이상과는 거리가 멉니다. 다양한 개인이 자유롭게 목소리를 내는 것이 시민사회인데 가난에서 벗어나 경제성장을 하려고 보니 권위적인 집체문화로 갔습니다. 촛불집회는 시민사회가 성숙 단계로 나아가는 중요한 계기였습니다. 우리가 잊지 말아야 할 사실은 우리가 처한 국내외 상황이 19세기말보다 더 엄중한 시기라는 점입니다.

시민사회가 성숙되면 어떠한 변화 속에서도 삶을 민주적이고 안정적으로 추구할 수 있습니다. 아직까지 시민들이 그러한 역량을 축적한 것 같지는 않습니다. 그렇지만 재난 소식을 접하면 수재의연금을 보내는 사람들, 태안 기름유출사고 때 자원봉사에 나선 사람들. IMF 구제금융 때 자발적으로 위기 극복에 나선 사람들이 있습니다. 이들이 대한민국의 힘입니다. 이처럼 맑은 물이 지하에 많이 흐르고 있으나 이를 끌어올리는 펌프인 중간집단이 제 기능을 못하고 있습니다. 착한 의지로 바르게 살려고 하는 사람들이 많습니다. 이런 사람들이 활발하게 활동하는 사회가 시민사회입니다.

시민사회의 중심 가치는 결국 공공성입니다. 기독교윤리로 말하면 종교성입니다. 이는 이웃사랑으로 교회가 시민사회에 더 많이 참여해야 합니다. 교회 공동체 안에 교인을 묶어놓는 것은 마귀의 계략이며 유혹입니다. 교회 안에서 받은 깨달음을 세상을 향해서 써야 합니다. 교회 안에서만 소진하면 안 됩니다. 2019년이면 3.1운동 100주년입니다. 우리나라가 직면한 복합적인 위기상황에서 교회가 그 중심 가치를 보여주어야 합니다. 지금처럼 물질, 돈이 중심이 되는 시대에서 빵도 중요하지만 생명의 말씀이 중요하다는 점을 교회가 실제로 입증해야 할 때입니다.

시민사회에서 영성을 찾는 사람들의 참여가 필요합니다. 시민사회단체는 사명감이나 좋은 뜻이 아니면 일해 나가기 어렵습니다. 종교의 영향을 받은 사람들은 자기를 헌신할 줄 알기에, 공공성을 추구하는 자세가 일정부분 갖춰져 있습니다. 기독교윤리의 핵심은 '그럼에도 불구하고'입니다. 이해관계가 아니라 진실한 사랑, 즉 조건 없는 사랑입니다. 이런 사랑을 내면화한 사람은 공공을 위해 일하는 자세를 갖추고 있습니다. 우리사회가 문명화된 사회로 나아가려면 교회의 울타리에서 벗어나 세상으로 나아가야 할 것입니다.

경제정의를 실현하는 신앙인의 자세

일반적으로 경제생활 안에서 "내 것" 또는 "내 몫"을 존중하고 지키며 보호하는 것은 경제정의의 출발점입니다. 이러한 사유 재산을 보호하는 제도로서 자본주의는 올바른 것으로 인식되어 왔습니다. 기독교계는 재물과 재산에 대한 집착과 그것을 하나님보다 우선에 두는 태도를 꾸짖어 왔지만, 재산의 사적인 소유 그 자체에 대해서는 존중해왔습니다. 어떤 면에서 재물과 재산은 하나님 경배와 이웃 사랑의 수단이 되기 때문입니다.

재산 소유 그 자체에 대해 존중하고 보호하고 지켜야 하는 것으로 이해할 때, 그것은 주로 가난한 이들과 관련해서입니다. 특히 개별적인 노동자들의 재산 소유와 그것을 위한 정당한 임금에 대한 권리는 오늘에 이르기까지 기독교사회실천윤리를 떠받드는 큰 기둥이라고 할 수 있습니다.

기독교노동윤리는 노동은 인격에서 나오는 것이며, 마치 자기 도장을 찍듯이 자연의 사물에 자기 모습을 새기며, 자기 의지로 사물을 다스리는 것이라고 봅니다. 사람은 자기 노동을 통하여 자신과 가족의 생활을 유지하고, 자기 형제들에게 봉사하며, 진정한 사랑을 실천하고, 하나님의 창조를 완성하기 위하여 협력합니다. 그러니 노동은 사람의 본성에서 나오고 하나님의 창조에 협력하는 존엄한 것입니다. 그렇기 때문에, 노동에 대한 보수는 시장 안에서 시장의 법칙대로 결정되어져야 하는 것이 아니라 본인과 그 가족의 물질적 사회적 문화적 정신적 생활을 품위 있게 영위할 수 있도록 제공되어야 하는 것입니다. 이처럼 노동자들이 자신의 노동으로부터 정당하게 "자신의 것" 또는 "자신의 몫"으로서 재산을 소유하는 것은 정의의 출발점이고, 자기 인격을 표현하는 것이며, 자유의 신장이며 시민 자유의 조건입니다. 더 나가서는 노동으로부터 정당한 보수를 얻는 것은 경제와 사회생활 전체를 지배하는 최우선 원칙입니다. 모든 경제 제도나 사회 제도는 이 원칙을 보호하고 지켜주어야 합니다.

그러나 지난 세기의 자유방임의 시대에서부터 지금의 시장중심적인 자본주의에서는 "나의 것"과 "나의 몫"을 배타적이고 개인주의적인 기본권으로 이해하기도 합니다. 이런 경우, 사유 재산은 어떤 사회적 연관성, 제약, 의무와는 상관이 없고 타인의 개입이 전적으로 배제되며 개인의 완전한 자유의사로 처분할 수 있는 권리로 이해됩니다. 그래서 마치 개인이 소모품을 자유로이 사용하는 것처럼 토지나 가옥, 기타 공장과 같은 생산 수단도 임의로 처분할 수 있다고 생각합니다. 만일 이러한 권리를 사유재산권이라고 주장하고, 이것을 자본주의라고 생각한다면, 이는 기독교의 신앙과 가치관에 어긋납니다. 비록 자신의 것이라고 하더라도, 그것을 어떻게 사용하는지에 따라서는 이웃에게는 물론이고 하나님의 창조 세계 전체에 큰 영향을 주기 때문입니다. 그러니 사유 재산이라고 하더라도 사회 전체의 공동선을 거슬러서 사용할 수 없다는 것이 기독교의 입장입니다.

더욱 근원적으로는 지상의 모든 재화는 하나님의 창조에서 나온 것입니다. 토지는 말할 것도 없고, 우리가 자본이라고 부르는 것조차도 하나님이 창조하신 생태계에 사람의 노동이 더해 얻어진 결과물이 축적된 것입니다. 이런 의미에서 기독교는 하나님이 땅과 그 안에 있는 모든 것을 모든 사람과 모든 민족이 사용하도록 창조하셨다고 봅니다. 따라서 창조된 재화는 개별 사람이나 조직이 임의로 주인행세를 해서는 안 되고, 하나님의 사랑을 실천하고 그 사랑으로 함께하는 정의에 따라 공정하게 모든 사람에게 풍부히 돌아가야 하는 것으로 봅니다. 그러므로 기독교인은 복잡·다양한 이해 계층 간의 상충된 환경에 따라 변화무쌍한 제도에 적용된 소유권의 형태가 아니라, 사랑과 정의의 목적에 따라 분배되고 공유됨을 유념해야합니다. 그리고 이것이 왜곡됨이 없이 적용되도록 제언하고 감시하고 감독하는 시민사회운동에도 적극적으로 나가야합니다. 그러니 신앙인은 주일에만 교회에서만이 아니라 매일 어느 곳에서나 하나님의 자녀답게 하나님의 뜻이 하늘에서 이루어진 것처럼 이 땅에서도 이루어지도록 노력해 나가야할 책임과 사명이 있습니다. 이를 위해 그리스도의 몸된 교회의 존재 이유도 있습니다.

제4차 산업혁명과 교회의 사명

오늘 이 시대는 4차 산업혁명을 통해 사람과 사물, 사물과 사물이 인터넷 통신망으로 연결되고, 막대한 데이터가 분석돼, 이를 토대로 인간 행동이 예측되고 새로운 가치가 창출될 수 있을 것으로 기대되는 시대입니다. 융합 디지털 기술이 장착된 안경으로 다양한 일상 서비스를 활용하는 상상도 가능할 것입니다. '융합'과 '연결'의 특징을 지닌 제4차 산업혁명이 최근 화두로 떠올랐습니다. 사람과 사람, 사물과 사물이 인터넷 통신망으로 연결되고, 막대한 데이터 분석으로 인간 행동이 예측되는 시대가 시작되고 있습니다. 경제 뿐 아니라 정치와 사회, 인간 정체성의 문제에 이르기까지 광범위한 영향을 미치는 새로운 기술 혁명에 직면한 이 때, 교회는 어떻게 대응해야할까요?

교회는 그 어떤 시대와 사회상황 속에서도 가난한 사람들을 잊어서는 안 됩니다. 지난 2016년 1월 20일, 스위스 다보스에서 열린 세계경제포럼WEF에는 전 세계 100여 개국 정부 고위 관리들과 1500여 명에 달하는 대기업 최고경영자들이 참가해 '제4차 산업혁명의 이해Mastering the Fourth Industrial Revolution'에 관해 논의했습니다. 클라우스 슈밥Klaus Schwab 세계 경제포럼 회장은 이 엄청난 파도가 '기회'이자 '도전'이라고 말했습니다. 그는 기술 혁신이 "생산성 증가로 공급 측면의 기적을 가져올 것"이지만 "불평등을 심화시키고 노동시장에 심각한 혼란을 야기할 수 있다"고 말했습니다.

오늘날엔 미래에 대한 위대한 약속과 치명적인 위험이 동시에 공존합니다. 오늘 우리 사회는 극단으로 치닫고 있는 양극화와 불평등, 신자유주의에 따른 불의의 세계 상황으로 삶의 여건이 악화되고 있습니다. 이런 시대와 사회에 '제4차 산업혁명'은 불 난 데 부채질을 하는 격으로 더욱 악화시킬 것입니다. 이와 같은 시대에 교회는 무엇을 해야 할까요? 교회는 세속적인 기관이 아닌 거룩한 곳이고, 목사는 성직자聖職者이니 그저 눈 감고 귀 막고 교회성장과 교회재정과 교인 수 확보에 치중하면 되는 것일까요? 그럴 수 없습니다. 교인들의 현실이 비인간적인 악의 구렁텅이 속에서 허우적거리고 악화되는 데 이를 모른 체하는 것은 악에 동조하고 협조하고 은근히 인정해주는 것과 같습니다.

교회는 시대의 어둠을 밝히고 감시하고 감독하는 바른 정신의 파수꾼으로서 그 사명을 다해야 합니다. 번영의 문화가 우리를 죽음으로 내몰고, 가난한 이들의 고통과 울부짖음에 귀 막게 해서는 안 됨을 일깨워주어야 합니다. 특히 불평등과 가난의 급증과 급격한 일자리 수 감소를 지적하면서, 새로운 비즈니스 모델을 창출하도록 촉구해야 합니다.

당시 세계 최대 국제구호개발기구 옥스팜Oxfam은 "최고 부자 62명의 재산이 세계 인구 절반이 가진 부와 맞먹는다"라고 발표했습니다. 게다가 세계경제포럼은 2016년 1월 18일 '미래고용보고서'에서, 2020년까지

510만 개의 일자리가 사라질 것으로 예상했습니다. 이런 시대의 흐름을 직시하고 하나님의 뜻이 이 땅에 바르게 이루어지도록 하는 빛과 소금으로 교회는 약한 자를 편드는 일에 앞장서야할 것입니다. 그런 점에서 교회의 사명은 하나님께 예배드리는 제사장적인 기능과 함께 시민사회 운동의 기능을 수행할 예언자적 기능도 있습니다.

제4차 산업혁명은 교회가 교회다워질 수 있는 거룩한 기회요, 축복입니다. 인류 역사는 자연에 대한 인간의 통제력 확장의 역사라고 말할 수 있습니다. '혁신'의 면에서 볼 때 '농업혁명'은 최초의 '혁명'이었습니다. 원시 수렵 채집 사회를 지나온 인류는 농사를 지어 비약적으로 노동 생산성을 향상했고, 노동 잉여물을 축적해 '문명'을 탄생시켰습니다.

'산업혁명'은 '생산수단'이 인간 노동력에서 물질 또는 자연의 힘으로 전환됐음을 의미합니다. 1760년 영국에서 시작된 제1차 산업혁명은 인간 이성이 '기술'을 통해 자연의 힘을 제어하고, 생산수단과 생산양식에 혁명적 변화를 가져온 계기였습니다. 탄광에서 시작된 증기기관의 획기적인 효용성은 면직업으로 확산 적용됐고, 증기기관차의 등장은 인간 활동 범위를 비약적으로 증가시켜 기술, 정보의 전파를 가속화했습니다. 거대한 철제기계와 공장으로 생산 체제가 집약돼 엄청난 생산품들이 쏟아졌습니다. 기술 혁신과 자본 확충, 제1차 산업혁명은 과학 기술이 상업적 동기에 의해 발전하는 시발점이 됐습니다.

전기 동력으로 대량 생산이 이뤄진 제2차 산업혁명은 1차 산업혁명에서 시작된 기계 문명의 폭과 깊이를 심화시켰습니다. 1914년 제1차 세계대전 발발까지 1·2차 산업혁명을 거치면서, 서구 사회는 급격한 변화를 겪었습니다. 자본가와 노동자 계급이 형성되고 소수의 자본가가 거대한 부를 소유했습니다. 반면 도시 빈민가로 내몰린 노동자들은 비참하게 살아야 했습니다.

교회가 사회 문제에 본격적인 관심을 보이기 시작한 것은 이렇게 산업혁명이 야기한 사회 문제에 눈 뜨면서부터였습니다. 사회 부조리에 대한 교회의 대응은 처음에는 자선과 구휼의 수준에 머물렀습니다. 하지만 이런 정도로는 사회의 근본적인 가난과 사회적인 약자의 문제가 해결되지 못함을 인식하면서 사회 문제에 대한 본격적인 성찰을 시작했습니다. 그러면서 새로운 사태에 대한 대응으로서, 자유방임적인 자본주의와 집단주의적 사회주의가 갖는 문제점을 함께 지적하고 복음적 시각에 바탕을 둔 대안을 제시해 나갔습니다. 그러면서 교회일치운동과 기독교시민사회운동이 펼쳐지고 그에 따른 많은 기독교민간단체들도 생겨났습니다.

이와 같은 일련의 움직임을 통해 드러낸 근본적 관심은 가난한 사람들과 노동자의 비참한 처지였습니다. 교회는 그들이 착취당한다는 사실에 주목했고, 그 원인이 소수 자본가들의 생산수단 독점 때문이라는 것을 인식했습니다. 이에 따라 국가는 공동선의 실현을 위해 개입해야 하고, 가난한 노동자들의 권익을 보호하기 위해 노력해야 한다고 지적했습니다. 나아가 사랑을 바탕으로 참된 기독교윤리를 재건해야 한다고 강조했습니다.

정보화 사회, 정보 혁명 등의 용어와 함께 도래한 제3차 산업혁명의 키워드는 '디지털'입니다. 컴퓨터를 활용한 정보처리기술과 인터넷을 통한 정보통신기술의 융합은 생산 자동화를 통한 진화된 대량생산을 가능하게 했습니다. 1980년대 디지털화, 1990년대 인터넷, 2000년대 스마트 융합, 그리고 2010년대 지능정보가 거대하게 융합되는 시기를 거치면서 업무의 효율성과 산업 생산성은 획기적으로 높아졌고, 세계화가 촉진됐습니다. 그리고 그 연장선상에서 '제4차 산업혁명'이 거론됐습니다.

제4차 산업혁명이 기술 진보의 연장선 위에서 나타난다고 산업혁명의 단순한 연장이라고 말할 수 없습니다. 그 이상의 의미입니다. 클라우스 슈밥 회장은 그 이유를 엄청난 속도Velocity, 파장의 범위Scope, 그리고 전체 시스템에 미치는 충격System Impact 때문이라고 말했습니다. 4차 산업혁명은 기술의 융합을 특성으로 물질계와 디지털, 그리고 생물학적 분야의 경계를 희미하게 만듭니다. 이로써 나타나는 산업 분야로는 인공지능, 로봇공학, 사물인터넷, 자율주행차량, 3D 프린팅, 나노기술, 생명공학, 에너지 저장술, 퀀텀 컴퓨팅 등이 있습니다.

4차 산업혁명을 통해 사람과 사물, 사물과 사물이 인터넷 통신망으로 연결되고초연결성, 이를 통해 마련된 막대한 데이터를 분석해 일정한 패턴을 파악하며초지능성, 분석 결과를 토대로 인간 행동을 예측할 수 있습니다예측가능성. 이러한 일련의 단계를 통해 새로운 가치를 창출해 냅니다. 이제 품질이나 가격 경쟁력이 문제가 아니라, 누가 소비자의 요구를 정확하게 파악하고 이를 즉각적으로 제품 생산에 반영하는가가 관건이 됩니다.

문제는 새로운 경쟁력의 문이 누구에게나 열려 있지는 않다는 것입니다. 이미 고도로 축적된 제조업과 정보통신기술 기반을 보유한 선진국은 또 다시 기술 혁명의 열매를 독점할 것입니다. 가난한 나라와 사람들은 그 혜택에서 소외될 것입니다. 이미 인류는 1~3차 산업혁명의 사례를 통해 그 문제점을 경험했습니다. 오늘날 세계를 지배하는 이른바 고삐 풀린 자본주의와 규제 받지 않는 시장의 경제 질서 안에서, 제4차 산업혁명은 가난한 사람들을 더 소외시키는 결과를 자아낼 수 있습니다.

축복인가 재앙인가의 초점은 사람입니다. 다보스 포럼의 창시자이기도 한 슈밥 회장은 제4차 산업혁명의 장밋빛 청사진을 제시하지는 않았습니다. 오히려 냉혹한 기술 융합이 타인에 대한 동정심이나 협동심 같은 인간적이고 기본적인 능력을 감소시키는 것은 아닐지 회의하곤 했습니다. 변화의 급진성을 고려할 때 최악의 상황을 가정해 본다면, 인간을 로봇화하고 우리에게서 인간의 영혼과 심장을 앗아가 버릴 가능성도 얼마든지 존재합니다. 그러므로 제4차 산업혁명이 그리는 미래에서, 종교와 신앙, 영성의 역할은 전에 없이 중요할 것입니다. 임박한 변화가 요구하는 것은 단순히 경제적 대응이 아니라 영적인 대응Spiritual response입니다. 이는 인간 존재의 정체성과 궁극적인 관심을 묻는 본질적인 문제입니다.

종교와 신앙은 전통적 가치 체계를 유지한 채, 새로운 현대성을 탐구하는 능력을 갖고 있습니다. 교회는 신앙의 힘을 통해, 글로벌하고 서로 연결된 인류 문명을 가능하게 하는 새로운 문화적 르네상스를 촉진하도록 노력할 것입니다.

제4차 산업혁명의 흐름은 회피할 수 없습니다. 하지만 기술이나 그로 인한 혼란은 인간이 통제할 수 없는 외생적 변수가 아닙니다. 이 모든 것들이 사람과 가치의 문제로 귀결되기에 인간을 우선시하고 그들의 역량을 강화시켜나가야 합니다. 이를 통해 인류를 새로운 단계의 통합적이고 더 높은 수준의 도덕적 존재로 이끌어 올리는 계기가 될 수도 있습니다. 이런 일에 오늘 우리의 교회가 민감하게 관심 갖고 대처해나가야 할 것입니다.

모든 피조물이 간절히 바라는 것

i

모든 생명이 자라듯이 신앙도 자라납니다. 우리의 신앙만이 아니라 성경의 신앙도 자라납니다. 성경의 신앙이 자란다니, 그게 무슨 말일까요? 성경은 수많은 이야기들이 입에서 입으로 전해진 구전口傳의 역사를 빼고도 천년에 가까운 기록의 역사를 가지고 있습니다. 그 과정을 살펴보면 성경의 신앙도 자라갔다는 사실을 알게 됩니다.

그것을 보여주는 것 중에 하나는 '신앙의 바람'이라고 할까요, 아니면 '종교적 목표'라고 할까요, 그것이 변화를 겪는 것입니다. 성경이 시작될 때는 '가시적인 축복'을 바라는 인지상정의 마음이 종교적 모티브가 되곤 합니다. 아브라함과의 약속에서 볼 수 있듯이, 땅의 획득이나 자손의 번창과 같은 가시적인 것이 하나님의 은혜를 나타내는 증거였습니다.

하지만 가시적인 축복에 대한 관심은 점차 우상숭배적인 것으로 여겨지기 시작했고, 차츰차츰 보이지 않는 '하늘의 뜻'을 묻는 것에 주목하게 되었습니다. 그러다보니, 참된 신앙의 장소가 성전이 아닌 광야가 되었고, 하나님과의 계약의 표현으로 할례도 몸이 아닌 마음에 하는 것으로 이해되었습니다. 마침내 '천국을 소유하는 사람은 물질이 풍요로운 사람이 아니라 마음이 가난한 사람'이라는 예수님의 말씀도 받아들여지는 단계에까지 이릅니다.

성경의 신앙이 커다란 도약을 하게 된 시점이 있습니다. 포로기입니다. 자신들의 땅을 외세에 모두 빼앗기고, 자손들마저 포로로 끌려가는 상황을 맞았을 때, 신앙공동체는 눈에 보이는 모든 축복이 소멸된 자신들의 비참한 처지에서 신앙의 물음을 이어가야만 했습니다. 만일 가시적인 축복이 목표였다면, 압도적인 힘의 신인 바빌론 제국의 신을 섬겨야 했습니다. 그러나 하나님을 계속해서 섬기기 위해서는 그 분의 뜻을 물어야만 했습니다. 자신들의 절망스런 처지 속에 도대체 무슨 뜻이 있는지, 그 까닭과 곡절을 묻지 않을 수 없었습니다.

그렇게 하나님이 베풀어주시는 물질적인 축복만을 찬양하던 관행을 떠나, 하나님의 뜻이 무엇인지를 묻는 열망을 품고 그 문제로 씨름하는 동안, '자기중심적인 신앙'에서 '하나님 중심적인 신앙'로 도약하게 되었습니다. 그래서 자기를 보존하기 위해서 물질적인 것을 하나님에게 요구하는 신앙이란 초보적 단계임을 깨달았습니다. 신앙은 더욱 자라나야 하며, 하나님의 뜻을 따라서 자기 자신부터 변화시키는 것이 되어야 함을 깨달았습니다.

이런 종교적 성숙을 갖게 되었을 때 비로소 하나님의 자녀답게 하나님의 뜻을 이루는 사명을 감당할 수 있는 정신적 여건이 만들어졌습니다. 하나님의 백성으로 다가오는 하나님나라를 위해서 자신이 이제까지 살아왔던 삶의 방식을 반성하고 돌이켜 새롭게 되었습니다. 이것이 바로 참된 예수살기운동입니다.

예수살기운동은 지금까지 명맥을 이어오고 있는 두 가지의 종교적 악습을 극복한 종교운동이었습니다. 그 하나는 물질적/세속적 특권에서 종교의 권위를 찾는 사두개적인 종교성입니다. 다른 하나는 율법주의적 해석에 매여서 영혼의 광활한 모험을 금기시하는 바리새적인 종교성입니다. 대신 역사와 민중들의 생생한 삶 속에서 하나님을 발견하려는 것입니다. 그래서 예수살기운동이 시작되었습니다. 이 운동으로 성전이나 구중궁궐 속에서 종교를 향유하기보다는, '죄인들의 친구'요, '민중들의 동반자'인 예수의 길을 따르는 것에서 구원의 길을 발견하게 되었습니다. 예수살기운동이 가능케 된 이런 변화는 사상의 도약을 의미합니다. 신학적으로 말하자면, 택일신론의 단계에서 유일신론의 단계로 종교사상이 발전했다고 할 수 있습니다. 택일신론henotheism이란 여러 신들 가운데 마음에 든 신을 자신이 선택해서 섬기는 것이 가능하다고 생각하는 사상입니다. 유일신론monotheism이란 이 세계의 그 어떠한 것도 한 분이신 하나님의 은혜로부터 벗어난 것이 있을 수 없다는 사상입니다.

이 두 사상이 겉으로는 한 신을 섬기는 것처럼 서로 비슷한 모양을 갖지만, 그것이 낳은 종교적 태도는 전혀 다릅니다. 택일신론은 자신과는 다른 믿음의 기준을 가진 그 사람들을 용납하지 못합니다. 그들은 죄인이 되거나 원수로 취급당합니다. 반면에 유일신론은 자신과 다른 신앙을 갖고 있는 사람들이라 할지라도 한 분 하나님의 은혜와 계획 가운데 있다는 점을 인정합니다. 그래서 타인의 생명을 자기 방식대로 평가하고 처단하기보다는, 존재 자체 being itself를 받아들이기 위해서 오히려 자신을 개방하는 태도를 갖게 됩니다.

성경의 역사로 보면, 포로기의 예언자 제2이사야가 이런 사상을 뚜렷하게 보여준 최초의 사람이라고 할 수 있습니다. 그는 신흥제국 페르시아의 왕 고레스Cyrus까지도 '하나님의 뜻을 따르는 사람'으로 여겼습니다.(이사야 44장 28절) 여기서 더 나아가, 원수까지도 하나님의 품에서 벗어나 있을 수 없다는 유일신론의 사상이 사람들의 마음에 익숙해졌을 때에 비로소 예수님의 말씀도 복음으로 받아들일 수 있게 되었습니다. "원수를 사랑하고, 여러분을 박해하는 사람을 위해서 기도하십시오."(마태복음 5장 44절) 이 말씀은 모세의 율법만을 섬기는 마음으로는 결코 이해할 수 없는 것이었습니다.

성경의 하나님은 성공한 자들을 완벽하게 꾸며주는 최종장치가 아닙니다. 죽임의 세계에서 신음하는 피조물의 삶 속으로 스며들어가야 함을 일깨워줍니다. 우리는 그런 사상의 출발을 이사야서 본문에서 찾아 볼 수 있습니다. 이사야 44장 6절에서 다음과 같이 하나님의 말씀을 전합니다. "나는 시작이요, 끝이다. 나밖에 다른 신은 없다." 이 말씀은 성경의 마지막에 나오는 그리스도의 말씀, "나는 알파와 오메가, 곧 처음과 마지막이며, 시작과 끝이다."는 말씀의 원형입니다.(요한계시록 22장 13절). 8절의 말씀은 우리의 가슴을 울립니다. "겁내지 말아라. 두려워 말아라."

공포와 두려움, 그것은 권력이 사람들을 노예로 만들기 위해 주입시키는 이념입니다. 이에 맞서 예언자는 '겁내지 말아라. 두려워 말아라' 하고 말합니다. 이 말을 듣고 있는 사람들은 포로로 끌려온 사람들이었습니다. 예언자는 아이러니하게도 포로민들에게 다음과 같이 선언합니다. "너희가 하나님의 증인이다."(이사야 44장 8절) 이사야는 이 말로 포로민들에게, 그들이 누구인지, 그들이 누구의 것인지, 그들이 무엇을 딛고 있는지, 삶을 일으켜 세울 반석이 있다면 그것이 무엇일지를 물었습니다. 이런 물음은 유일신론에 기초한 물음입니다. 하나님이 처음과 나중이시니, 포로민의 절망적인 삶도 그 분의 은혜에서 벗어난 것이 아니라는 믿음입니다.

이런 믿음은 과연 정당한 것인가요? 절망의 현실을 살고 있다면, 자신들을 절망에 빠뜨린 신을 저주하고 단념하는 것이 옳지 않은가요? 대신 자신을 축복해 줄 신을 찾는 택일신론적 선택을 하는 것이 지혜가 아닌가요? 현실에서 악을 경험하는 사람들에게 성경은 관념적인 약속을 선사하기보다는 먼저 현실을 직시할 것을 제시합니다.

마태복음 13장은 '곡식과 가라지의 비유'로 알려진 말씀입니다. 다른 곳에는 없고 마태복음에만 있는 비유입니다. 이 비유는 '씨 뿌리는 자의 비유'와 동일하게, 핵심적인 은유는 씨앗으로 상징되는 '하나님의 말씀'입니다. 그런데 이 비유에 다른 점이 있습니다. 그것이 마태복음의 특징입니다. '씨 뿌리는 자의 비유'에서는 모든 씨앗이 좋은 씨앗이요, 씨 뿌리는 사람도 좋은 분입니다. 그러나 '곡식과 가라지의 비유'에서는 씨앗도 두 종류요, 씨 뿌리는 사람도 두 종류입니다. 좋은 씨앗만이 아니라 가라지를 뿌리는 원수가 등장합니다.

하나님의 심판을 말하면서, 그는 이 세계에 악이 실재하며, 그 악이 공동체를 감염시킬 수도 있다는 사실을 인정합니다. 그래서 그는 여기저기서 거짓 예언자와 거짓 메시아를 경고합니다.(마태복음 7장 22절, 24장 24절)

우리가 살아가는 이 세계는 사랑에 의해서만 움직이는 곳이 아닙니다. 오히려 의도하지 않았던 것들이 삶을 뒤엉키게 만들며, 진실이 왜곡되어 거짓이 득세하는 것을 경험하기도 합니다. 이 세계만이 아니라, 신앙공동체인 교회도 그렇습니다.

예루살렘이 로마제국에 의해서 함락되고, 떠돌이디아스포라현실에서 신앙의 전통을 새롭게 만들어가야 할 당시의 교회는 고민이 많았을 것입니다. 왜 하나님의 말씀이 결실을 맺지 않는지, 왜 공동체 안에서 서로 상반된 힘이 작동하고 있는 것인지, 그들은 고민했을 것입니다. 그 고민은 마태복음이 쓰이는 공동체만이 아니라 오늘 우리 모든 신앙공동체에도 마찬가지입니다.

곡식과 가라지가 섞인 이 세계에서 우리는 어떤 믿음을 가져야 할까요? 보이는 교회가 외형적으로 절대적인 거룩함을 유지하는 것은 불가능합니다. 그러나 사람들이 불의한 행동을 한다할지라도 하나님께서 이루어갈 거룩한 미래를 불가능하게 만들지는 못합니다. 우리는 선과 악이 뒤엉킨 현실을 살아갑니다. 그러나 그것이 우리 삶을 회의에 빠뜨리고, 인생을 환멸로 몰고 가지는 못합니다. 하나님께서 우리와 함께 하시기 때문입니다.

현대 사회의 유혹과 마력은 사람들에게 자유의 환상을 심어서 삶을 소비하도록 합니다. 오직 자신이 만족에 이를 때까지 이 세계를 맘껏 소비하라는 목소리가 우리 세계를 지배합니다. 그러나 그것은 우리를 진정한 자유로 인도하는 것이 아니라, 오히려 육체를 따라 사는 삶일 뿐입니다. 이 세계를 구성하는 모든 피조물이 고통의 연대를 하고 있다는 사실을 보지 못하는 사람들, 그들은 자신의 세계에 갇혀서 이 세계를 소비하려고 끊임없이 현실을 배회할 것입니다. 우리가 알아야 할 것은 "모든 피조물이 오늘까지 다함께 신음하며 진통하고 있다는 사실"입니다.(로마서 8장 22절) 그러므로 하나님의 자녀는 "그리스도와 함께 고난을 받고, 그와 함께 영광을 받아야 합니다. 모든 피조물이 간절히 기다리는 것은 바로 이 '하나님의 자녀들이 나타나는 것'입니다. 거기에 희망이 있고, 이 희망 속에서 구원을 받습니다. 로마서 8장 12절입니다. "우리는 빚진 자들입니다!"

오직 희망 속에서 하나님의 자녀들이 등장합니다. 하나님의 자녀들은 희망으로 구원을 얻은 사람들입니다. 그들은 '모든 피조물이 함께 신음하고 진통을 겪는다는 사실'을 알고, 자신도 예외일 수 없다는 사실을 압니다. 그러나 예수와 함께 고난을 받으며, 예수와 함께 영광에 이르고

자 합니다. 그래서 스스로 짊어진 고통의 삶을 끊임없이 밀고 가는 것입니다.

  욕망에 뿌리를 내리고 끊임없이 무언가를 소비하려는 마음에게 먹잇감을 던져주는 종교가 되기를 거부해야 합니다. 율법과 교리로 인해 영혼의 날개가 부러진 채 버둥거리는 종교가 되는 것도 거부해야 합니다. 교회의 자리는 '피조물이 함께 신음하고 진통하는 자리'여야 하며, 교회의 사명은 피조물이 간절히 바라는 '하나님의 자녀들의 등장'에 있습니다. 바로 거기에서 가라지가 뿌려져 고통 하는 세상 속에서도 하늘의 소망을 품을 수 있게 합니다. 이 사명을 잘 감당하는 교회가 참된 교회, 늘 깨어있는 개혁을 이루는 교회일 것입니다.

디지털 시대와 교회

현대사회를 살아가는 우리에게 있어 휴대전화, 노트북, 디지털 카메라를 비롯한 전자기기는 일상생활 속에서 익숙합니다. 이른바 진리의 상아탑이라고 불리는 대학에 가보면 대학생들이 노트를 들고 다니는 것이 아니라 노트북을 들고 다니며 수업시간에 사용하는 모습도 흔히 볼 수 있습니다. 전자기기는 대학생들만의 전유물이 아닙니다. 과거에는 어학이나 예술 등 한정된 분야의 교육에서만 사용되었던 전자기기가 모든 분야를 망라하고 정보를 수집하는데 있어서 필수적인 도구가 되었습니다. 이제는 전자기기가 존재하지 않는 교육의 모습은 상상하기 어려울 정도입니다.

요즘은 대학만이 아니라 새로운 배움의 방법을 시도하는 중·고등학교 수업현장에서도 전자기기의 사용이 활용되기도 합니다. 수업을 들으면서 카세트나 MP3를 통해 강의를 녹취하거나 혹은 디지털카메라로 강의를 녹화하는 학생, 노트북을 통해 수업과 관련된 정보를 검색하면서 수업과 연계된 콘텐츠를 즉석에서 활용하기도 합니다. 이처럼 젊은 세대에게 전자기기 사용은 지식과 정보 수집에 중요한 매체입니다.

주목해볼 사실은 젊은 층의 전자기기 사용이 단순한 편리함을 추구하는 단순한 '도구'의 기능만 의미하는 것이 아니라는 점입니다. 정보사회의 정보는 고정되고 불변하는 존재가 아닌 끊임없이 획득하면서 재생산해야 가치가 있습니다. 그러므로 전자기기는 기존에 정보를 습득하기 위한 도구를 넘어서 정보를 창출하고 교류하는 역할을 위해 활용하는 기능도 수행합니다.

최근 초등학교에서 사용되고 있는 디지털 교과 콘텐츠인 '아이스크림'은 디지털 시대교육의 핵심을 보여줍니다. 아이스크림은 무려 300만개의 이미지자료와 교육과정에 맞게 정리된 데이터베이스를 보유하고 있고, 수시로 콘텐츠를 업데이트할 뿐 아니라 이를 현장에서 사용하는 교사들의 자료요청을 24시간 이내로 답해주고 있습니다. 또한 교사들이 직접 수업 콘텐츠를 제작해 커뮤니티를 통해 다른 교사들과 자료뿐 아니라 교수법에 대한 노하우를 서로 공유할 수 있습니다.

전자기기를 활용한 교육 콘텐츠는 교육자의 강의를 도울 뿐 아니라 학생들의 학습효과에 있어서 긍정적인 영향을 미칩니다. 이 디지털 콘텐츠는 현재 초등학교 교사뿐 아니라 학생들에게도 좋은 반응을 얻고 있습니다. KBS와 영국의 BBC는 물론 미국의 다큐방송인 디스커버리채널의 생생한 동영상을 활용하고 있으며 분량도 학생들이 몰입할 수 있는 시간으로 최적화되어 있습니다.

인간의 두뇌가 막대한 양의 정보를 이해하고 처리하기 위해서는 오감五感의 자극이 필수적인데 전자기기를 교육에 활용함으로써 오감의 자극을 극대화할 수 있습니다. 말과 글에만 의존했던 기존 수업방식과 달리 동영상·사진 등 각종 디지털화한 콘텐츠를 활용하면 전자기기가 실제 환경에 가상 사물을 합성하여 원래의 환경에 존재하는 사물처럼 보이도록 하는 컴퓨터 그래픽 기법인 증강현실을 통해 학생들에게 흥미와 몰입을 유발하여 학생들에게 학습자체에 대해 더욱 쉽게 다가가게 할 수 있습니다. 이처럼 앞으로 우리가 맞이하게 될 전자기기의 역할은 학업과 일상생활의 편리하고 유용한 수단으로서만이 아닙니다.

전자기기를 이해하고 활용할 수 있는지 여부가 사회와 조직의 생존과 경쟁을 결정짓는 중요한 요소 중 하나가 될 것입니다. 원시시대 인간이 도구를 사용하면서 발전해갔다면 앞으로의 인간은 전자기기라는 도구를 통해서 생존하게 될 것입니다.

이런 시대에 오늘 우리의 종교는 어떤 모습을 갖춰야할까요? 이미 교회에서 종이매체로 만들어진 성경과 찬송가 대신에 예배당 화면 가득히 성경 구절과 찬송가를 띄워주는 친절이 일반화되었고, 젊은 층은 스마트폰이나 아이패드로 성경과 찬송을 검색하고 있습니다. 이런 현실에 교회가 시급히 전자사회에 맞게 변화해야한다고 말하는 이들이 있습니다. 개신교회라는 말이 끊임없이 개혁해나가는 교회라는 말의 의미처럼, 변화된 사회에 지혜롭게 적응해서 복음의 씨앗을 뿌리고 열매 맺게 하는 일은 이 시대에 맡겨주신 교회의 사명입니다. 그러나 이는 현실적으로 쉬운 게 아닙니다. 급변하는 사회에 교회는 적응하기에도 버겁습니다. 과연 오늘날 교회에서 얼마나 많은 교회들이 가능할까요? 이른바 농촌교회나 미자립교회에서 이것이 가능할까요? 더욱이 오늘날 우리는 알파고의 위력마저 실감한 시대를 살고 있습니다.

이런 현실에 역발상은 어떨까 싶습니다. 분명 우리 사회는 전자기기 사용이 더욱 발전될 것입니다. 이에 따라 전자기기 사용가능자와 그렇지 않은 자로 구분되는 시대가 될 것입니다. 그러나 분명한 것은 어느 한

쪽이 강해지면 어느 한 쪽이 취약해지고, 그로 인해 부작용이 발생한다는 점입니다. 교회가 굳이 급변하는 과학기술의 발전에 편승할 필요가 있을까요? 물론 복음을 전하기 위한 도구로서 파워포인트, 빔 프로젝트와 동영상매체가 필요합니다. 그러나 이런 것들에 집중하느라 정작 교회가 잘하고 교회다움을 드러낼 영성과 공동체성을 놓친다면 이는 어리석은 일입니다.

아무리 시대가 변해도 놓쳐서는 안 될 영적인 권위가 있고, 영적인 영역의 독특성이 있습니다. 이는 아무리 첨단 과학기술이 발전한다고 해도 가능한 일이 아닙니다. 하나의 예로 고요히 자신을 돌아보고 참회 기도하는 일은 전자기기로서는 불가능한 일입니다. 디지털 시대에 역발상으로 아날로그식의 교회 모습도 필요합니다. 교회는 모이기에 힘쓰는 공공체성을 강조하고 그리스도 안에서 한 형제·자매임을 강조하는 새로운 가족공동체를 지향하는 곳입니다. 전자기기 발전이 정보를 창출하고 교류함이 일상화된 것처럼 교회가 보여주는 사귐과 나눔이 공유되고 일상화되는 것도 필요합니다. 이제 교회는 교인들만이 아니라 지역사회에 이른바 네티즌들에 의해 공개된 공동체입니다. 디지털사회에 따라 전근대적인 구태의연한 권위는 벗어던지고 공감과 공유로 공동선을 추구하는 교회를 있는 모습 그대로 보여주는 사골국물처럼 화려하지 않지만 진실하고 꾸밈없는 모습으로 지역과 함께하는 교회의 모습을 갖춰가야 합니다.

변화된 사회에 민감하게 적응해나갈 교회의 힘은 전자기기에 재빠르게 적응해서 복음으로 활용하는 것만이 아닙니다. 그로 인해 부족해진 영성과 정신적인 가치와 다정다감한 공동체성을 지켜나가는 것 또한 효과적인 방안일 것입니다. 현대인은 이런 것에 목말라합니다. 이른바 신흥종교, 사이비 이단이 기승을 부리는 것은 기존 교회가 이런 것들을 잃어감에 따른 것인지도 모릅니다.

가부장적이고 물질적인 한국교회, 이단의 비판대상

한국교회에는 이른바 이단異端이 존재하고 있습니다. 이들은 성경을 자신의 교리에 맞게 변질시키고, 기독교인이나 타종교 사람들을 끌어들입니다. 최근 문제가 되는 부분은 바로 이단 단체들이 무종교인보다 기독교인을 전도傳道 대상으로 삼는다는 점입니다. 더 심각한 것은 기독교인들이 보다 쉽게 현혹되고 이단 단체에 빠져들며 교회를 떠난다는 사실입니다.

무종교인도 아닌 기독교인들이 왜 교회를 떠나고 이단 단체로 발걸음을 돌리는 것일까요? 이단들은 정통교회의 문제점들을 비판하고, 자신들을 그 대안으로 내세우며, 세력을 확장해 나가고 있습니다. 교회가 거룩함과 구별됨을 소유하고 상식적이며 공신력 있는 이단 대처를 해나갈 때 종교개혁 500주년을 맞이하는 한국교회가 개혁의 첫 발을 내딛을 수 있을 것입니다. 이는 이단 대처와 교회 개혁이 동전의 양면과 같은 것이기 때문입니다.

한국교회 무엇이 문제인가요? 한국교회는 이미 사회적 위상과 공신력이 약화된 상태이며, 내부적으로도 정치적인 성향, 세습, 여성 차별 등의 문제들을 끌어안고 있습니다. 교회 교인들이 불만스러운 상황을 견디지 못한 채, 교회를 떠나 불안전한 이단을 선택하는지를 먼저 확인할 필요가 있습니다. 이단을 선택하는 이유는 교회가 가지고 있는 내적 요인들 때문이기도 합니다. 대략 교회가 가진 내적 요인을 살펴보면 다음과 같습니다. 첫째, 불평등한 사회의 구조적인 모순 속에 살아가는 청년들이 주어진 운명을 바꾸고 싶은 욕망 때문입니다. 둘째, 목회지도자들의 비상식적이고 부정직한 모습이 기독교인들을 이단으로 내몰고 있을 수도 있습니다. 셋째, 전통적으로 가부장적인 한국 사회와 희생을 요구하는 교회 속에서 상처받은 여성들이 자발적으로 가는 경우입니다. 넷째, 금전적인 문제 등에 휩싸인 비윤리적이거나 교인들을 다스리고자 하는 목회자들의 모습입니다. 다섯째, 공감대를 형성하지 못한 채 무리하게 진행되는 교회 세습입니다.

교회는 이단 규정의 '주체'이지만, 정작 자신들의 정체를 감춘 채 사회에서 어려운 이들을 향해 봉사활동을 펼치며, 취업에 어려움을 겪는 청년들에게 영어교육을 제공하는 등 친사회적인 모습을 띠려고 애쓰는 단체는 교회가 아닌 이단입니다. 예수님을 믿으라고 전도하는 교회가 사회에서 듣고 있는 평은 호평好評보단 비평批評, 악평惡評이 많은 것도 사실입니다.

한국 사회가 과연 '착한 모습을 띤 이단'과 '나쁜 평가를 받는 교회' 중 어느 쪽을 더 선호할지 고민해 볼 문제입니다. 빛과 소금의 삶을 살고 있는 교회만이 이단들의 도전에 당당하게 맞설 수 있습니다. 그렇기에 교회는 정결한 모습으로 새로워지고 개혁되어야 합니다. 그렇지 않으면 교회가 펼치는 이단 대처의 명분과 영향력은 상실할 수밖에 없습니다.

교회 내 문제점 먼저 깨달아야 합니다. 최근 이단들도 세대교체가 진행 중입니다. 그리고 세대교체를 겪는 대부분의 이단들은 실패를 겪었거나 현재진행형입니다. 일정한 숫자의 신도 수가 모이면 영원히 죽지 않고 자신들이 세상의 주인이 될 것이라고 주장하는 단체의 대표자는 스스로를 영생불사의 존재라고 칭하고 다녔지만, 정작 대표자는 후계자를 두면서 앞뒤가 안 맞는 모습을 보이고 있습니다. 이 외에도 대부분의 이단 대표자들은 스캔들 등으로 인해 세대교체가 불가능해졌고, 추종자들이 도태되는 등 단체가 몰락 위기에 놓이기도 했습니다.

그렇다면 세습 문제를 앓고 있는 교회는 어떠할까요? '고난의 승계'와 '부와 힘의 대물림'인 두 가지 세습이 현실입니다. 고난의 승계는 후임 목회자를 찾기 어려운 도서 산간 지역 내 작은 교회를 담임하는 부모, 혹은 사회사각지대에서 소외된 이들을 도우며 그들과 더불어 살아가는 목회자 부모의 뒤를 잇는 사역을 결단하는 자녀들을 뜻합니다. 반면 부와 힘의 대물림은 사회적 동의와 공감대를 형성하지 못한 채 무리하게 진행되는 교회의 세습을 의미합니다. 심지어 교회의 세습을 기업의 비윤리적 세습에 빗대어 표현하는 이들도 볼 수 있습니다.

목회자 역시 사회적 공인임에도 떳떳하지 않은 대물림을 시도하는 것은 한국교회가 사회적인 공신력과 지도력 부재로 이어질 수밖에 없습니다. 만약 세대교체 중인 이단들이 세습하는 교회를 비판한다면 한국교회는 어떤 방어를 할 수 있을까요? 한국교회가 여성들을 대하는 태도도 문제입니다. 여성들은 교회에서 절반 이상을 차지함에도 헌신이라는 이름 아래 희생을 강요당해 왔습니다. 이단 단체들은 이들을 향해 권위적이고 가부장적이며 고리타분한 교회의 대안이 자신들이라고 주장합니다.

이들 대부분은 후계자를 여성으로 세웠습니다. 가부장적인 한국사회에서 여성지도력이 상승하고 있습니다. 여성지도자들이 대거 등장하고 있는 분위기 속에서, 이단들은 여성들을 후계자로 내세워 긍정적인 평가를 기대하며 상처받은 여성교인들을 현혹하고 있습니다. 그 결과 안전한 교회를 떠나 손가락질 받는 이단을 선택하는 일도 쉽지 않은 길임에도 상처받은 여성들은 이단을 선택하고 있습니다. 그러나 이단 단체 여성 지도자들 배후에는 남성 실세들이 존재하고 있습니다. 이단 단체 사이에서도 여성 시대가 열렸지만, 조직 내에는 남성 중심의 권위적이고 가부장적인 성격이 여전히 지속되고 있습니다. 한국교회가 여성을 지키려면 여성의 소중함을 깨달아야 합니다.

스스로 개혁하는 정결한 삶을 보여줘야 합니다. 한국교회와 이단은 각각 므두셀라증후군과 리플리증후군을 앓고 있습니다. 므두셀라증후군은 과거의 기억들 중 좋은 추억만 기억하고 나쁜 기억은 지우려는 심리 상태를 의미합니다. 리플리증후군은 자신이 처한 현실을 부정하면서 자신이 꿈꾸고 동경하는 허구의 세상을 진실로 믿으며 거짓말과 행동을 합리화시키려는 증상을 뜻합니다.

이단에 빠진 사람들은 대부분 고통스러운 삶의 현실, 혹은 불만족스러운 신앙생활로부터 탈출하고자 하는 욕구 등으로 이단에게 미혹된 후, 허구적인 이단 교리를 진실로 받아들이고, 진위 여부를 판단하기 보단 맹목적으로 믿게 됩니다. 이단에 빠진 교인들은 거짓을 진실로 믿고 받아들이는 길만이 자신의 연약한 자아를 지킬 수 있는 방법이라고 믿음에서 벗어나, 자신이 믿고 있는 사실이 거짓일수도 있다는 의문과 의심을 가져야 합니다.

므두셀라증후군을 앓고 있는 한국교회는 새로운 영광을 만들기 위해 애쓰지 않고, 과거의 영광만 집착하는 모습을 보입니다. 한국교회는 과거 믿음의 선진들의 이야기를 강조하거나 근현대사 속에서 한국교회가 민족을 위해 헌신했던 일 등을 되풀이하면서도, 지난날 교회가 신앙의 이름으로 행한 오류들은 관대하게 입을 닫습니다. 한국교회에게 필요한 것은 어제와 오늘의 과오를 직시하고, 직면하는 신앙적인 용기입니다. 이 용기를 가지고 잘못을 겸허히 노출하며, 이를 통해 시행착오를 되풀이하지 않기 위한 지혜와 교훈을 얻어 하나님의 도우심과 은혜를 바라며 새로운 교회의 역사를 써나갈 수 있어야 합니다. 교회가 아닌 그 누구도 교회를 대신해 지난 아픔을 보듬고 사랑해줄 수 없습니다. 교회가 나쁜 기억을 지우고 잊기보단 좋은 기억들을 창조해 나갈 때 교회를 향한 한국사회의 부정적인 인식은 긍정적인 기대로 변화할 것입니다.

한국교회의 이단대처는 오랜 과제입니다. 이방인 선교를 첫 위기로 맞이한 예루살렘과 안디옥 교회의 지도자들은 한자리에 모여 이를 극복해 나갔습니다. 초대교회들 역시 이단의 문제를 해결하기 위해 모든 지역의 지도자들이 함께 머리를 맞대고 신학적인 변증과 대처의 길을 찾았습니다.

결국 한국교회가 이단을 대처하기 위해서는 연합함이 가장 효과적입니다. 그러나 최근 교회가 펼치고 있는 연합활동을 보면 오히려 이단을 대처하기 보단 혼란을 야기 시킨다는 우려가 나오고 있습니다. 연합기관들이 이단을 대처할 때, 이단대처가 논의의 중심이 되는 것이 아니라, 이단을 명분으로 내세워 모임과 헤어짐을 반복하며 내부에서 분열과 갈등을 조성하는 모습을 보이고 있습니다. 이러다보니 신학적으로 불건전한 개인 및 단체들이 신분을 세탁하고 면죄부를 받는 장소로 악용될 수도 있습니다. 교회와 복음을 정결하게 수호하기 위해 다시 한 번 미스바에 모여 하나님과 이웃들에게 사랑받기 위해 믿음의 언약을 갱신하고, 스스로를 끊임없이 개혁하는 정결한 삶을 모색해야 나가야 할 것입니다.

미신과 기복

i

　무당이나 무속을 모르는 한국인은 없을 것입니다. 그런데 정말 다 알고 있을까 의아할 때가 있습니다. 이름만 들었을 뿐 그 내용물이 무엇인지를 모른 채 안다고 말하는 이들이 있기 때문입니다. 대부분은 무교巫敎를 그냥 '기복 신앙'이라고 하고, 다른 종교인들은 '미신'이라고 잘라 말합니다. 생각해보면 무교는 지금까지 제대로 평가받아본 적이 거의 없습니다. 그래서 무교인들조차도 으레 '그러려니' 합니다. 하지만 다른 것은 몰라도 터무니없는 공박이나 근거 없는 야유는 삼가야 합니다. 그들에게도 믿는 신이 있고, 따르는 무리가 있으며, 거기서 해방감과 살맛을 느끼는 사람들이 있기 때문입니다. 그렇다면 공박과 비난을 퍼붓기 전에 나는 진정 내 종교 안에서 행복을 느끼고 있는가를 먼저 따져봐야 할 것입니다. 누가 뭐래도 꿋꿋하게 아니 행복하게 살고 있는 그들을 행복하지 못한 내가 공연히 트집 잡아서는 안 되기 때문입니다. 때론 선무당이 사람 잡기도 하지만, 그런 선무당이 꼭 무교에만 있으란 법도 없습니다.
 더구나 미신이라는 것이 무엇인가요? 따지고 보면 종교마다 미신적인 요소가 없을 수 없으니 말입니다. 제대로 믿음의 삶을 살지 못한다면 그게 다 미신이 아니고 무엇일까요? 우선 제 모습과 제 할 일부터 살필 필요가 있는데 말입니다. 가끔 점이나 사주를 보려고 펄럭이는 흰 깃발을 찾아 나서는 기독교 신앙인들이 있음을 압니다. 일이 얼마나 안 풀렸으면, 얼마나 답답했으면 무당을 찾아갔을까 하는 생각도 해봅니다. 그때마다 명색이 목사인 저는 큰 책임감을 느끼기도 합니다. 평소에 따뜻한 말 한 마디와 작은 관심이라도 기울였다면 그렇지 않았을 텐데. 핀잔하기보다 먼저 무심한 내 자신을 탓할 수밖에 없는 일입니다.
 그렇다고 점 보러 가는 사람을 무턱대고 칭찬하려는 것은 아닙니다. 신자 아닌 사람들이 점집을 들락거리는 것도 문제일 수 있는데, 신자라면 곰곰이 따져볼 필요가 분명히 있습니다. 신앙은 그저 신앙이지 로또나 벼슬이 아닙니다. 신앙은 무엇이나 하나님의 축복을 기원하는 것이기에 기복적일 수밖에 없습니다만, 기복에만 기댈 것은 아닙니다. 어떤 면에서 신앙은 애틋한 마음을 필요로 하고, 순수함을 지향하며, 지혜를 찾는 작업이라고 할 것입니다. 그래서 애틋함이 덜한 신앙은 흔들리기 쉽고, 불순한 신앙은 떠나가기 쉬우며, 타산적인 신앙은 오래가기 어려운 법입니다.
 내 주변을 꼼꼼히 살펴볼 일입니다. 십자가를 걸고, 잘 보이는 곳과 자동차에 성경구절이나 기독교상징물을 걸었지만, 기도하는 마음이나 경건함이 없다면 괜찮을까요? 자칫 이런 것들이 하나의 부적으로 둔갑할 수 있으니 말입니다. 성경을 읽고 묵상하고 실천하려는 자세가 일상이기는커녕 하나의 액세서리처럼, 무늬만 기독교적이라면 이건 정말 문제이지 않을까요? 신앙공동체의 활동을 동아리 모임이나 취미생활 하듯

한다면 정말 괜찮은 걸까요? 바쁜 일상을 살다 보면 기도를 주문 외듯 할 수도 있지만, 그렇다고 기도할 때마다 중얼거리기만 하는 건 문제일 것입니다. 주문도 기도이지만 늘 그래서는 안 됩니다. 내 절실함이 어디를 향하고 있는지 생각해볼 일입니다. 남을 탓하기 이전에 나를 살피는 것이 먼저입니다. 기복과 미신이 남에게만 있고, 내겐 정말 없는지 살펴 볼 일입니다.

오늘 우리 시대는 바야흐로 다원주의 시대, 다종교 시대입니다. 세상에는 여러 종교와 학설들이 공존하고 있습니다. 서로 다른 사람들이 각자의 꿈을 꾸고 있습니다. 뜬금없는 소리 같지만 요즘은 그래서 손자병법이 필요한 시대인지 모릅니다. 남을 알고, 나를 알아야 비로소 다원주의를 살고 다종교 시대를 사는 것입니다. 나도 모르고, 남도 모르는 삶은 편안하긴 하겠지만 정말 뭘 모르는 삶입니다. 나는 알지만 남을 모르면 이기주의자의 전형이 됩니다. 반대로 나를 모른 채 남만 알면 누구만 좋은 인생이 되고 맙니다. 남에게 미신이고, 기복적이라고 지적하기보다 내 신앙에 기생하는 미신적이고 기복적인 것을 걷어 내는 것이 먼저일 것입니다. 무늬만 신자라는 말을 들어서는 안 되기 때문입니다.

샬롬Shalom 공동체를 꿈꿉니다

"샬롬"은 "평화"란 뜻인데, 이스라엘 사람들은 만날 때 마다 "샬롬"하며 인사를 한답니다. 요한복음 14장 27절에는, 예수께서 세상을 떠나시면서 마지막으로 남기신 최고의 선물이 "주님의 평화" 즉 "샬롬"이였다고 기록했습니다. 예수께서 태어나시던 날도 주의 천사가 "지극히 높은 곳에서는 하나님께 영광이요, 땅에서는 기뻐하심을 입은 사람들 중에 평화로다."를 찬양했다고 누가복음 2장 14절은 기록하고 있습니다.

에베소서 2장 14절-17절에서 사도 바울은 주님이 실천하신 샬롬을 입증했습니다. "주님께서는 자신의 몸으로 십자가에서 죽으심으로 원수가 된 유다인과 이방인의 담을 헐어버리시고, 그들을 화해시켜, 한 몸으로 만드시고, 하나님과 화해시키시고, 하나의 새 민족으로 만들어 샬롬을 이룩하셨다." 주님은 "샬롬"을 위해 나시고, 사시고, 샬롬을 위해 죽으시고, 그의 샬롬을 남기고 가신 셈입니다.

그렇다면 주님의 샬롬은 어떤 것일까요? 희랍어의 평화는 전쟁이 없는 상태를 의미하는 한편, 히브리어의 평화샬롬은 많은 사람들 간에 존재하는 충만한 축복을 의미한다고 합니다. 샬롬은 어느 개인을 위한 것이 아니라, 모든 사람들의 행복, 복지, 건강, 안전, 번영, 안정이라는 광범위한 뜻으로 사용된 말입니다. 이 "샬롬"은 남녀노소, 부자, 가난한자, 강자, 약자 모두를 포함한 공동체 전체에게 부여 되어야 하는 안전이고 축복이고 번영입니다.

샬롬은 관계개념입니다. 샬롬은 나 혼자를 위한 것이 아니라 우리와 하나님과의 관계와 서로 간의 관계 속에서 주어지는 축복이라는 것입니다. 그럼, 우리는 무엇을 해야 이런 포괄적인 의미의 샬롬을 체험할 수 있을까요?

정의를 행하는 개인이나 사회에서만 이런 완전한 샬롬이 이루어집니다. 정의의 실천은 내가 소유한 것 중에 얼마가 남의 것인가를 가려내어 돌려주는 일입니다. 그 정의의 열매가 곧 평화샬롬입니다. 정의는 물질적, 경제적, 사회적, 정치적 측면에서 이해될 수 있습니다.

우리가 소유한 것 중에 반은 남의 것이라고 생각할 수 있을까요? 그 소유한 것이 어떤 것이든 말입니다. 내 것, 내 가족, 내 성공만을 주장하는 나 중심의 현대인들에게는 불가능한 일일지 모릅니다.

에베소서 2장에서, 주님께서는 샬롬을 위해 십자가를 지셨다고 했습니다. 권력을 쥔 억압적인 당시의 제도는 이 예수를 감당할 수 없었습니다. 그는 너무 크고, 너무 높고 깊게 사랑하고, 너무 희생적으로 가진 것 모두를 내어 주고 비웠습니다. 권력자들은 이런 이를 본 적이 없었습니다. 하나님에 대해 그릇된 관념을 가진 그들의 가슴은 이 큰 예수를 끌어안기에 너무 작았습니다. 결국 예수는 그들에게 큰 위협이 되었습니다. 그들은 크고 따뜻한 예수의 심장을 죽이는 일 외에 다른 처리방법을 찾지 못한 졸장부들이었습니다.

　제자들이 그를 버렸을 때, 그는 자신을 버린 제자들을 사랑했습니다. 자신을 부정하고 배신했을 때도, 그는 그 배신자를 사랑했습니다. 그의 원수가 그에게 해를 가했을 때도, 그는 그 가해자들을 사랑했습니다. 그들이 그를 죽였을 때도, 그는 그 살인자들을 사랑했습니다. 그들이 자신의 생명을 취할 때 그는 자신의 생명을 내어주었습니다. 그는 자신을 십자가에 못 박는 병사들을 용서했습니다. 그는 뉘우치는 강도에게 확신을 주었습니다. 그는 온전한 삶을 살았고, 자신을 온전히 희생해서 사랑했습니다. 따라서 그는 하나님의 의미를 보여준 인간 초상이요, 생명과 사랑의 원천이며, 인간 존재의 기반이었습니다. 그는 하나님 자신이었습니다. 이것이 바로 예수님이 보여준 샬롬의 방법이고, 내용이고, 그의 삶 자체였습니다. 샬롬은 비싼 값을 필요로 합니다. 70년대부터 90년대에 이르기까지 많은 교회와 한국의 젊은이들이 정의 편에 서서 많은 값을 치렀습니다.

　샬롬이 이루어졌을 때 세상의 모습은 어떨까요? 시편 23편에서 샬롬의 세상을 잘 묘사해주고 있습니다. "야훼는 나의 목자, 아쉬울 것 없어라. 푸른 풀밭에 누워 놀게 하시고 물가로 이끌어 쉬게 하시니 지쳤던 이 몸에 생기가 넘친다... 나 비록 음산한 죽음의 골짜기를 지날지라도 내 곁에 주님 계시오니 무서울 것 없어라. 막대기와 지팡이로 인도하시니 걱정할 것 없어라...... 기름 부어 내 머리에 발라주시니, 내 잔이 넘치옵니다. 한평생 은총과 복에 겨워 사는 이 몸, 영원히 주님 집에 거하리이다."

　영원히 "주님 집"에 거한다고 했는데 이 "주님 집"을 요한계시록 21장 3절-4절, 22절-25절에 사도 요한이 잘 묘사합니다.

　"하나님은 사람들과 함께 계시고 사람들은 하나님의 백성이 될 것이다…… 그들의 눈에서 모든 눈물을 씻어주실 것이다. 이제는 죽음이 없고 슬픔도 울부짖음도 고통도 없을 것이다…… 나는 그 도성에서 성전을 보지 못했다. 전능하신 주 하나님과 어린 양이 바로 그 도성의 성전이기 때문이다. 그 도성에는 태양이나 달이 비칠 필요가 없다. 하나님의 영광이 그 도성을 밝혀주며 어린 양이 그 도성의 등불이기 때문이다. 그 도성에는 밤이 없으므로 종일토록 대문들을 닫는 일이 없을 것이다."

이사야 65장 17절-25에는 "늑대와 어린 양이 함께 풀을 뜯고, 사자가 소처럼 여물을 먹으며…… 나의 거룩한 산 어디에서나 서로 해치고 죽이는 일이 없으리라"고 샬롬 세상을 묘사했습니다. 이 샬롬 세상은 참으로 아름다운 세상입니다. 사람 사는 세상은 이런 샬롬의 세상입니다.

샬롬이 있는 개인과 사회인가, 없는 사회인가를 측정하는 지침들은 무엇일까요? 인간의 기본 권리인 의, 식, 주와 교육, 건강보험, 충분한 유아보호, 유아사망률, 아동학대, 아동의 빈곤, 청소년자살, 청소년 마약 남용, 고등학교 중퇴, 청소녀의 출산, 성인무직, 임금, 건강보험, 노인의 가난, 평균수명, 난폭한 범죄, 저소득 주택, 불평등이 있는가, 없는가 입니다.

불평등한 수입 분배를 하는 미국과 한국사회는 위의 증상 모두를 가지고 있다고 봅니다. 특히 미국에는 학교에서와 길거리의 총기난사 사건이 빈번합니다. 미국 사회에는 집이 없이 한데서 괴롭게 사는 사람들이 많습니다. 미국의 경제정책이 전적으로 책임이 있다고 봅니다. 세계재산의 반을 가지고 있고, 세계 최고의 억만장자가 미국에 있고, 세계최고의 호화스러운 생활을 하면 무슨 소용이 있겠습니까? 이 사회에 샬롬이 없는데요.

빈부의 차이에 있어서나 물질주의, 소비문화와 나 중심의 개인주의에 있어서 우리나라는 미국의 닮은꼴이라고 생각합니다. 세계 최고의 노인

자살율을 기록하고 있는 우리나라에 진정한 샬롬이 있을까요? 대통령이하 고위층 지도자들이 상상을 불허하는 자산을 불법으로 축적하여 교도소에 들어앉아있는 사회에 진정한 샬롬이 있을까요? 시장경제의 모델을 닮아 교인수와 수입을 늘이고, 건물을 크게 짓고, 교세를 확장하다 파산하는 교회들이 많습니다. 교회의 목적과 본질을 잃으므로 사회에서 존경과 신임을 모두 잃은 교회를 가진 이 땅에 진정한 샬롬이 있을까요?

비교적 샬롬을 실현하면서 사는 사회를 꼽으라면 유럽의 국가들을 들 수가 있을 것입니다. 10명중 8명의 유럽 사람들은 자신들의 생에 만족하다고 말한답니다. 그러나 미국인들은 매년 5만 불, 10만 불의 수입이 있어도 거의가 만족하지 못한답니다. 유럽 나라들이 자기 민족에게 샬롬의 삶을 제공하는 이유는 그들은 국가로서, 국민으로서, 정부로서 그들의 가치를 평등한 사회제도에 두고, 모든 사람이 함께 평등하게 살 만한 사회를 만들기 위해, 세금을 통해 그 비용을 기꺼이 함께 부담 하는 데에 있다고 들었습니다. 이들이 성경에 나오는 샬롬에 가깝다고 생각해 봅니다. 어느 조사 결과를 보면, 건강한 사람들은 남을 먼저 돌보고 그 다음에 자신을 돌보는 것이었습니다. 이렇게 사는 사람들이 많은 사회에는 진정한 샬롬이 있을 것입니다.

마지막으로, 하나님은 우리에게 샬롬의 실천을 요구하십니다. 미가 6장 8절입니다. "이 사람아, 하나님께서 무엇을 좋아하시는지, 무엇을 원하시는지 들어서 알지 않느냐? 정의를 실천하는 일, 기꺼이 은덕에 보답하는 일, 조심스레 하나님과 함께 살아가는 일, 그 일밖에 무엇이 더 있겠느냐?"

하나님께서는 내가 가진 것의 얼마가 남의 것인가를 가려내는 정의를 사는 사람과 하나님의 은혜를 아는 사람, 샬롬을 사는 사람들을 좋아하십니다. 하나님께서는 가난한 사람들을 도와 샬롬을 실천하라는 신·구약의 수많은 구절들을 한마디로 종합해서 신명기 15장 4절에 샬롬의 처방을 내려주셨습니다. "너희 하나님께서 너희에게 유산으로 주시어 상속받게 하신 가나안 땅에 틀림없이 복을 내려주실 것이다. 그러니 너희 가운데 가난한 사람이 없도록 하여라."

하나님은 약속대로 알몸으로 세상에 태어난 우리에게 엄청난 축복을 주시면서 "가난한 사람이 없게 하라"는 샬롬의 처방을 내리셨습니다. 우리나라에 가난한 사람, 집이 없는 사람이 많은 이유는 개인이나 정부가 받은 축복을 나누지 않기 때문이기도 합니다. 그러나 우리나라가 국가로서, 사회로서, 샬롬의 세계를 만들지 못하고 있지만 그래도 샬롬을 사는 사람들이 많습니다. 이들은 자선과 자원봉사 정신으로 살아갑니다. 이들은 자선과 남을 돕는 일을 많이 합니다. 이들로 인해 그래도 우리나라가, 우리 사회가 유지되는 것 같습니다. 하나님은 오늘 우리에게 이렇게 말씀하십니다. "내가 주는 내 샬롬을 실천하라. 실천하라."

십계명은 하나님 사랑의 방법

이스라엘 백성은 시내 광야의 산 앞에 장막을 쳤습니다. 하나님은 모세를 산 위로 불러 이스라엘 백성에게 전할 말을 주십니다.[1] 이스라엘 백성에게 주신 십계명에는 서문이 있습니다. 출애굽기 20장 2절입니다. "나는 너를 애굽 땅, 종 되었던 집에서 인도하여 낸 네 하나님 여호와니라." 하나님은 구체적인 열 가지 계명을 주시기 전에 그 계명을 주시는 이가 어떤 존재인신지를 알려주셨습니다. 그는 이스라엘 백성이 이집트에서 종으로서 신음하고 부르짖을 때 그 부르짖음에 응답하신 하나님이셨습니다. 그는 그들을 종의 신분에서 자유인의 신분으로 바꾸어 주신 하나님이셨습니다. 그는 세계 최강대국 이집트와 파라오를 초토화시키신 승리의 하나님이셨습니다. 그는 아무 자격도, 능력도, 가치도 없는 이스라엘 백성을 그

---

[1] 출애굽기 19장 4절입니다. "내가 애굽 사람에게 어떻게 행하였음과 내가 어떻게 독수리 날개로 너희를 업어 내게로 인도하였음을 너희가 보았느니라."

의 백성으로 삼아주시고 사랑하신 하나님이셨습니다.

하나님은 십계명을 주시기 전에 이 사실을 기억시키셨습니다. 십계명을 받는 사람은 하나님이 자신을 어떻게 구원하셨는지 기억해야 합니다. 십계명은 구원을 받는 조건이 아니라 구원받은 백성에게 주어지는 하나님의 선물이다. 열 가지 계명을 다 지켜야 구원을 받는 것이 아닙니다. 하나님의 구원의 은혜와 사랑을 받은 백성이 "하나님, 어떻게 하면 저희도 하나님을 사랑할 수 있을까요?"라고 물을 때, 하나님께서 "내가 기뻐하는 것은 이것이다."고 말씀하시면서 주시는 것이 십계명입니다. 십계명은 우리가 하나님을 사랑하는 법을 알려주는 것입니다.

요한일서 5장 3절입니다. "하나님을 사랑하는 것은 이것이니 우리가 그의 계명들을 지키는 것이라. 그의 계명들은 무거운 것이 아니로다." 계명을 지키는 것이 구원의 조건이라면 그 계명은 너무나 무거울 것입니다. 로마서 3장 20절입니다. "율법의 행위로 그의 앞에 의롭다 하심을 얻을 육체가 없기 때문이다" 그러나 계명 준수는 이미 우리에게 구원을 주신 하나님을 사랑하는 일이기에 가볍고 기쁜 일입니다.

이는 마치 결혼한 사람이 배우자를 사랑하는 마음으로 직장 생활하고 살림하는 일이 즐겁고 행복한 것과 같습니다. 결혼 이전에 자유롭게 살다가 결혼 후에는 제약을 받는다고 생각하는 것은 잘못입니다. 결혼 이전에는 배우자가 아니라 자신의 욕심이나 기호 등과 같은 다른 것에 의해 제약을 받고 살았을 뿐입니다. 배우자를 사랑하는 사람이라면 그를 사랑하기에 배우자가 기뻐하는 일을 자발적으로 하고 싶어 합니다.

우리를 구원하신 하나님을 향한 사랑이 우리 안에 불타오른다면 십계명은 우리에게 가벼운 것이 됩니다. 이 구원의 감격이 유지되려면 우리는 십계명 서문을 끊임없이 되새겨야 합니다. 하나님이 우리에게 오셔서 우리를 구원해주신 이야기가 각 사람에게 있을 것입니다. 하나님께서 우리를 환란과 수렁에서 건져주신 사실을 기억하고 언제나 감격하며 살아야 합니다. 요한계시록 2장 4절입니다. "구원에 감격하던 우리의 처음 사랑을 버리지 않아야 주님의 책망을 듣지 않는다"

하나님이 이스라엘 백성을 그의 백성으로 삼아주시고 그 나라 시민에게 필요한 십계명을 주시면서 그들의 사명이 무엇인지 깨우쳐 주셨습니다. 우선 하나님은 "세계가 다 내게 속하였다"고 말씀하셨습니다. 이스라엘 백성뿐 아니라 모든 민족이, 모든 것이 하나님의 소유라고 선포됩니다. 하나님은 "태초에 천지를 창조하신" 분이시기에 그 모든 것의 소유권도 지니고 계십니다. 아담과 하와의 범죄 이후 인간은 하나님을 멀리했습니다. 이제 하나님은 이집트에서 구원받은 이스라엘 백성을 제사장 나라로 삼으심으로 이스라엘을 통해 인류를 구원하기를 원하십니다.

이스라엘 백성은 십계명을 준수함으로써 세상과 구별된 거룩한 백성이 어떤 것인지 세상에 증거 해야 할 사명을 지닙니다. 이스라엘 백성은 하나님의 언약을 지킴으로 모든 인류가 그 언약 속으로 들어오도록 하는 제사장 나라가 되어야 합니다. 오늘도 하나님은 기독교신신앙인들을 "택하신 족속이요 왕 같은 제사장들이요 거룩한 나라요 그의 소유가 된 백성"으로 삼으셔서, 우리를 "어두운 데서 불러내어 그의 기이한 빛에 들어가게 하신 이의 아름다운 덕을" 세상에 선포하게 하려 하십니다.[2]

십계명은 이스라엘에게 주어진 무거운 짐이 아니라 하나님과 인격적이고 친밀한 사랑의 관계를 맺는 방법입니다. 사랑이 자발적이어야 하듯이 기쁜 마음으로 자발적으로 하나님을 사랑해야 합니다. 하나님이 주시는 십계명은 하나님이 그들을 어떻게 사랑하실 지를 담고 있으며, 그들이 하나님을 사랑하는 방법을 제시해줍니다. 사랑하는 사람은 자신이

---

2 베드로전서 2장 9절.

원하는 방식이 아니라 상대방이 원하는 방식으로 사랑해야 합니다.

상대방이 원하지 않는 방식인데도 자신이 원한다고 그 방식을 선택하는 경우 상대방은 사랑보다 고통을 느끼게 됩니다. 사랑은 사랑하는 대상에 관한 지식을 필요로 합니다. 상대방이 무엇을 좋아하는지, 무엇을 싫어하는지 잘 알아야 합니다. 때때로 상대방에 대한 무지 때문에 상대방에게 상처와 고통을 줄 수도 있습니다.

하나님은 십계명을 통해 우리가 그를 사랑해야 하는 법을 알려주셨습니다. 하나님이 무엇을 좋아하시고 무엇을 싫어하시는지, 무엇을 우리의 사랑고백으로 받아들이실 지를 십계명을 통해 밝혀주셨습니다. 십계명은 우리가 하나님의 신부로서, 하나님 나라의 동역자로서 하나님께 대한 사랑을 표현하는 방법을 알려줍니다.

십계명은 하나님의 신부가 되는 자격을 얻기 위해 필요한 조건이 아닙니다. 이스라엘 백성이 하나님의 백성이 될 자격을 갖춘 것이 아닙니다. 그들은 이집트에서 하나님의 말씀대로 살지 않았지만, 하나님은 그의 일방적인 사랑으로 그들을 구원하셨습니다. 그들은 시내 산으로 오는 과정에서도 끊임없이 불평했고 하나님께 등을 돌렸지만, 신실信實하신 하나님은 한 번도 그들을 버리지 않으셨습니다.

하나님은 불기둥과 구름 기둥으로, 만나와 메추라기로, 반석의 샘물로 그들을 먹이시고 보호하심으로써 신랑의 변함없는 사랑을 보여주셨습니다. 이를 통해 하나님은 "너희를 내 백성으로 삼고 나는 너희의 하나님이 되리니"[3]는 약속을 이루어 가십니다. 이스라엘 백성이 하나님을 사랑한 것보다 하나님이 이스라엘 백성을 훨씬 더 사랑하십니다. 이스라엘의 광야 생활은 언제나 신실하신 신랑 하나님과 때때로 외도하는 신부 이스

---

3 출애굽기 6장 7절.

라엘 사이의 사랑 이야기입니다.

십계명은 신랑 하나님이 신부 이스라엘 백성과 맺으신 사랑의 언약입니다. 고대 중근동 지역에서는 군주 국가와 신하 국가가 언약을 맺을 때 동일한 언약문서를 2개 만들어 각자의 가장 거룩한 곳에 두었습니다. 하나님은 사랑의 언약 문서 십계명 돌판 두 개 모두를 가장 거룩한 곳인 언약궤에 두도록 하셨습니다. 이는 하나님이 가장 거룩하게 여기시는 곳과 이스라엘 백성이 가장 거룩하게 여기는 장소가 동일하다는 뜻입니다. 이는 쉽게 깨어질 수 있는 나라들 사이의 동맹과는 달리 하나님과 이스라엘 백성 사이의 연합과 동맹은 영원히 깨어지지 않을 것임을 뜻합니다.

십계명은 신부 이스라엘이 보여야 하는 옳은 행실이 무엇인지를 알려줍니다. 신부가 신랑과 평생을 함께 하겠느냐는 질문에 대해 '예'라고 대답하듯이, 하나님이 모세를 통해 이스라엘 백성에게 혼인 신청을 하셨을 때 이스라엘 백성은 "한 소리로 응답하여" "여호와께서 말씀하신 모든 것을 우리가 준행하리이다"[4]라고 대답했습니다. 모세는 "이른 아침에 일어나 산 아래에 제단을 쌓고 이스라엘 열두 지파대로 열두 기둥을" 세웠습니다.[5]

모세는 "여호와의 모든 말씀을 기록하고 이른 아침에 일어나 산 아래에 제단을 쌓고"[6] "이스라엘 자손의 청년들을 보내어 여호와께 소로 번제와 화목제를 드리게 하고"[7] "피를 가지고 반은 여러 양푼에 담고 반은 제단에 뿌렸습니다."[8] 그가 하나님과 이스라엘 사이의 언약을 담은 "언

---

[4] 출애굽기 24장 3절.
[5] 출애굽기 24장 4절.
[6] 출애굽기 24장 4절.
[7] 출애굽기 24장 5절.
[8] 출애굽기 24장 6절.

약서를 가져다가 백성에게 낭독하여 듣게"9 했습니다.

　이스라엘 백성은 "여호와의 모든 말씀을 우리가 준행하리이다"10라고 다시 한 번 서약했습니다. 그 때 "모세가 그 피를 가지고 백성에게 뿌리며" "이는 여호와께서 이 모든 말씀에 대하여 너희와 세우신 언약의 피니라"고 말했습니다.11 그 때에 하나님은 모세에게 "너는 산에 올라 내게로 와서 거기 있으라"12고 명령하시면서, "네가 그들을 가르치도록 내가 율법과 계명을 친히 기록한 돌판을 네게 주리라"13고 약속하셨습니다. 이 혼인예식을 통해 하나님은 "너희를 내 백성으로 삼고 나는 너희의 하나님이 되리니"14라는 약속을 이루십니다. 십계명은 우리 하나님과 사랑의 교제를 나누는 법을 우리에게 알려줍니다.

---

9 출애굽기 24장 7절.
10 출애굽기 24장 7절.
11 출애굽기 24장 8절.
12 출애굽기 24장 12절.
13 출애굽기 24장 12절.
14 출애굽기 6장 7절.

십계명의 신학적 토대와 윤리적 적용

I

십계명은 신앙과 삶을 위한 불변의 법法인 '도덕법'입니다. 이 법은 구약시대나 현재나 언약 공동체에 속한 자들에게는 구속력을 행사합니다. 십계명은 도덕법이 담고 있는 그 이상의 규범적 원리를 제공하고 있습니다. 따라서 십계명의 근본 원리들을 연구하여 오늘 우리의 삶에 적용하는 일은 매우 중요합니다. 종교개혁자 칼뱅 역시 십계명의 신학적 진리가 무엇이며, 신자들의 신앙에 어떤 교훈을 주는가에 대하여 설명하기도 하였습니다. 그런데 오늘 우리는 십계명을 그저 구약성경 시대의 잔재로 여기거나 현실사회에 맞지 않는 애물단지로 여기는 경향이 있습니다. 이런 자세는 기독교신앙을 왜곡하거나 폄하하는 위험한 일입니다. 그렇다면 오늘 우리는 구약성경 시대의 깊이와 가치를 배제하는 것으로 든든한 뿌리가 내려지지 않은 모래위의 기독교신앙관을 갖고 말 것입니다. 반석 위에 세운 집이 든든히 서가듯 오늘 우리에게 십계명은 기독교윤리의 기초와 토대를 제공하는 귀중한 자산資産입니다.

제1계명은 기독교의 신학과 신앙의 토대가 되는 위대한 선언입니다. "나 외에beside or before" 어떤 신神도 없다는 것은 세 가지의 의미가 있습니다. 첫째, 하나님의 유일성입니다. 둘째, 하나님의 절대주권 사상입니다. 셋째, 무신론 우상숭배 다신숭배 형식주의에 대한 경고를 포함합니다. 따라서 하나님 외에 다른 신들을 섬길 수 없습니다. 그렇다면 오늘날 하나님을 대신하는 거짓 신들은 없는가요? 성경은 하나님 외에 다른 신들을 섬기는 위험성을 경고하고 있습니다. 오늘 우리의 삶에서 하나님 이외에 신격화한 것들은 무엇이 있을까요? 권력추구, 명예지향, 부의 축적, 자녀에 대한 지나친 사랑, 하나님 이외에 의지하는 학연과 지연과 혈연 등도 하나님만 의지하면서 우리의 연약함을 고백함을 가로막는 것들입니다. 이런 것들을 경계함이 그 첫째입니다. 우리는 하나님만 경외하고 하나님 앞에서 지극히 연약한 존재임을 깨달을 때 타인과 협력할 수 있고, 겸손하게 자신을 낮출 수 있습니다.

제2계명은 예배의 양식을 말하면서 우상숭배를 금지하고 있습니다. 하나님을 대신하는 우상이나 어떤 형상을 만들어 경배하지 못하게 규정하고 있습니다. 더 적극적으로 하나님께 대한 경건한 예배를 강조합니다. 이 계명은 인간이 하나님의 신적 권능이 어떤 형상 속에 있는 것처럼 만들어 하나님을 숭배하려는 것을 허락하지 않습니다. 이는 예배공동체에서 하나님 이외에 그 어떤 대상이 예배의 대상이 될 수 없음을 분명히 합니다. 하나님 이외에 교회의 담임목사나 장로 등 특정인이 예배의 대상이 될 수 없습니다. 또한 특정한 교회의 예배당이나 그 어떤 공간이 우상이 될 수도 없습니다. 그러니 지나치게 거액을 들여 예배당을 건축하고 치장하는 것은 성경적이지 못합니다. 하나님이 십계명을 내려주신 때는 광야시대였습니다. 광야시대 사람들은 경배의 대상으로 휘황찬란한 예배의 대상인 이집트의 파라오와 파라오의 제사장들과 신전에서 멸시와 천대를 받던 노예들이었습니다. 이들에게 하나님은 가나안 땅으로 들어가서 그곳에서도 이집트와 같이 군림하는 이들을 위한 거짓된 신들의 신전과 제사장들을 멸망시키고 새로운 예배공동체를 이룩할 것을 명령하셨습니다. 오늘 우리 기독교가 기득권 종교로 찬란한 건축물과 화려한 문양文樣의 예배당을 자랑한다면 이는 결코 성경적이지 않습니다. 이를 배격하고 순례자의 자세로 예배공동체를 이루어가야 합니다. 왜냐하면 기독교신앙은 이 땅에서 영원한 안정과 안락을 누리는 것이 아니라 언제 닥칠지 모르는 종말을 믿는 것이기 때문입니다.

제3계명은 여호와의 이름을 망령되이 일컫지 말 것을 규정합니다. 하나님의 이름 속에는 자신의 주권과 통치권을 담겨 있습니다. 하나님은 이름을 통해 하나님의 본성과 속성을 계시하셨습니다. 성경은 하나님의 이름에 대한 특징을 논하고, 하나님의 이름을 함부로 부르지 말아야 할 이유가 제시되어 있습니다. 윤리적인 적용으로 여호와의 이름을 악용惡用하는 것을 금지禁止하며, 말을 조심해야 하는 이유와 여호와의 이름으로 하는 맹세와 서약에 대한 관점도 제시되어 있습니다. 이런 점에서 특정 정치인과 목사나 교회지도자를 하나님의 이름으로 포장해서 칭송하는 것은 옳지 않습니다. 이름은 존재를 드러내는 것입니다. 그러기에 이름은 보증을 서거나 추천을 할 때 권위가 있습니다. 공문서의 위력도 공문서를 보내는 이의 이름값의 힘입니다. 하나님의 이름을 함부로 사용하지 말아야함은 하나님의 권위를 권력의 힘으로 인간적인 욕심으로 사용치 말아야함을 말합니다.

제4계명은 안식일에 관한 규정입니다. 여기서 논의의 범위는 매우 넓어집니다. 십계명 반포 이전과 이후 그리고 선지자들의 가르침에 근거할 때 안식일 규정에는 더 세부적인 내용이 있습니다. 안식일의 신학적 의미는 하나님의 창조와 출애굽의 구원을 기념하고, 인간의 노동으로부터 안식을 주기 위해서 입니다. 안식일 문제를 다루는 과정에서 제4계명이 종교법인가 또는 도덕법인가에 대한 논쟁점이 제기됩니다. 신약의 안식일 문제는 예수님과 바울의 관점에서 이해해야 합니다. 안식일에서 주일로 바꾸어지는 근거는 신약의 예수님의 가르침에 두고 있습니다. 윤리적 적용에서 우선 신자들이 안식일과 주일의 개념에 대한 이해가 필요합니다. 오늘날 주일의 노동labour과 일work에 관련된 다양한 문제점을 현실적 관점에서 설명해야합니다. 이는 쉬운 문제는 아닙니다. 오늘날도 제칠일 안식일교안식교나 하나님의교회 세계복음선교협회하나님의교회와 같은 곳은 십계명 그대로 안식일인 토요일을 거룩히 지켜야하고 자신들은 그렇게 하기에 진짜이고 기독교는 가짜라고 하기도 합니다. 그러나 이는 기본적인 논리의 빈약입니다. 이것만으로 이야기한다면 이들은 안식일 규정 이것만이 아니라 모든 것을 구약성경 전통과 문화를 다 이어가야합니다. 이 중 몇 가지만 이어간다고 자신들은 진짜이고 그것을 이어가지 않는 기독교는 가짜라고 하는 것을 말이 안 됩니다. 구약성경 시대의 규정대로 다니엘과 세 친구들은 채식을 목숨 걸고 하였습니다. 그럼 이들 종파는 육식이 아닌 채식을 따라야합니다. 또한 이스라엘의 레위인만 제사장이 되었습니다. 그럼 이들 종파의 종교지도자는 레위인이 아니기에 제사장이 될 수 없습니다. 또한 예루살렘 성전에 가서만 예배를 해야 합니다. 더욱 결정적인 것은 유대인만 선택받은 구원의 백성이니 이들 종파는 구원의 대상이 아닙니다. 이들 종파도 이와 같은 것들과 그 이외의 것들을 그대로 따르지 않고 이런 것의 근본정신을 따를 것입니다. 마찬가지로 기독교는 예수님의 부활일인 일요일을 주일로 해서 기쁨의 날로 여기에 안식일의 정신을 더한 것입니다.

주일에 안식安息해야 하니 어떤 일도 금지禁止해야 하는가의 문제도

복잡합니다. 이는 예수님이 명쾌하게 정리해주셨습니다. "안식일은 사람을 위하여 있는 것이요 사람이 안식일을 위하여 있는 것이 아니라"는 말씀으로 문자적인 안식일 규정이 중요한 게 아니라 그 정신이 중요함을 분명히 해주셨습니다.[1] 안식일 규정의 근본 의미는 '하나님 안에서 머물고 쉬라.'는 것입니다. 음식을 준비하지 말고 땔감을 모으지 말며 불을 피우지 말라는 안식일의 규정은 하나님을 섬기는 일에 지장이 생기기 때문이었습니다. 제자들이 배고파서 밀 이삭을 뜯어 먹은 것은 외면상으로 안식일의 규정을 어긴 것입니다. 그러나 예수님의 구원 사업을 도우려고 움직이고 있는 제자들은 '안식일의 주인'을 섬기는 중이었습니다. 예수님의 가르침은 율법이 사람을 얽어매려고 있는 것이 아니라 하나님의 사랑을 실천하려고 존재한다는 것입니다. 율법은 사랑과 자유의 계명이라는 것입니다. 율법, 곧 하나님의 법은 사람을 지배하는 것이 아니라 사람을 존중하고 하나님의 정신을 완성하기 위해 존재합니다. 하나님은 인간의 자유와 개성을 존중하고 당신의 법을 어기더라도 회개할 때까지 참아 주시며 기다리십니다. 하나님은 이 세상의 재화가 모든 사람에게 인간의 존엄성을 지킬 수 있을 만큼 분배되기를 바라십니다. 허기를 채우려고 밀 이삭을 먹은 제자들의 행위는 하나님 앞에 정당하며 단죄 받을 수 없습니다.

제5계명은 앞의 1계명에서 4계명이 하나님과 인간 사이의 계명임에 반해, 대인對人 및 대사회적인 관계에 대한 첫 계명입니다. 이 계명이 명하는 '부모공경'은 인간 공동체의 가장 기본이 되는 곳이 가정이므로 공동체의 권위와 질서를 위한 핵심적인 윤리적 규범을 제시한 것입니다. 기독교 관점의 가족, 결혼과 일부일처제, 타락 후의 일부다처제, 구약의

---

[1] 마가복음 2장 23-28절.

부모공경, 신약의 부모공경에 대한 성경의 교훈을 제시합니다. 윤리적 적용은 자녀에 대한 부모의 권위와 책임에 대하여 논하고, 그리고 자녀의 의무에 대하여 가르쳐주고 있습니다.

제6계명의 살인과 관련된 교훈은 너무나 광범위합니다. 성경의 근본적인 강조점은 인간 생명의 존중과 다른 피조물의 생명 존중에 대한 창조주의 명령에 있습니다. 그럼에도 어떤 상황에서 살인은 허용되고, 또 어떤 상황에서는 금지되고 있습니다. 윤리적 적용에서 전쟁 중의 살인, 사형, 뇌사, 낙태, 안락사, 존엄사, 배아줄기세포, 인간복제 문제에 대한 신학과 윤리적 기준을 제시해주고 있습니다. 이에 대한 논의도 쉽지 않습니다. 그러나 분명한 것은 생명은 오직 하나님의 영역이기에 생명을 취함은 인간의 영역이 아니라는 사실입니다. 그러기에 전쟁을 막고 테러를 막고 안전사고방지에 유의해야 합니다. 또한 유전자 조작과 같은 것의 반윤리적인 요소를 막고, 사형제도나 낙태와 같은 것을 막는 생명권이 있어야합니다.

제7계명이 명한 간음에 대한 교훈은 모든 성性적인 규정의 이탈에서 발생합니다. 오늘날 가정이나 사회를 파괴하는 중심에 성적 타락과 간음의 문제가 개입되어 있습니다. 이 계명은 성의 가치와 목적, 성의 오용과 악용에 대한 이해, 간음에 대한 교훈입니다. 윤리적 적용에서 성적 욕구에 대한 신자의 자세, 성적 욕구에 대한 억제 수단 그리고 성적 욕구에 대한 신자의 결심에 대한 윤리적 규범을 제시해줍니다. 간음은 인간이 성의 노예가 되지 말아야함을 일깨워줍니다. 또한 바로 앞 계명인 살인 다음에 규정함은 그만큼 간음이 위험하기 때문입니다. 바른 성의 이해를 통해 양성평등문화를 구축하고 성폭력과 성희롱과 성추행과 같은 강자 중심의 성문화를 배격해야 합니다.

제8계명은 "도적질하지 말라"입니다. 이 계명은 개인의 탐심과 탐욕을 경계하는 것이기도 하고 사회정의 도적질을 경계하는 의미기도 합니다. 이런 차원에서 이기심과 탐욕으로 얼룩진 정치권력과 재벌들의 탈세를 통한 부의 축적도 도적질에 해당합니다. 또한 지배층의 힘에 따른 착취와 억압 또한 그렇습니다. 그러므로 오늘날 국가의 경제체제인 자본주의 틀 안에서 경제정의와 분배윤리적인 문제가 무엇이며, 그 질문에 따라 자본주의 경제체제가 가진 단점과 장점이 무엇인가에 대하여 답변을 제시해 나가는 기독교경제윤리적인 논의가 절실합니다. 기독교신앙적 차원에서 경제관은 재산과 물질에 대한 절대적인 소유권이 주어진 것이 아니라 단지 생존할 동안만 개인의 사유권을 행사할 수 있다는 것을 강조합니다. 그것도 청지기적인 사유권을 말합니다.

제9계명은 "이웃에 대하여 거짓증거 하지 말라"입니다. 무엇이 거짓말인가에 대한 정의가 내려져야 합니다. 진실이 아닌 언동言動이 있고, 거짓말로 상대방에게 해害를 끼치려는 의도가 있고, 그것에 대한 객관적 증빙이 있어야 합니다. 다음으로 거짓의 유형들을 분석하는 것입니다. 직간접적인 거짓말, 법정의 위증, 험담과 비방, 위선적인 삶도 거짓의 유형에 속합니다. 이러한 거짓말에 대한 성경의 가르침을 제시합니다. 윤리적 적용에서는 언어의 표현과 거짓말 사이의 갈등이 존재하고 있다는 현실의 문제와 성경의 속임수와 기만에 대한 신학적 해석이 필요하고, 어떤 윤리적 기준을 제시해야 할 것인가에 대하여 설명합니다.

제10계명 "이웃의 소유를 탐내지 말라"입니다. 이 계명은 다른 모든 계명, 특별히 제8계명과 깊은 관련성을 갖고 있습니다. 이 계명은 이웃의 사람과 소유물에 대한 탐심으로 한정합니다. 탐심에 대한 성경의 명시적 교훈은 마음의 동기를 차단하려는데 있습니다. 그 이유는 마음의 동기가 행동으로 옮겨지기 때문입니다. 윤리적 적용에서 탐심의 문제는 법적인 기준을 정할 수 없는 문제점이 있습니다. 왜냐하면 탐심의 문제는 행동의 문제가 아니라 마음의 문제이기 때문입니다. 마음속에 있는 탐심을 끄집어내어 범죄의 척도를 정할 수 없기 때문입니다. 따라서 탐심은 실정법으로 규정할 수 없습니다. 기독교는 사람의 마음속에 있는 탐심을 사멸시키기 위한 교육과 훈련을 반복함으로 신자들의 마음의 자세와 삶의 방식을 바꾸도록 지도해야 합니다.

지금까지 십계명에 대해 간략하게나마 살펴보았습니다. 십계명은 인류공동체 평안과 소망 누리게 하는 권리장전이요, 도덕법 그 이상의 규범적 원리 제공합니다. 신앙과 삶 근본원리 연구하고 적용하는 중요성 더욱 커져야할 것입니다. 성경 전체를 요약하고 있는 교리입니다. 뿐만 아니라 신앙과 삶의 뿌리가 되는 언약법전입니다. 십계명은 언약 백성뿐만 아니라 범민족적·범세계적으로 적용할 수 있는 원리를 제공합니다. 이 계명들은 하나님의 선택 안에 있는 모든 신자에게 신앙과 삶의 토대를 세우게 하는 영구불변永久不變의 진리임을 확신합니다. 따라서 십계명은 모든 인류공동체에 평안과 기쁨 그리고 소망과 행복을 누리게 하는 권리장전입니다.

5년 새 이슬람 모스크 5개, 예배소 40개 증가

국내 이슬람 모스크가 증가하고 있습니다. 지난 2012년 대한민국에는 11개의 모스크와 60여개의 임시 예배소가 자리 잡고 있었습니다. 그러나 2017년 현재 국내는 16개의 모스크와 100여개의 임시 예배소가 세워졌습니다. 단 5년 사이에 5개의 모스크와 40여개의 임시 예배소가 늘어난 것입니다.

이처럼 국내에서 모스크와 임시 예배소가 빠른 속도로 증가하는 현상을 주의 깊게 살펴봐야합니다. 외국인 몇 명이 1~2주 머무른다고 해서 이들을 위해 예배 처소를 짓지는 않습니다. 국내에 모스크와 예배소가 증가하고 있다는 것은 이슬람권 국가의 장기 방문자수가 증가하고 있는 것입니다. 이는 곧 이슬람이 한국에 정착되어가고 있기 때문에 발생하는 자연스러운 현상입니다.

출입국·외국인정책본부 통계에 따르면, 2016년 상반기 대표적 이슬람권 국가인 인도네시아 외국인의 입국자 수는 78,414명이었습니다. 그러나 2017년 인도네시아 외국인 입국 수는 87,181명으로 전년 대비 11.2% 증가했습니다. 파키스탄 입국자도 2016년에는 1,026명이었지만, 2017년에는 1,163명으로 1.1%, 아랍에미리트연합 0.9%, 이란 0.8% 등 전체적으로 이슬람권 국가 외국인이 한국을 방문하는 수는 점차 늘어나고 있습니다.

무슬림 관광객도 무시할 수 없습니다. 한국관광공사는 2016년 한국을 찾은 무슬림 관광객이 98만 명으로, 2015년 대비 33% 증가했다고 밝혔습니다. 이 중 인도네시아와 말레이시아 등 아시아 지역에서 74만 명, 아랍에미리트 등 중동 지역에서 16만 명이 방한한 것으로 확인됐습니다. 한국관광공사는 무슬림 관광객이 증가함에 따라, 이들이 가장 중요하게 여기는 '할랄음식점'을 135개에서 170개까지 확대할 계획이라고 합니다. 부산진구청은 2017년 6월 19일, 무슬림 관광객들을 위한 임시 예배소 마련을 위해 장소를 물색 중이라고 밝힌 바 있습니다.

한국 정부는 점차 증가하는 무슬림 시장을 겨냥해, 국내를 방문하거나 체류하는 무슬림들을 위한 모스크와 임시 예배소, 할랄 식당 등 이슬람 문화를 확산시키려는 계획을 세우고 있습니다. 이미 한국이슬람교협회Korea Muslim Federation, KMF에서도 이슬람 서울 성원을 확장시키고, 문화센터를 통해 이슬람 문화를 확산시키겠다는 계획을 드러낸 바 있습니다. 모스크의 확산이 세계화 시대에 나타나는 자연스러운 현상입니다. 여기서 주목해서 볼 것은 이슬람의 모스크는 단순한 건물이 아니라는 것입니다. 모스크는 이슬람 세계 전체를 하나로 묶는 중요한 요소 중 하나이며, 정치적 피난처, 정치집단 양성 훈련소 등 다양한 역할을 하고 있습니다.

모스크는 꾸란과 하디스 등을 가르치는 이슬람의 중심교육기관이기도 합니다. 또한 모스크는 결혼식과 장례식장으로 사용되기도 하고, 이슬람을 소개하며 알리는 전시관의 역할도 담당합니다. 실제로 서울 이태원에 위치한 서울 중앙 모스크는 아랍어 강좌를 열고 시민들에게 문호를 개방했으며, 모스크 주변에는 할랄 음식점, 무슬림 옷가게, 마트 등 이슬람 복합단지가 꾸려진 상황입니다. 모스크를 중심으로 이슬람 원화권이 형성된다는 뜻입니다.

이슬람을 연구하는 선교사들은 국내 이슬람 확산에 대해 우려의 목소리를 내고 있습니다. 이슬람화된 유럽 국가들은 한국보다 먼저 저출산, 고령화, 노동력 부족 문제를 맞이했습니다. 이들은 노동력을 충당시키기 위해 방글라데시, 파키스탄, 인도네시아 등 이슬람권 국민들을 데려왔습니다.

이슬람권 국가는 대부분 가난하다 보니 저임금으로도 충분히 많은 인력들을 데려올 수 있었습니다. 인력시장의 개방은 외국인 노동력 증가와 함께 무슬림의 증가를 초래했습니다. 유럽은 무슬림들을 위해 자신들의 국가에서 이슬람 문화가 확장될 수 있도록 도움을 제공했습니다. 그 결과 유럽의 상당수의 교회가 모스크로 바뀌게 되는 현상에까지 이르렀습니다.

이런 현상이 한국도 예외는 아닙니다. 실제로 안양에 위치한 이슬람 모스크는 과거 교회였습니다. 비록 지금은 16개 모스크 중 단 한 곳만 교회가 모스크로 탈바꿈했지만, 또 다른 교회가 모스크로 바뀌지 않을 것이라는 보장은 없습니다. 터키의 사례를 통해 한국교회에 주의를 당부하는 선교사들도 있습니다. 터키는 기독교 국가였지만, 지금은 90% 이상이 무슬림인 이슬람 국가가 됐습니다. 당시 터키의 교회들은 외부 이슬람 세력의 침략보다, 교회 내부의 분열과 갈등으로 인해 교회의 힘이 약해졌고, 이슬람의 작은 자극에도 쉽게 무너져 내릴 수밖에 없었습니다.

한국교회도 다를 바 없습니다. 지금 한국교회는 1990년대부터 정체기를 겪고 있습니다. 한국교회의 신앙이 부흥하지 않고 말씀 위에 올바로 서지 않는다면, 터키의 교회처럼 똑같이 내부에서부터 분열이 일어날 것이며, 이슬람과 같은 외부 세력에 쉽게 몰락하게 될 것입니다. 한국은 돈이면 무엇이든지 할 수 있는 물질만능주의 사회 속에서 살고 있습니다. 그렇기 때문에 교회가 깨어있지 않고 바로 서지 못한다면, 또 다시 교회는 무슬림들에게 팔려 모스크로 변할 수 있습니다. 국내 이슬람 문화의 확산이 빠른 속도로 진행되지만 한국교회의 대응은 더딥니다. 한국교회나 교인들은 무슬림이나 이슬람의 실체에 대해 좀 더 많은 연구를 해야 할 필요가 있습니다.

이슬람과 기독교

　기독교 문명이 꽃피웠던 유럽이 이슬람화 되어가는 현상을 우리는 지켜보고 있습니다. 이대로 간다면 오늘의 유럽은 내일의 한국이 될 것으로 우려하는 목소리가 높습니다. 이슬람에 대한 한국교회의 관심이 높아지고 있습니다. 끊이지 않는 이슬람 급진세력의 테러와 늘어나는 한국 내 이슬람 인구, 그리고 선교적 부담 때문입니다. 이런 가운데 기독교의 하나님과 이슬람의 알라가 같은 하나님인가 하는 문제는 이렇다 할 결론이 없는 듯합니다. 이에 대한 연구가 부족했던 것도 이유지만, 무엇보다 선교사와 신학자들 사이에서도 다양한 입장이 있다 보니 언급하기 쉽지 않기 때문입니다.

　기독교를 비롯해서 많은 사람들이 기독교의 하나님과 이슬람의 알라를 같은 신으로 알고 있는데, 이는 그렇지 않습니다. 기독교의 하나님과 이슬람의 알라는 근본적으로 다릅니다. 기독교의 하나님과 이슬람의 알라를 구분하기 어려운 것은 여러 가지 이유 때문입니다. 우선 이슬람 경전인 꾸란의 약 60%는 구약 내용과 비슷하고, 또 꾸란의 약 18%는 신약과 비슷해 오해를 불러일으키기 쉽습니다. 예수의 동정녀 탄생, 예수께서 행하신 기적들, 재림, 성령, 가브리엘 천사, 그리고 여러 선지자들의 이름도 꾸란에 나옵니다. 경전 외적인 부분도 하나님과 알라를 동일시하는 오해를 불러일으킵니다. 거기다 한국 이슬람은 알라를 하나님이라고 소개하고, 이슬람의 알라와 기독교의 하나님은 같은 하나님이라고 주장합니다. 또 꾸란은 이슬람의 근원을 아브라함으로부터 시작합니다. 한국어로 된 꾸란 해설서 역시 '알라'라는 말을 '하나님'이라 번역했습니다.

이렇듯 하나님과 알라에 대해 오해할 수 있는 부분들을 많으나 이를 제대로 알면 그렇지 않음을 알 수 있습니다. 먼저 '초월성' 면에서 하나님과 알라의 차이점이 분명합니다. 하나님과 세상이 분리되어 존재한다는 면에서 꾸란의 알라는 자연신앙적입니다. 정통 이슬람에서는 하나님과 인간의 인격적인 교제가 나타나 있지 않습니다. 기독교의 하나님은 인간 속에 내주하시는 하나님이지만, 알라는 인간과 가까울망정 인간 속에 내주하지는 않는다는 것입니다. 기독교가 하나님과 인간의 관계를 아버지와 자녀의 관계로 보는 것과 다릅니다. 알라와 인간의 관계는 종이나 노예의 관계로, 각 사람은 자신을 알라와 그의 뜻에 완전히 복종해야 하는 존재로 봅니다. 이슬람은 기독교의 삼위일체 교리를 비판하고, 독생자를 부인하고, 행위로 인한 구원을 믿는다는 점에서 차이가 납니다.

칼뱅은 무함마드가 배교자가 됨으로써 예수 그리스도를 떠나서 그의 추종자들과 함께 배신하였고, 이 배신은 더 넓게 확대되었다고 봤습니다. 이렇게 본 이유는 무함마드가 기독교 이단인 에비온파의 영향을 받았다고 보기 때문입니다. 루터는 기독교 타락이 이슬람이라는 징계 불러

왔다고 판단하기도 했습니다. 칼이 아닌 개혁이 진정한 무기임을 강조했습니다.

한국 내 이슬람 증가에 대한 현실적인 진단과 과제도 생각해 볼 일입니다. 1970년대 3,700명이었던 한국의 이슬람 인구는 현재 25만 명이 되었고 비공식적으로는 40만 명이나 되는 것으로 알려져 있습니다. 앞으로 10년이 지나면 한국 내 이슬람 인구는 100만 명에 육박할 것으로 보기도 합니다. 이런 현실이니만큼 정부는 유럽의 이슬람정책 실패사례 등을 교훈 삼아 신중하게 접근해야할 것입니다. 이질적인 이슬람 문화와의 다문화 정책을 재고하고, 국가 안보 차원에서도 무슬림의 한국 유입에 신중할 것을 주문하기도 합니다. 한국교회도 이슬람의 실체를 바로 알아야 합니다. 이는 물론 이슬람 자체가, 신자들 전체가 그렇다는 것인 아닙니다. 그러나 이슬람의 속성상 테러나 사회적 분란의 소지가 있음은 감안하고 대처할 필요는 있습니다.

이슬람 원리주의 집단인 IS의 형성과정과 원리주의 운동, 한국교회가 현실적으로 직면하고 있는 기독교인과 무슬림과의 결혼 문제에 대해서도 신중하게 생각해봐야 할 일입니다. 이슬람이 융성하고 한국사회에 펴져나가는 것에 대해 아는 것은 기독교를 돌아보는 기회가 되기도 합니다. 종교개혁자 불링거는 "이슬람의 성공의 이면에는 기독교인의 악한 삶이 있다"고 했습니다. 중동이나 유럽의 기독교가 성장했다가 내리막길을 걸을 때, 이슬람은 바로 그 자리에서 성장했습니다. 이슬람의 도전은 기독교 자체를 성찰할 수 있는 기회가 될 수 있습니다.

현재 기독교 안에 이슬람을 바라보는 네 가지 입장이 있습니다. 첫째는 이슬람에 대한 공포가 혐오적으로 나타나는 이슬람포비아Islam phobia 입장입니다. 이슬람포비아라는 말은 1980년대에 만들어졌으나 실제로는 2001년 9월 11일 미국에서 일어난 9·11테러 이후에 많이 사용되기 시작했습니다. 둘째는 무슬림들에게 다가가기 위하여 이슬람권 안에서 현지의 삶의 방식과 문화를 그대로 따르면서 은밀하게 마음 안에 기독교 신앙을 유지하는 내부자 운동Inside Movement적인 시각입니다. 셋째, 다원주의pluralism적 입장입니다. 두 종교가 서로 공존하기 위하여 기독교와 이슬람의 공통적인 부분을 강조하며 이슬람의 알라와 기독교의 하나님은 똑같은 하나님이라는 주장입니다. 넷째, 개혁주의적reformism입장입니다. 이는 무슬림들이 이슬람을 떠나서 기존의 기독교로 들어오라고 초청하는 입장입니다. 이슬람은 진화론적 종교관을 가지고 있습니다. 따라서 무슬림들에게 기독교인이 되라는 것은 과거로 돌아가는 것을 의미합니다. 그럼에도 이는 기독교의 전통적인 방법입니다. 우리는 개혁주의적 입장을 이해하기 위하여 이슬람에 대한 종교개혁자들의 견해를 좀 더 살펴볼 필요도 있습니다.

이슬람과 기독교의 불편한 관계의 역사입니다. 이슬람의 창시자 무함마드는 A.D. 570년에 아라비아 반도의 메카에서, 쿠라이쉬Quraish 부족의 하심가문에서 태어났습니다. 이슬람에 의하면 그가 나이 40이 되었을 때, 메카에서 2마일 떨어진 히라산 동굴에서 계시를 받고 모든 우상을 제거하고 쿠라이시 부족의 신神이었던 '알라'만을 섬기라고 주장하면서 새로운 종교를 시작했습니다.

무함마드는 70여 차례 전쟁을 치렀으며, 그 가운데 직접 군대를 지휘한 것도 27차례나 됩니다. 무함마드는 칼을 들고 아라비아 반도를 통일했습니다. A.D. 632년 무함마드는 62세로 메디나에서 고열과 폐렴으로 죽었습니다.

무함마드가 사망한 이후에 그의 후계자들을 통해 무슬림 세계는 아라비아 반도를 넘어서 비잔틴 기독교제국을 정복해 나갔습니다. 10년 후 이슬람 군대는 이집트와 메소포타미아와 페르시아 대부분을 점령했습니다. 이후 70년 동안 서쪽으로 진군해서 북부 아프리카 전체를 정복했습니다. 그리고 15세기까지 이슬람 군대는 이베리아 반도와 남부 이탈리아, 그리고 남부 프랑스와 지중해 서부를 점령했습니다.

오스만과 터키의 술탄 메멧 2세 때인 1453년에 고대 로마의 수도였던 콘스탄티노플이 함락됨으로, 비잔틴제국은 역사 속에서 사라졌습니다. 메멧 2세는 여세를 몰아 발칸 반도 안으로 유럽의 중심부를 향해 터키제국의 경계를 넓혀 나갔습니다. 1475년에는 크림반도the Crimea를 탈취했습니다. 나아가 1500년에는 알바니아Albania를, 1512년에는 몰다비아Moldavia를, 1516년에는 루마니아Romania를, 1517년에는 몬테네그로Montenegro를 복속시켰습니다. 1517년은 바로 마르틴 루터Martin Luther가 34살의 나이로 종교개혁의 기치를 든 때입니다. 1529년 비엔나에서 그 걸음을 멈추게 되기까지, 이들은 계속해서 유럽 중앙으로 전진해 들어갔습니다. 이 절박한 상황에서 종교개혁이 일어났습니다. 이슬람 군대인 오스만 터키와의 전쟁이 종교개혁의 다양한 배경을 형성했다는 것은 잘 알려져 있습니다.

이슬람에 대한 루터의 저서들을 살펴봅니다. 마르틴 루터가 이슬람에 대해 최초로 언급한 것은 종교개혁이 일어난 그 다음 해인 1518년에 쓴 『사면의 능력에 대한 논쟁의 해답들』입니다. 또한 서신 등을 통해 이슬람에 대하여 언급하고 있으나, 본격적으로 이슬람에 대해 써서 출판한 작품은 1529년 『터키인들에 대항하는 전쟁에 대하여』이었습니다. 그 후 루터는 터키군대의 움직임을 전해 듣고, 또 하나의 작품을 출판했습니다. 『터키인들에 대항하는 군대설교』이었습니다. 세 번째 작품은 『터키인들에 대항하는 기도에 관한 훈계』이었습니다. 이 작품을 총 세 번 (1539년, 1541년, 1543년)에 걸쳐 썼습니다.

이와 함께 1530년 출판된 책 『터키의 의식과 윤리에 대한 책』의 서론을 썼습니다. 또 기억할 만한 것은 루터가 1542년에 편집 번역한 작품인데, 이 책은 1300년경에 도미니칸 수도사인 리콜도가 쓴 『꾸란에 대한 반박』입니다. 본래 루터는 이 책을 부정적으로 봤으나, 그가 꾸란의 라틴어 번역본을 읽은 후에 이 책을 긍정적으로 봤으며 그 후에 그는 이 책을 편집해서 번역했습니다. 또한 1530년 헝가리의 게오르기우스가 출판한 『무슬림의 의식과 도덕에 대한 책』에서 루터는 '경건한 독자에게'라는 서문을 썼습니다. 이 책은 도미니크 수도사인 게오르기우스가 1480년 터키에 사로잡혀서 오랜 기간 동안 노예로 있으면서 직접 보고 경험한 것을 적은 책입니다. 루터는 이 책을 이슬람에 대해 알 수 있는 매우 유익한 책으로 여겼습니다. 이슬람에 대한 또 다른 작품의 서문이 있는데 1542년에 아랍어에 능통했던 취리히의 신학자 테오도르 비블리안더가 독일어로 번역한 꾸란의 서문입니다. 루터는 1543년 초에 나온 이 책의 서문을 썼습니다. 다양한 루터의 글을 통해 루터가 이슬람을 어떻게 이해했는지 살펴볼 수 있습니다.

이슬람에 대한 루터의 이해입니다. 첫째, 루터는 이슬람의 침략에 대항하는 십자군을 반대했습니다. 유럽을 정복하려는 이슬람에 대항하는 십자군을 루터가 반대한 이유는, 기독교인들이 하나님께서 말씀대로 살기를 거부하고 하나님을 떠난 기독교인들을 징계하시기 위해 하나님께서 이슬람 군대를 보낸 것으로 이해했기 때문입니다. 루터는 이슬람을 하나님의 채찍으로 이해했습니다.

따라서 루터는 이슬람을 향해 칼을 들고 벌이는 전쟁은 하나님에 대항하는 것으로 이해했습니다. 여기서 그는 '이슬람을 허락하신 하나님의 뜻'에 대한 인식을 가지고 있었습니다. 가나안에 입성한 이스라엘이 하나님을 떠났을 때 하나님께서 블레셋을 통해 이들을 징계하시고, 북왕국 이스라엘이 앗수르에 망하고 남왕국 유다가 바벨론에 멸망했듯이, 기독교의 타락이 이슬람이라는 징계를 불러 왔다고 본 것입니다.

둘째, 루터는 이슬람과의 외적인 전쟁보다는 먼저 내부의 적敵인 '기독교인들의 부패와 타락'을 회개할 것을 촉구했습니다. 외부의 적인 이슬람보다 내부의 적인 교황청이 더욱 악하다고 본 것입니다. 교황청의 사기꾼들이 사람들에게 면죄부를 주면서 이슬람 군대와 싸우도록 부추기는 것을 비판하면서, 이슬람 군대보다 내부적인 부패와 거짓과의 싸움이 우선이라고 본 것입니다. 즉, 기독교인의 부패와 타락에 대한 회개가 이슬람보다 더 시급한 문제라고 루터는 봤습니다.

셋째, 루터는 이슬람과의 전쟁은 영적인 것이라고 봤습니다. 오스만 터키 이슬람 군대와의 전쟁은 단순한 전쟁이 아니라 사탄과의 전쟁이라고 확신했습니다. 그는 이슬람의 신神을 사탄으로 봤고, 이 영적인 전쟁은 기독교인들이 회개와 기도를 통해서만 승리를 거둘 수 있으며, '기독교인들을 징계하시는 하나님'의 손에 있는 이슬람이라는 채찍을 빼앗을 수 있다고 말했습니다. 그러므로 그는 기독교인들이 회개와 기도로써 이슬람과의 영적인 전쟁에서 승리해야 한다고 생각했습니다.

넷째, 루터는 이슬람을 종말론적인 적敵으로 인식했습니다. 1529년 이슬람 군대가 오스트리아의 비엔나Vienna를 포위한 소식을 들으면서, 그는 임박한 종말을 의식하며 이슬람을 종말론적인 적으로 인식하고 있었습니다. 〈터키인에 대항하는 군대 설교〉에서 그는 말세에 예언된 두 폭군을 교황과 이슬람으로 해석하고, 다니엘서 7장의 4번째이자 마지막 짐승을 로마제국으로, 열 뿔을 제국 내의 나라들로, 그리고 뿔들 사이에 있는 '작은 뿔'을 이슬람으로 이해했습니다. 교황을 "위선의 가면을 쓰고 성전에 앉아서 하나님의 질서를 파괴하는 적그리스도"로, 이슬람을 "선하고 정결한 덕목을 지닌 광명한 천사로 가장한, 사단의 계략을 가진 적그리스도"로 이해했습니다.

종교개혁 당시의 이슬람 군대의 침략은 온 유럽을 혼란에 빠뜨리기에 족한 사건이었습니다. 심지어 그는 세상의 종말이 멀지 않았다고 생각했을 정도였습니다. 그러나 그는 신학적, 정치적 눈을 가지고 교회와 세속 권력이 이 위기를 어떻게 대처해야 하는지 차분하게 조언했습니다.

이 조언은 지금의 한국교회에게도 유용합니다. 위기를 맞고 있는 한국교회는 루터의 조언에 따라서 내부적으로 말씀과 거룩을 따르며 교회가 가지고 있는 신앙고백을 확인할 필요가 있습니다. 우리의 싸움은 그의 견해처럼 영적인 전쟁입니다. 따라서 회개와 인내가 그 모습이 되어야 합니다. 만일 힘이 필요하다면 그것은 교회가 사용할 것이 아니라, 세속정부의 영역에 있는 기독교인들의 역할로서 이루어져야 합니다. 이것이 혼돈될 때 교회는 하나님 나라의 모습을 잃게 될 것입니다. 기독교인들은 사랑의 모습으로 무슬림들에게 복음을 전해야 합니다.

우리는 기독교가 발전하고 융성했던 곳들이 이슬람으로 대체된 것에 대해 심각하게 생각해야 합니다. 기독교가 변질되고 골고다 산상의 십자가를 자신을 위한 도구로 전락시킬 때 이슬람이 몰려왔고, 그에 대항할 만한 능력을 상실한 채 시간이 흐르면서 기독교는 그 주권을 이슬람에게 내어 주고 말았습니다. 중동이 그랬고, 유럽이 그 길을 가고 있습니다. 우리 곁에 이슬람이 다가오고 있습니다. 이 중요한 시기에 한국교회와 기독교인들은 다시 개혁을 논해야 합니다. 개혁된 교회는 항상 개혁되어야 하기 때문입니다. 지금이 바로 그 때입니다. 이슬람으로 인해 종교개혁을 가속화시켰던 마르틴 루터의 말로 결론을 내리고자 합니다.

"내 말은 이슬람에 대항해서 싸우지 말자는 것이 아니라, 그 전에 자비로우신 하나님 앞에 우리 자신을 더 개선하자는 것입니다."

이슬람에 대한 종교개혁자 칼뱅의 견해

1

존 칼뱅John Calvin, 1509~1564은 종교개혁을 이끈 프랑스의 기독교 신학자입니다. 역사의 여명黎明기에 칼뱅은 가톨릭 사제, 법률가, 기독교 인문주의자가 되고자 했습니다. 그러나 갑작스러운 회심悔心을 통해 오직 성경만을 유일한 텍스트로 삼아 그것의 교사doctor, 해석자interpres, 수호자custos로서 살았습니다. 그의 위대한 저서는 그의 나이 27세 때 라틴어로 출판한 『기독교강요』입니다. 그리고 그가 쓴 주석은 많은 주석들 가운데 이정표적인 저술로 평가받고 있습니다. 젊은 칼뱅은 기독교신학의 정수精髓가 되는 교리들을 정리하고 심오하게 제시했습니다.

그가 살았던 종교개혁시대에 이슬람은 가장 큰 팽창을 이루었고, 이슬람 제국의 황금기였습니다. 당시 오스만 터키 이슬람제국은 유럽인들에게 두려움과 공포의 대상이었고, 대부분의 종교개혁자들의 글에서 '터키인들Turks, 이슬람'에 대해서 언급을 하고 있었습니다. 그는 1544년에 쓴 그의 저서 『교회개혁의 필요성』에서 "터키인이슬람과의 전쟁은 온 정신을 혼미하게 만들어 버렸고, 놀라움으로 가득차 있는 상태"라고 말했습니다. 이처럼 루터와 마찬가지로 그 역시 당시 이슬람을 두려움의 대상으로 생각하고 있었으며, 무엇보다도 이슬람의 움직임에 대한 국제정세를 꿰뚫고 있었습니다. 그가 무슬림들과 실제적인 논쟁은 벌였다거나 그들과 직접적으로 접촉했다는 기록은 없습니다. 왜냐하면 루터 당시에는 비엔나를 정복하기 위해서 이슬람 세력이 물밀듯이 밀려왔을 때인데 반해 당시에는 이슬람 군대가 비엔나를 정복하지 못한 채 물러가고 나서 이슬람의 공격으로부터 어느 정도 안정된 된 시기의 차이가 있었기 때문입니다. 또한 지정학적으로 루터는 이슬람이 시시각각 다가오는 독일에서 일했지만, 이슬람의 세력으로부터는 안정적인 제네바에서 일했던 그였습니다. 그러나 그의 작품 속에 나타난 이슬람에 대한 언급으로 볼 때 그는 이슬람에 대한 지대한 관심을 가지고 있었습니다.

이슬람에 대한 그의 가장 큰 특징은 신학적 오류를 지적하는 그의 엄격함입니다. 그의 주석과 설교들, 강의들 속에 방대하게 흩어져있는 내용을 중심으로 이슬람에 대한 그의 견해를 살펴볼 수 있습니다.

첫째, 무함마드는 거짓 선지자요 배교자라고 봤습니다. 그는 무함마드를 '거짓 선지자'로 부르는 것을 주저하지 않았습니다. 신명기 13장 1절 이하에 관한 설교에서 "기독교 신앙은 삼위하나님에게로 나아가지 않는 자들이 반대하는데, 그들은 바로 무슬림들, 이방인들, 그리고 유대인들이다"고 말하며, 그들은 신성모독을 했으며, 교회로부터 마치 썩은 가지처럼 철저히 단절되었으며 그들이 복음에 대하여 저항하거나 기독교를 없애기 위해서 애쓰는 것은 우리가 놀랄 일도 아니라고 했습니다. 그는 신명기 18장과 33장에 예언된 선지자가 무함마드가 될 수 없다고 했습니다. '위로자'는 그리스도와 성령에 적용될 수 있는 것이므로, 보다 완벽한 계시가 그리스도가 출현한 이후인 7세기에 무함마드에게 도래했다는 이슬람의 해석을 비판했습니다. 한 걸음 더 나아가 그는 무함마드를 '배교자'라고 부르기를 주저하지 않습니다.

그는 1550년에 데살로니가후서에 관한 주석에서 '죄의 사람'과 배교를 로마교도들과 동일시했으며, "변절이 보다 널리 퍼졌도다! 무함마드가 변절자였으므로 그는 그리스도로부터 그의 추종자에게로, 터키인들에게로 돌아섰다. 무함마드의 분파는 격렬한 홍수와 같은데, 그것의 폭력 안에서 교회의 절반을 떼어내어 갔다"고 주장했습니다.

무함마드는 메카에서 살면서 실제로 기독교 에비온파Ebionite의 영향을 받았습니다. 기록에 의하면 무함마드 당시에 메카에는 에비온파 신자들이 수백 명이 살고 있었습니다. 무함마드의 아내 카디자 또한 에비온파 신자였습니다. 또한 무함마드에게 영향을 끼쳤던 이븐 와라카 나우팔 역시 에비온파의 사제였습니다. 무하마드가 결혼을 할 때, 에비온파 의식에 따라서 결혼식을 했다는 견해도 우세합니다. 따라서 그는 무함마드를 변절자라고 불렀다는 것을 추측할 수 있습니다.

둘째, 삼위일체를 부인하는 일신론적 이단으로 봤습니다. 그는 이슬람의 이단성을 신랄하게 비판했습니다. 1550년에 집필한 주석 중 요한일서 4장 2절과 3절을 근거로 "예수님이 하나님의 아들로서 이 땅에 오신 것을 부정하는 이슬람은 기독교 이단"이라고 주장했습니다. 또한 요한일서 4장 6절을 해설하면서 거짓 선지자의 거짓 예언을 잘 분별하도록 권면했습니다.

이슬람은 이단 가운데 어떤 이단일까요? 이슬람은 한 분 하나님을 강조하면서도, 예수 그리스도의 하나님 되심을 부인하고 성령의 하나님 되심을 부인하는 일신론적 이단입니다. 그는 그의 『기독교강요』에서 "무슬림들도 천지의 창조자는 하나님이라고 힘껏 외치지만, 그리스도를 부정하는 우상으로서 진정한 하나님을 대치하고 있다"고 했습니다. 그리고 "아들이 없는 자에게는 또한 하나님이 없으되"(요한일서 2장 23절)라고 한 말씀을 언급했습니다. 이슬람의 알라는 삼위일체를 부인합니다. 또한 위격이 없이 단일합니다. 요한일서 2장 18절에 대한 주석에서 그는 '적그리스도 왕국의 전령사'들로 여러 이단들을 언급하면서, 무슬림들과 유대인들이 삼위일체로 자신을 계시하신 하나님 대신에 일신론적인 우상을 숭배하고 있다고 했습니다. 이슬람에서는 삼위일체를 부정할 뿐만 아니라 예수의 하나님 아들 되심도 부정합니다. 따라서 예수를 통한 중보 또한 부정합니다. 따라서 그는 삼위일체를 부인하는 일신론적 이단으로 이슬람을 이해했습니다.

셋째, 이슬람은 적敵그리스도라고 봤습니다. 그에 의하면 이슬람은 적그리스도입니다. 그는 신명기 설교(13장 6~11절)를 통해서 "무함마드는 터키인들이 그들의 무함마드를 하나님의 자리"에 두고 있는데, "그런 자들은 그들 자신이 고안해서 만들어 내는 악마"일뿐이라고 말한바 있습니다. 1556~7년에 낸 신명기에 관한 설교(18장 15절; 33장 2절)을 다음과 같이 설명했습니다. "무함마드가 그의 〈알 꾸란Al Coran〉이 절대적인 지혜라고 말하고, 교황은 그의 칙령이 절대적이라고 말한다. 왜냐하면 그들이 적그리스도의 두 뿔이기 때문이다." 그는 다니엘의 예언들을 전적으로 역사적으로 과거에 일어난 일, 즉 한편으로는 안티오커스 IV 에피파네스와 다른 한편으로는 고대 로마와 연관시키는 것으로 일관성 있게 해석했습니다. 그는 교황을 서방의 그리스도의 대적자요, 이슬람은 동방의 그리스도대적자라고 했습니다. 그는 이 둘을 '두 뿔'로 언급했습니다. 그에 의하면, 이슬람 혹은 이슬람을 창시한 무함마드는 그리스도의 대적자 혹은 그리스도의 대적자의 뿔로 봤습니다. 하지만 그가 이슬람을 그리스도 대적자라고 표현했다고 해서 무슬림을 적대시한 것은 결코 아닙니다. 그가 이슬람을 향해 그리스도 대적자라고 표현한 것은 이슬람의 배후에 사탄이 일하고 있다는 의미였습니다. 무슬림 자체가 그리스도 대적자라는 뜻이 결코 아니었습니다.

넷째, 무슬림에 대한 선교와 개종 가능성입니다. 그는 이슬람을 교리적인 차원에서 예리하게 비판했지만, 무슬림들이 도덕적으로 질이 낮다고 보지는 않았습니다. 다시 말해, 이슬람에 대한 날카로운 비판의 소재는 교리였지, 윤리적·도덕적 행위가 아니었습니다. 그렇다면 "이슬람을 추종하는 무슬림들은 저주받아 마땅한 버림받은 자들인가"하는 선교적인 문제가 제기됩니다. 그는 무슬림이 회개하고 구원을 받을 수 있다고 믿었습니다. 그는 무슬림이 기독교인들에 의해 복음화될 수 있고, 또 그렇게 되어야 한다고 주장했을 뿐만 아니라, 하나님께서도 많은 무슬림들을 신·구약성경의 참되신 삼위 하나님께로 나아오도록 정확히 예정하셨다고 믿었습니다. 그는 신명기 23장 7절에 관한 그의 설교에서 "개종이 가능하고 세례 받는 것이 가능한 무슬림들은, 이집트인보다 더 나았고 지금도 더 낫다(창세기 41장 1~출애굽기 1장 7절). 하나님께서는 그 일을 잊지 않으실 것이다"라고 했습니다. 또한 "하나님께서 많은 무슬림들을 성경의 삼위 하나님께로 돌이키실 것을 예정하셨다는 것"이 이사야 19장 21-25절의 설교에도 기록되어 있다고 했습니다. 이집트의 무슬림들과 이스라엘의 유대주의자들과 이라크와 이란의 이슬람 민족들이 그리스도께로 나아오게 되고 그의 교회에 가담하게 될 것을 생각하면서 "영광스러운 날이 오고 있도다!"라고 했습니다. 그는 무슬림들이 참된 진리가 있는 교회로 돌아오기를 바라는 태도를 가지고 있었습니다.

그는 교리적, 신학적 잘못을 단호히 배격하고 비판하면서도 이슬람 역시 구원의 대상이라는 사실을 잊지 않았습니다. 그는 무슬림이 증오의 대상이 아니라 인격적으로 대우해 주어야 하며, 참된 진리의 말씀으로 돌아올 수 있도록 기도해야 하는 나눔과 섬김으로서 선교의 대상으로 인식했습니다. 그는 무슬림들이 기독교인에 의해 복음화 될 수 있고 또 되어져야 한다고 주장했을 뿐 아니라, 무슬림들이 삼위 하나님 앞으로 돌아올 것이라는 확신이 있었습니다.

　이러한 그와 종교개혁자들의 견해에도 기독교역사 속에 나타난 기독교는 무슬림들에게 복음을 전해야 하는 사명에 대한 인식이 부족했습니다. 따라서 성경이 아랍어로 번역된 것은 이슬람이 시작된 지 227년이 지난 837년이었고, 정작 아랍어 성경이 출판된 것은 1516년이었습니다. 이러한 무관심으로 인해 전 세계 무슬림들의 80%는 복음을 들어보지 못하게 되었습니다. 앞으로 한국 땅에서도 소리 없이 정착하여 살아가고 있는 약 25만 명의 무슬림에 대해 복음을 전하는 운동이 일어나야 할 것입니다.

이슬람에 대한 종교개혁자 불링거

종교개혁은 유럽사회가 로마 가톨릭교회 중심의 중세적 질서체제에서 근대적 민족국가로 변모하는 과정에서 결정적인 역할을 한 매우 중요한 역사적 사건이었습니다. 한편 이 시기는 오스만 제국의 유럽을 향한 군사적 팽창과 영토 확장이 최고조로 달했던 순간이었습니다. 종교개혁의 여파로 구교와 신교의 갈등이 고조되던 16~17세기는 오스만 제국에게 유럽으로 영토 확장을 위한 다시없는 절호의 기회로 여겨졌습니다. 종교개혁 직후인 1520년 오스만 군대는 헝가리를 침공해서 중부유럽을 장악했고, 여세를 몰아서 1529년에는 신성로마제국의 수도인 오스트리아 빈까지 포위했습니다. 오스만 군대의 빈 공략은 유럽 전체가 공포에 휩싸일 정도로 가공할만한 사건이었습니다. 또한 이 무렵 이슬람에 대한 관심이 그 어떤 시기보다 고조되었습니다. 종교개혁자들은 심지어 이슬람으로 개종하는 기독교인들이 줄을 잇는 것을 보면서 이슬람의 유럽

점령이 가시화 된 것뿐만 아니라 이슬람화까지 이어질 수 있다고 판단했습니다. 종교개혁자들 중에서 이슬람에 관심을 가졌던 사람은 루터, 칼뱅, 츠빙글리, 불링거와 같은 신학자들이 있었지만 가장 이슬람에 대해 체계적으로 연구해서 이슬람 책을 저술했던 신학자는 불링거였습니다. 그는 스위스 취리히의 종교개혁자로서 40년 이상 교회를 효과적으로 이끈 탁월한 지도자일 뿐 아니라 역사적으로 혼란했던 시기에 사람들에게 존경받는 신학자요, 설교자요, 상담가였습니다.

이슬람에 대한 불링거의 이해입니다. 그는 1567년에 『터키』라는 책을 출간했습니다. 여기에서 터키란 당시 오스만 터키라는 의미와 함께 그들의 종교인 이슬람을 지칭하는 말이었습니다. 따라서 이 책의 제목은 내용상 '이슬람'이라고 써도 무방할 것입니다. 이 책은 이슬람에 관한 불링거의 가장 중요한 책입니다. 그는 이 책의 표지에 요한계시록 9장 16절과 17절을 실었습니다. "마병대의 수는 이만만이니 내가 그들의 수를 들었노라. 이 같은 환상 가운데 그 말들과 그 위에 탄 자들을 보니 불빛과 자주빛과 유황빛 호심경이 있고 또 말들의 머리는 사자머리 같고 그 입에서는 불과 연기와 유황이 나오더라"

그는 그 시대에 터키인들이 유럽으로 물밀 듯이 쇄도해 들어오는 모습을 보면서 루터처럼 어떤 종말적인 분위기를 느꼈던 것 같습니다. 책의 첫 장의 제목이 '이슬람의 신앙과 거짓 선지자 무함마드에 대하여'였습니다. 그 책의 첫 문장을 "터키인들의 신앙은 무함마드의 신앙이다"라는 말로 시작하는데, 바로 이어진 문장에서 그는 무함마드를 교활하고, 비열하고, 위선적이라고 특징지었습니다. 이 책의 둘째 장의 제목은 '기독교 신앙만이 참된 신앙이며 그렇게 남아 있다'인데, 첫 문장이 "한 마디로 하나의 오래되고 참되고 거룩하고 의심할 여지없는 신앙이 세상의 시작부터 있었는데"라고 하여 기독교신앙의 진리성을 천명했습니다. 이 책의 내용은 무슬림의 신앙과 삶에 대한 전형적인 비판입니다. 특별히 그는 디모데전서 4장과 골로새서 2장을 인용하면서 무함마드와 그와 같은 교훈들을 심지어 '사탄의 교훈'이라고까지 불렀습니다.

그는 이슬람을 타종교가 아닌 기독교 이단으로 봤습니다. 그가 1566년에 펴낸 것으로 여겨지는 『제 2 스위스 신앙고백』에서 삼위일체 하나님에 대해 고백하면서 이슬람의 가르침을 '잘못된 가르침'이라고 했으며 이슬람교도들을 가리켜 이단자라고 칭했습니다. 뿐만 아니라 꾸란은 그리스도의 인성과 생애, 성육신, 예수 그리스도 안의 구원, 삼위일체와 같은 기독교 신앙의 중심교리를 받아들이지 않으며, 특히 예수가 하나님의 아들이라는 사실을 부정할 뿐만 아니라, 예수의 죽음과 부활을 부정하고 유일한 중보자의 존재도 부정하는 이단이라고 생각했습니다. 이슬람의 이단성을 처음 연구한 사람은 현재의 시리아의 수도 다마스쿠스에서 살았던 비잔틴 신학자 요한네스Johannes였습니다. 그는 무함마드가 죽은 지 약 20년 후에 태어났습니다. 만수르의 명문가 출신인 그의 아버지는 이슬람군주 무아위야 1세 아래에서 재무부장관을 지냈습니다. 무아위야 1세의 뒤를 이은 왕이 기독교에 적대적인 정책을 펴자 요한네스는 예루살렘 근처의 마르사바수도원에 은신해서 이슬람을 연구했습니다. 그는 자신의 신학적 저술인 『지식의 근원』 '제2부 이단에 관하여' 에서 이슬람을 이단으로 간주했습니다. 그 이유는 "무함마드가 이단이었던 아리우스파 수도사로부터 정보를 받아서 이슬람이 시작되었으며, 꾸란에서 예수님은 비록 하나님의 말씀이며, 영으로 언급되지만. 그리스도의 신성을 부인하기 때문에 이단이다"라고 했습니다. 그는 요한네스의 입장을 따르고 있었습니다.

그에게 꾸란은 고대 교회의 모든 이단들의 거짓을 모은 것에 불과했습니다. 꾸란의 기원을 하나님이 아니라 무함마드에게서 시작된 것으로 봤습니다. 더불어 꾸란에 담겨있는 이단적인 요소들을 지적했습니다. 무함마드가 신에게 받았다고 하는 계시와 비전Vision 역시 지어낸 것이라고 주장했습니다. 꾸란은 이단 사제의 도움과 완고한 유대인과 잘못된 기독교인의 조언이 섞였으며 아리안, 마케도니안, 네스토리안과 같은 이단들에 의하여 부패된 것이라고 주장했습니다.

또한 꾸란은 그리스도의 죽음과 부활 그리고 그의 유일한 중보자 되심도 부인했습니다. 이 같은 그리스도의 사역에 대한 부인은 그리스도 안에 있는 믿음으로만 의롭게 된다는 기독교 신앙의 주된 교리의 부인합니다. 그는 금식, 기도, 구제, 알라와 이슬람을 위해 싸우다 죽음으로서 모든 죄에서 해방된다는 교리를 만든 것에 대한 책임을 무함마드에게 물었습니다. 또한 영생, 예배, 결혼 등에 대한 꾸란의 이해는 근본적으로 기독교 신앙에 반대되는 것으로 봤습니다.

그는 1551년 헝가리의 이슬람 정권의 지배 아래에 있었던 '기독교인으로서 어떻게 살아야 하는가'에 대한 헝가리 기독교 지도자들의 편지에 대해 1551년 6월에 선명하고 원론적인 답신을 보냈습니다. 성경의 신자들이 사도시대에 우상을 숭배하는 로마제국 아래서도 살았으며, 또한 이스라엘 백성들은 앗수르의 통치 아래서 바벨론 포로가 된 상태에서도 살았습니다. 이러한 신뢰 속에서 그는 헝가리 신자들에게 예레미야의 가르침을 근거로(예레미야 29장 7절) 평안 중에 삶이 유지될 수 있도록 무슬림들을 위해서 기도할 것을 부탁하고 있습니다.

특별히 그는 헝가리와 동유럽에 대한 오스만 제국의 지배가 우리 모두의 죄악과 관련된 것임을 밝혔습니다. "우리의 죄악이 하나님의 회초리를 벌었다." 그는 헝가리 기독교인들로 하여금 이슬람 종교로 인한 고통을 탓하기 전에 그들 자신들을 먼저 살필 것을 요구하는 것이었습니다. 그리고 그는 헝가리 교인들에게 핍박이 올지라도 하나님이 금지하신 이슬람의 신앙과 의식에 참여하지 않아야 한다는 것을 분명히 했습니다. 그 역시 루터와 마찬가지로 이슬람의 침략을 하나님의 징계로 봤고, 이와 관련해서 헝가리 기독교인의 회개와 경건회복이 요청된다는 것을 편지에 언급했습니다.

이슬람에 대한 그의 견해를 다루면서 우리에게 주는 두 가지의 교훈이 있습니다. 하나는 분별의 척도를 확보하는 것입니다. 이슬람은 기독교 입장에서 보았을 때, 많은 부분이 다릅니다. 무엇보다도 신앙의 근간이 되는 삼위일체에 대해 이슬람에서 유일신에 대한 고백은 있으나 예수 그리스도의 주되심에 대한 고백은 없습니다. 또한 신앙에 있어서 핵심적인 내용은 대속[1]의 은혜인데, 예수의 주되심을 부인하는 그들에게 있어서는 대속이 없고 공덕에 의한 구원이 있을 뿐입니다. 또 하나는 이슬람에 대해 경계할 것은 경계하되 그들 역시 선교의 대상으로 여기며 긍휼의 마음을 갖는 것입니다. 그는 하나님의 백성 밖에 있는 자들의 믿음과 삶에 대해 보다 긍정적인 암시를 제공해주었습니다. 즉, 무슬림 또한 전도와 선교의 대상이란 점에 있어서 긍휼의 여지는 있습니다. 이 점은 그에게 있어서 돋보이는 점입니다.

종교개혁 당시와 같이 다시 한 번 21세기 거대한 종교로 우뚝 선 이슬람입니다. 우리나라 또한 2016년 한 해 동안 이슬람 관광객 1백만 명이

---

[1] 대속은 예수의 십자가 죽음이 단순한 희생이나 순교의 죽음이 아니라 인류의 죄과에 대한 책임을 짊어지고 하나님과 화해시키기 위해, 스스로는 아무 죄도 없이 죽어갔다는 신앙고백을 말합니다. 대속한다는 말의 원어는 옛날 노예나 포로를 몸값을 치르고 찾아오는 경우에 쓰였으며, 거기에서 전용되어 '해방한다', '자유를 준다'는 뜻도 되며, 예수 죽음의 의미를 가장 잘 말해주는 용어로 쓰이고 있습니다. 성경은 이미 예수 그리스도가 자기 죽음이 속죄의 죽음임을 자각하고 있었음을 말하고 있으며, 원시교회는 예수 고난의 죽음과 부활로 이 세상의 죄와 죽음이 정복되고 완전한 승리자, 영광의 주인 예수 그리스도를 확신하고 있었음을 알 수 있습니다. 또한 대속은 하나님의 독자적인 사랑의 행위이며 하나님과 신앙인과의 교류를 회복하고 강고強固히 하는 것으로, 하나님의 구원사업의 중핵을 이루는 것으로 되어 있습니다.

우리나라를 다녀갔으며 할랄 시장의 확대 등으로 정부는 이슬람 인구를 맞이할 준비를 하기도 했습니다. 이슬람은 더 이상 중동의 종교가 아닙니다. 전 세계 이슬람 인구의 3분의 2가 아시아에 살고 있습니다. 세계에서 가장 이슬람 인구가 많은 나라는 국민의 80%가 무슬림인 인도네시아(약 1억9000만) 두 번째, 인구의 96%가 무슬림인 파키스탄(약 1억7000만) 그리고 인구의 89%가 무슬림인 방글라데시(약 1억5000만)입니다. 이 나라들 이외에도 이슬람 국가인 우즈베키스탄과 키르키스탄 등 5개국이 우리나라로 들어오고 있는 인력 송출국입니다. 또한 한국인 이슬람 인구도 증가추세입니다. 1956년 208명이었던 한국 이슬람인구는 1970년 3700명, 2009년에는 9만1000명으로 성장했습니다.

역사가 아놀드 토인비는 "역사는 도전에 대한 응전으로 발전되어 왔다"고 했습니다. 종교개혁자들은 이슬람의 도전 앞에 이슬람을 철저히 연구했고 종교개혁을 성공적으로 수행함에 따라서 더 이상 이슬람의 문제는 존재하지 않게 되었습니다. 이제 밀려오는 이슬람의 도전 앞에 한국교회는 응전을 준비해야 합니다. 종교개혁자들은 이러한 이해 위에서 세상을 보고, 교회의 역할을 권고했습니다. 한국교회는 끊임없이 성장하는 이슬람에 대해 경각심을 가지고 이슬람을 올바로 이해해야 합니다.

이슬람을 무조건 적대시할 것이 아니라, 루터나 칼뱅, 불링거처럼 객관적이고도 정확한 이해를 통해서 무슬림도 십자가의 능력으로 전도해야 하는 대상으로 이해해야 합니다.

영국의 이슬람 성장이
한국교회에 주는 교훈

i

　2016년 5월 22일 영국 맨체스터의 대형 공연장에서 무슬림에 의한 자살폭탄 테러로 22명이 죽음을 당하고 59명이 치료를 받았습니다. 2017년 3월 22일 런던 국회의사당 인근 웨스트민스터 다리에서 승용차를 이용한 테러가 발생하고 테러 경계를 올린 지 두 달 만에 다시 테러가 벌어졌습니다. 이번 테러 사상자 수는 2005년 런던 지하철 연쇄 자폭 테러로 52명이 사망한 이후 영국이 입은 테러 피해 중 가장 큰 것이었습니다.

　과거 영국은 청교도 운동이 일어나고 기독교가 꽃을 피워 전 세계에 선교사를 파송하는 중심적인 역할을 했습니다. 그러나 오늘날의 영국은 유럽에서 이슬람의 중심지로 변하고 있습니다. 영국의 기독교 인구는 내리막길을 걷고 있는 반면에 이슬람은 가장 성장하는 종교가 되었습니다. 유라비아Eurabia라는 단어는 유럽에 사는 아랍사람들의 연합과 결속을 위해 1970년대에 만들어진 잡지의 이름으로 '유럽'과 '사우디아라비아'의 합성어입니다. 그러나 이제 유라비아라는 단어는 유럽이 이슬람화되어간다는 상징으로 바뀌었습니다. 유라비아의 수도는 런던니스탄Londonistan, 런던이 아프가니스탄과 같은 테러지원 도시로 변해간다는 것을 비꼬는 말이 되어가고 있습니다.

영국에 이슬람이 들어오게 된 원인입니다. 그렇다면 영국에 이슬람이 들어오게 된 원인은 무엇인가요? 첫째, 노동력의 부족으로 외국인 노동자들이 대거 들어오게 되었습니다. 영국은 2차 세계대전 이후에 많은 젊은이들이 사망하고 전쟁으로 폐허가 된 도시를 재건하는 과정에서 외국인 노동자들이 필요하게 되었습니다. 이 때 임금이 상대적으로 싼 가난한 외국인들이 이민을 오게 되었는데 그들이 대부분 이슬람 국가에서 왔습니다. 인도, 파키스탄, 방글라데시 등에서 이민자들이 들어왔습니다.

둘째, 영국인들의 저출산입니다. 저출산으로 인한 영국의 인구감소 문제는 심각합니다. 영국은 한 여성이 평균 1.6명의 자녀를 낳습니다. 셋째, 고령화입니다. 저출산 문제로 인해 젊은이들은 줄어드는데 노인 인구는 늘어납니다. 그래서 젊은이들이 필요합니다. 노동력의 부족과 저출산 그리고 고령화로 인해 이슬람 인구가 늘어나고 있습니다.

영국에서 이슬람의 성장원인입니다. 첫째, 이민입니다. 1997년과 2010년 사이에 영국으로 550만 명의 외국인이 들어왔으며 영국 내 무슬림의 68%는 남아시아 출신들입니다. 파키스탄이 가장 많은데 전체 무슬림의 43%였으며, 방글라데시인들이 17% 그리고 인도인들이 8%입니다. 7%는 흑인들입니다. 12%는 백인들입니다. 대부분의 무슬림이 잉글랜드에 살고 있지만 스코틀랜드에도 존재합니다. 스코틀랜드 지방정부에 따르면 스코틀랜드 외국인의 61%가 무슬림이라고 합니다.

둘째, 다산多産입니다. 이슬람의 창시자인 무함마드는 그의 마지막 설교에서 "자녀를 많이 낳아서 이슬람을 번성케 하라"고 했습니다. 이슬람에서는 이러한 가르침으로 인해 피임을 금지합니다. 또한 꾸란은 독신을 허용하지 않습니다. "너희들 가운데 독신자는 결혼할지어다."(꾸란 24장 32절) 따라서 무슬림 여성은 모두 결혼하며 자녀를 많이 낳으려합니다. 이슬람은 성장하고 있습니다. 영국에서 방글라데시, 파키스탄 무슬림 여성은 평균 6~7명의 자녀를 낳습니다. 시간이 지나면서 이슬람 인구가 늘어날 수밖에 없습니다.

셋째, 꾸란에 의하면 무슬림 여성은 반드시 무슬림 남성과 결혼해야 합니다(꾸란 2장 221절). 반면에 무슬림 남성은 무슬림 여성, 유대인 여성, 기독교인 여성과 결혼할 수 있다(꾸란 5장 5절). 영국에 이민 온 무슬림 남성들이 기독교인 영국인과 결혼을 합니다. 그 사이에 자녀를 낳으면 자녀는 아버지의 종교를 따르는 것이 이슬람법이기에 세대가 갈수록 이슬람 인구는 늘어갑니다. 이 외에도 무슬림들은 일부다처를 법적으로 허용하고 있습니다(꾸란 4장 3절). 영국에 이슬람 인구가 많아짐에 따라서 영국정부는 무슬림 이민자들의 일부다처를 인권차원에서 받아들이며 한 남편에게 부인이 추가로 있는 경우에 혜택을 주는 법안을 마련했습니다.

넷째, 개종입니다. 영국인들이 이슬람으로 개종하고 있습니다. 영국 무슬림의 12%가 백인 개종자입니다. 영국은 2020년이 되면 이슬람의 모스크 출석 인구는 가톨릭을 포함한 성공회와 개신교 등 전체 교회에 비해 월등이 많을 것이며 영국에서 가장 넓게 실천하는 종교가 될 지도 모릅니다.

이슬람 증가로 인해 나타나는 사회적 변화들입니다. 영국 2011년 인구조사에서 종교도 포함됐는데 2001년 이슬람 인구는 150만 명(2%)에서 280만 명(4.8%)으로 75%가 증가했습니다. 여기에 불법 체류자들을 포함하면 더 많은 이슬람 인구가 있습니다. 모든 종교 가운데 가장 빨리 성장한 종교가 이슬람입니다. 영국에서 동질문화권의 이동은 사회적인 문제를 안겨다 주지 않았습니다. 그러나 다른 문화와 만남은 충돌이 불가피하다는 것을 일깨워 주었습니다. 특히 이슬람과 만남은 더욱 그렇습니다. 영국의 대부분 무슬림들은 영국이 이슬람 국가가 되기를 소망합니다. 이슬람 인구가 많아짐에 따라서 이슬람법인 샤리아Sharia 법이 도입되었습니다. 이 샤리아를 적용하는 법정이 현재 영국 사법제도로 공식 편입되었습니다. 2007년 8월에 무슬림 국제법원의 샤리아 재판소를 여는 법안이 통과되었습니다. 이 법안이 통과된 후에 2009년에는 영국 전역에서 85개의 샤리아 법정이 세워졌습니다. 또한 이슬람 사원이 늘어갑니다. 1980년대에 매주 4개의 교회가 문을 닫았고, 두 개의 모스크가 세워졌습니다. 700개의 교회가 모스크로 바뀌었습니다.

　영국은 통계적으로 약 1800개의 모스크와 3000에서 5000개의 이슬람 센터와 꾸란 학교가 있습니다. 인구통계학으로 볼 때, 영국에서 백인들이 줄어들고 있습니다. 반면에 이슬람 인구는 늘어가고 있습니다. 2011년 인구조사 분석에 따르면 영국 기독교인의 감소세가 빠르게 진행되는 반면, 25세 이하 영국인 중 무슬림 비중이 10%나 되는 것으로 나타났습니다. 영국의 무슬림들은 15년 동안 급속한 성장세를 보인 것으로 나타났습니다. 특히 영국과 웨일즈에서 이 기간에 무슬림이 75%나 늘었습니다. 이는 지난 10년 동안 영국으로 이민 온 60만 명의 무슬림으로 인한 영향이 컸습니다.

　한국 이슬람 증가에 대한 교회의 대안모색입니다. 영국의 기독교가 내리막길을 걷는 것과 동시에 이슬람이 성장하는 것은 둘 사이에 상관관계를 보여줍니다. 오늘날의 영국은 한국의 내일이 될 가능성이 큽니다. 왜냐하면 무슬림이 한국에 들어오게 된 원인이 1990년대에 들어서 시작된 노동력의 부족, 저출산, 고령화 현상 때문이었습니다. 또한 한국 이슬람이 성장하는 원인도 이민, 다산, 무슬림들이 한국 기독교인들과 결혼, 그리고 한국인들의 개종으로 성장하고 있습니다. 이슬람 인구가 한국에 들어온 원인과 성장하는 원인이 영국과 닮았습니다. 한국교회는 이를 반면교사反面教師로 삼아야 합니다. 이에 대한 몇 가지 대안을 제시하고자 합니다.

첫째, 교회가 건강해야 합니다. 유럽과 미국에서 이슬람으로 개종하는 사람들의 약 80% 이상이 교회에 출석하던 교인들이었습니다. 한국에도 가나안 교인이라는 말이 있습니다. '가나안'을 거꾸로 하면 '안나가'가 됩니다. 즉, 예수는 믿는데 교회는 안 나가는 기독교인을 말합니다. 가나안 교인을 약 170만 명으로 추산하고 있습니다. 한 연구소의 조사에 의하면 교회에 안 나가는 이유가 같은 교인들의 이기적인 모습에 실망(40%), 목회자에 대한 실망감(32%), 헌금에 대한 부담감(17%)이라고 합니다.

이슬람의 약 90%에 해당하는 가장 큰 종파인 수니파는 성직자가 없습니다. 이슬람에는 헌금도 없습니다. 이슬람의 교리에서 2.5%에 해당하는 구제금은 개인이 구제하는데 사용하는 것이지, 교회의 헌금의 개념이 아닙니다. 이슬람의 알라는 기독교의 하나님과 똑같다고 홍보합니다. 똑같은 하나님을 섬기는데 부담이 없기에 가나안 교인들 가운데 이슬람으로 개종할 가능성이 있습니다. 그러나 가나안 교인들의 62%가 다시금 교회를 출석하고 싶다고 합니다. 다시 말하면 교회의 건강성이 회복되면 얼마든지 교회로 돌아올 수 있다는 것입니다.

둘째, 다문화시대에 맞게 교회의 문을 활짝 열어야 합니다. 한국에서 정착한 외국인의 숫자가 이미 200만 명이 넘었습니다. 외국인 노동자와 외국인 배우자들이 급속히 늘어나고 있습니다. 현재 한국에서 결혼하는 인구의 10쌍 중 한 쌍이 외국인과 결혼합니다. 다문화가정 초·중·고등학생도 8년 만에 7배 늘어났고, 2017년 말에는 10만 명으로 추정하고 있습니다. 예수님은 인종에 대한 편견을 가지지 않으셨습니다. 더 나은 삶을 찾아서 한국에 온 외국인들을 위한 성경 말씀에 귀를 기울여야 합니다. "거류민이 너희 땅에 거류하여 함께 있거든 너희는 그를 학대하지 말고 너희와 함께 있는 거류민을 너희 중에서 낳은 자같이 여기며 자기같이 사랑하라 너희도 애굽 땅에서 거류민이 되었었느니라 나는 너희 하나님 여호와이니라"(레위기 19장 33~34절) 그들을 향해 교회를 활짝 열어야 합니다.

셋째, 신앙전승률을 높여야 합니다. 신앙전승률이란 부모가 믿는 신앙을 자녀들에게 전승하는 것을 말합니다. 한국에서 불교의 신앙 전승률은 97%입니다. 그러나 개신교의 신앙전승률은 아버지 혼자 믿으면 57%, 어머니 혼자 믿으면 70%에 불과합니다. 2013년 한국교회의 미래를 준비하는 모임 연구보고서에 의하면 기독청년 84.5%가(중학교 이전에 65.1%, 중학교 이후에 19.4%) 부모로부터 신앙이 전승되었습니다. 자녀들을 신앙으로 양육해야합니다. 신앙으로 양육하지 않는다면 다음 세대에는 우리 자녀들이 이슬람으로 개종할 가능성은 얼마든지 있습니다. 2015년 1월 인터넷을 통해 IS에 가담했던 김 모 군의 부모는 기독교인이었습니다. 한국인 무슬림들도 인터넷을 통해 청소년들에게 선교활동을 하고 있습니다.

넷째, 선교해야 합니다. 이슬람을 창시자 무함마드는 진리를 찾고자 방황했던 사람이었습니다. 그러나 불행하게도 무함마드는 제대로 된 기독교인들을 한 명도 만나지 못했습니다. 무함마드가 만났던 기독교인들은 비잔틴 기독교제국으로부터 이단으로 정죄를 받아서 박해와 과도한 세금을 피하기 위해 아라비아 반도로 이주한 기독교이단들이었습니다.

당시에 비잔틴 기독교 제국은 아라비아 반도에 선교사를 파송한 흔적이 없습니다. 그 후에도 유럽과 이슬람은 심리적인 원수가 되어서 지난 14세기 동안 각종 전쟁으로 이어져 왔습니다. 따라서 서구 교회가 부흥할 때도 심리적 원수 상태였기에 이슬람권에 선교사를 파송하지 않았습니다. 누군가는 그들에게 기독교복음을 전해야 합니다.

이제 한국교회는 에베소교회에 하신 말씀, 즉 "그러므로 어디에서 떨어진 것을 생각하고 회개하여 처음 행위를 가지라 만일 그리하지 아니하고 회개치 아니하면 내가 네게 임하여 네 촛대를 그 자리에서 옮기리라"는 요한계시록 2장 5절을 기억해야 하며 초대교회의 원시적 복음으로 돌아가야 합니다.

이슬람은 왜 테러하는가

2017년 5월 22일 맨체스터에서 테러가 일어나고 24일에는 인도네시아 자카르타에서 자폭테러가 일어났으며, 5월 23일에 IS무장대원들이 필리핀 민다나오의 마라위 시를 점령해서 필리핀 정부가 계엄령을 선포하고 전투가 벌어져서 44명이 사망했습니다. 그 동안 유럽을 중심으로 일어나던 테러가 전 세계로 확장되어 가고 있습니다. 2016년 8월 미국태평양사령관 해리 해리스는 아시아, 태평양지역이 이슬람원리주의자들과 격전지가 될 것이라고 염려했습니다. 한국도 이슬람테러로부터 안전한 지역이 아닙니다. 2016년 1월에 외국인 근로자 7명이 IS에 가담한 사실과 함께 테러단체와 관련된 51명을 추방했다고 국정원이 발표했습니다.

미국 뉴욕에서 9.11사태가 일어난 후 폐허가 된 무역센터 잿더미 위에서 죽은 아들을 추모하며 한 여인이 팻말을 들고 서 있었습니다. 그 팻말에는 이렇게 쓰여 있었습니다. "모든 무슬림은 테러리스트가 아니지만,

모든 테러리스트들은 무슬림이다" 사실 모든 무슬림이 테러를 지지하는 것은 아닙니다. 이슬람을 구분하면 70%는 일반적인 무슬림들입니다. 이들은 이슬람 문화에서 자랐기에 무슬림이지, 실제로 기도를 하거나 적극적으로 이슬람 종교 활동을 하지 않습니다. 이들 가운데는 무신론자 무슬림, 서구화된 무슬림, 이름뿐인 무슬림들도 있습니다. 15%가 종교적인 무슬림들입니다. 이들은 철저하게 이슬람 종교를 따릅니다. 그렇다고 해서 이슬람 원리주의를 신봉하는 것은 아닙니다. 나머지 15%가 이슬람 원리주의자들과 이들을 옹호하는 과격한 무슬림들입니다. 문제는 이 원리주의 무슬림 15%가 정권을 잡을 때, IS이슬람국가 혹은 이란, 사우디아라비아와 같이 이슬람 원리주의를 확산하는 운동으로 발전합니다. 그렇다면 이슬람은 왜 테러를 하는가요? 그 원인을 살펴봅니다.

이슬람의 창시자 무함마드가 아라비아 반도를 통일하고 죽은 후에 그의 후계자들은 중동과 북부 아프리카와 중앙아시아를 정복해 나갔습니다. 그렇게 성장하던 이슬람은 19세기와 20세기 오스만 제국의 분열로 인하여 내리막길을 걷게 되었습니다. 1차 세계대전 후에 오스만 제국의 술탄제도가 폐지되면서 이슬람의 칼리프국가는 지구상에서 사라졌습니다. 칼리프는 이슬람의 창시자인 무함마드의 정치와 종교에 있어서 권한을 계승한 후계자를 말합니다. 그 후 서구 제국주의에 눌려있던 이슬람의 부흥을 꿈꾸며 1928년에 이집트에서 이슬람 형제단이 창설되었고 글로벌 이슬람 운동은 아프가니스탄에서 지하드를 통하여 전투실전 능력을 갖추었으며 세계화의 흐름에 따라서 네트워크를 구축해서 반서구 패권주의를 위협하는 대항세력으로 성장해왔습니다. 이슬람 세계의 부흥을 추구하는 모든 세력들이 공통의 목표로 삼는 것은 결국 이슬람 칼리프 국가의 재건입니다.

오늘날 전 세계에서 일어나고 있는 근대 이슬람원리주의 운동의 중심인 이슬람 형제단에서 이슬람 급진 사상을 더욱 체계적으로 정리시킨 사람은 사이드 쿠툽입니다. 기독교가 믿음을 강조하는 것에 비해 이슬람은 행동, 즉 알라의 뜻을 따르고자 행동하는 것을 강조합니다. 그런 면에서 이슬람은 율법을 따르는 유대교에 더 가깝습니다. 꾸란은 무슬림들에게 행동하고, 싸우고, 자신의 신앙을 실천하고, 이슬람 종교를 수호하고 전 세계를 이슬람화 하도록 행동해야 한다고 가르칩니다. 이슬람의 급진적 성향은 자기중심적인 서구에 대한 적대감, 서구제도의 구조적 모순에 힘입어 20세기 후반에 일어난 새로운 기류이며, 서구의 식민 지배와 근대화가 야기한 빈곤층이 주도하고 있다는 사실을 기억할 필요가 있습니다. 세대를 뛰어 넘는 이슬람 원리주의의 공통점은 시대와 지역에 따라 이름과 목표, 양상은 다양합니다. 그러나 동일하게 원초적 이슬람으로 돌아가자는 것입니다. 알라의 통치만이 완전하므로 민주적 결정도 제동을 받아야 한다고 주장합니다.

이슬람 원리주의자들은 지하드를 이슬람 세계의 평화를 위한 이슬람 세계의 혁명으로 규정합니다. 사이드 쿠툽은 "이슬람의 교리에 근간을 둔 질서를 성취하려면 지하드가 불가피하므로 폭력을 배제한 평화란 존재할 수 없다고 하였다." 이는 현재 이슬람 원리주의가 벌이고 있는 이념의 전쟁에 모티브가 되었습니다. 사이드 쿠툽에 따르면 이슬람 원리주의와 이슬람의 차이는 없고 오로지 하나의 이슬람만 있을 뿐입니다. 이에 동감하는 사람은 진정한 '신자'가 되고, 그렇지 않은 사람은 무슬림도 예외 없이 이슬람의 원수가 될 것입니다.

아랍어-영어 사전에 따르면 '지하드'는 '자아드$_{jaahad}$, 스스로 노력하다, 애쓰다'라는 동사의 동명사$_{masdar}$이고, 그 뜻은 '애씀, 노력, 또는 불만, 불찬성 및 비난의 대상에 대해 투쟁하는 데 자신의 힘을 최대한 활용하는 것'입니다. 이슬람 연감에는 지하드를 "싸우다"로 정의합니다. 이것은 전쟁

뿐 아니라 개인 또는 공동체에 의해 이루어지는 다른 형태의 전투를 포함하는 꾸란의 개념으로서, 무슬림들의 안전을 추구하고 이슬람의 가르침을 실천한다는 의미로 확대됐습니다.

이슬람에서 지하드는 단 두 가지 상황에서만 허용된다고 합니다. 첫째는 방어할 때입니다. 지하드는 공격적인 전쟁이 아니라 방어적인 전쟁입니다. 무슬림들은 공격을 받았을 때, 또는 그들의 자유, 평화, 정의를 훼손당했을 때 싸울 수 있다고 주장합니다. 그러나 역사를 연구해 보면 이것이 사실이 아니라는 것을 알 수 있습니다. 무슬림은 수많은 침략전쟁에 참여했고, 그 결과 영토와 부를 얻었기 때문입니다. 둘째는 "잘못된 것을 바로잡기 위해서"입니다. 롤란드 아모어에 의하면, 7세기 이슬람의 팽창은 '잘못된 것을 바로잡기 위한' 지하드의 한 예입니다. 중동과 북아프리카 지역이 이슬람의 직접적인 법의 통치를 벗어나 있다는 사실이 잘못되었다는, 무슬림들의 논리에서 시작되었다는 것입니다. 지하드는 무슬림들이 샤리아 아래에서 유토피아적인 사회를 만들기 위해 세계 모든 곳에서 사용할 수 있는 것입니다. 최근에 일어나는 테러는 잘못된 것을 바로잡기 위하여 일으킨 지하드입니다.

이슬람에 있어서 알라가 원하는 대로 행동하는 것은 참으로 중요합니다. 그 이유는 이슬람이 행위종교이기 때문입니다. 꾸란에 의하면 인간이 구원을 얻을 수 있는 방법은 다음 4가지가 있습니다.

첫째, 숙명론에 근거한 '알라의 일방적인 선택'입니다. 인간에게는 선택의 여지가 없습니다. 알라가 알아서 선택하는 것입니다. 이를 숙명론이라고 합니다. 숙명론에 의하면 인간은 살아 있는 한 구원의 여부를 알 수 없고, 마지막 심판의 날에 알 수 있습니다. "일러 가로되 알라께서 명령한 것 외에 우리에게 아무것도 있을 수 없나니 그 분은 우리의 보호자이사 믿는 사람들이 의지하는 분이시라"(꾸란 9장 51절)

둘째, 선행을 많이 하는 것이 천국에 가는 데 도움이 됩니다. 대부분의 일반적인 무슬림들은 착하게 살려고 애를 씁니다. 그 이유는 착한 일을 많이 할 때 천국 갈 수 있는 가능성이 높아지기 때문입니다. 무슬림들은 "착한 일을 기록하는 천사와 악한 일을 기록하는 천사가 항상 있기에 모든 행동을 기록해, 마지막 심판 날에 착한 일과 악한 일을 저울에 달아 그의 운명을 결정한다"고 믿고 있습니다. 착한 일을 하는 것은 천국 가는 데 큰 역할을 합니다. "그 때 그의 선행이 많았던 자들은 번성할 것이며 그의 저울이 가벼운 자들은 그들의 영혼을 잃고 지옥에서 영생하며"(꾸란 23장 102-103절)

셋째, 메카로 성지순례를 하는 자들이 천국에 들어갈 가능성에 관해서는 무함마드의 언행록인 하디스에서 자주 언급되고 있습니다. 2016년 9월 이슬람의 성지순례 기간 중에 메카에서 크레인이 무너져서 100명 이상이 죽고, 1000여 명이 압사한 일이 있었습니다. 그때에 러시아 이슬람 자치공화국의 정부 수장인 람잔 카디로프가 방송에서 "사우디아라비아에서 발생한 대형 압사 사고는 알라의 선물"이라고 말했습니다. 그 이유는 "성지순례를 떠나는 무슬림들은 바로 그곳에서 죽고 싶어 하기 때문에, 성지순례 도중 압사당한 것은 알라의 선물이며 우리는 그들을 부러워한다"고 했습니다. 그 이유가 꾸란에 있습니다. "그곳에는 예증으로서 아브라함의 발자국이 있나니 그곳에 들어간 자는 누구든 안전할 것이며"(꾸란 3장 97절) 따라서 이슬람에서는 성지순례 중에 죽으면 천국에 갈 수 있다고 생각합니다.

넷째, 알라와 이슬람을 위한 전쟁, 즉 지하드에 참전했다가 '순교'할 경우입니다. 꾸란의 많은 구절이 이 내용을 뒷받침하고 있습니다. "그로 하여금 알라의 길에서 성전聖戰케 하여 내세를 위하여 현세의 생명을 바치도록 하라. 알라의 길에서 성전하는 자가 살해를 당하건 승리를 거두

건 알라는 그에게 크나큰 보상을 주리라"(꾸란 4장 74절), "알라의 길에서 순교한 자가 죽었다고 생각지 말라 그들은 알라의 양식을 먹으며 알라의 곁에 살아 있노라"(꾸란 3장 169절) 이처럼 이슬람의 알라는 알라와 이슬람을 위해 싸우는 이들에게는 커다란 보상을 줍니다. 이러한 내용의 꾸란 구절을 칼의 구절이라고 하는데 꾸란에 칼의 구절의 109구절이나 됩니다.

순교를 통하여 받는 보상들입니다. 꾸란에 따르면 순교하는 것은 알라에게 가장 큰 영광이 됩니다. 순교를 뜻하는 헬라어가 마르투리온인데, 그 어원은 '증인'이라는 뜻의 '마르투스'입니다. 이슬람에서도 증인에 해당되는 단어가 샤히드이며, 순교란 말도 무슬림의 믿음의 고백샤하다에서 나왔습니다. 그 고백은 "알라 외에 다른 신은 없으며, 무함마드는 알라의 선지자이다"라는 것입니다. 무슬림들이 지하드를 할 때에 그 주된 동기는 "지하드에서 죽은 사람, 즉 샤히드라 불리는 사람은 곧바로 천국으로 간다"고 믿기 때문입니다. 무함마드의 언행록인 하디스에 의하면 알라를 위해 지하드를 하다가 순교한 사람은 6가지 상을 받습니다. 첫째, 순교자는 피를 흘리자마자 죄 사함을 받고, 둘째, 지옥의 징계를 면제받고 천국에 거하게 되며, 셋째, 더 큰 테러에서 보호를 받으며, 넷째, 세상과 그에 속한 모든 것을 합한 것보다 더 좋은 홍옥 왕관을 머리에 쓰게 될 것이며, 다섯째, 72명의 처녀들과 결혼하게 될 것이며, 여섯째, 친척들 70명의 중보자 자격을 갖게 될 것입니다.

그렇다면 꾸란에 묘사된 천국은 어떤 모습일까요? 술과 젖과 꿀이 흐르는 정원(꾸란 47장 15절 상반절)에서 섬세한 비단옷을 입고(꾸란 44장 53절), 금으로 장식된 침대에 기대어(꾸란 55장 54절), 마음껏 과일을 먹으며, 소년들이 따라 주는 술을 마셔도(꾸란 56장 17-18절), 취하지 않습니다(꾸란 37장 47절). 알라가 천국에 오는 자들을 위해 준비해 놓은, 같은 나이의 새로운 배우자들과 어울립니다(꾸란 56장 35-37절). 천국에서 기다리고 있는 배우자에 대해 꾸란은 다음과 같이 묘사하고 있습니다.

뉴욕 9.11테러에 참여해서 비행기를 납치하고 자폭한 대원 가운데 이집트인 아타의 유품인 약 5페이지의 메모에는, 어떻게 비행기를 납치하고 자폭할 것인지를 요약해 놓은 상부의 지시와 자신의 기도문이 적혀 있었습니다. "절대 두려워하지 마라. 침착해라. 침착해라. 누구나 다 죽는 것이다. 너의 죽음은 너를 곧장 낙원으로 인도할 것이다… 알라는 위대하시도다. 알라여! 나의 죽음을 통해 당신의 영광이 이 땅에 편만케 되기를 바랍니다… 나의 이 행위를 통해 나를 영접하여 주시옵소서."

그는 이슬람 전사로서 테러를 하면서 성스러운 전쟁에 참여한 자신을 알라가 받아 주기를 바랄 따름입니다. 이슬람이 성장할수록 테러의 위험은 높아만 갑니다. 현재 전 세계에서 일어나고 있는 이슬람 원리주의 운동은 궁극적으로는 이슬람의 영광을 재현하기 위한 노력이며, 개인적으로는 이슬람의 구원과 관계가 있습니다.

이슬람권에 부는 새 바람

교회 역사학자인 데이비드 개리슨은 〈프리미어 크리스채너티〉 6월호에 "2000년 이후 800만 명의 무슬림들이 기독교를 받아들인 것으로 추정한다"는 글을 발표했습니다. 놀라운 일입니다. 1400년 이슬람 역사 속에서 이렇게 많은 무슬림들이 기독교로 개종한 적은 없었습니다. 최근에 와서 이슬람권에 변화의 바람이 불고 있습니다.

이슬람권에 최초로 복음을 전했던 사람은 아시시의 프란체스코였습니다. 그는 5차 십자군 운동이 진행되는 동안에 이집트의 통치자인 술탄을 방문해서 그에게 복음을 전했습니다. 열매는 없었으나 이슬람 선교가 처음으로 시작되었다는 역사적 의미가 있었습니다. 같은 해에 프란체스코는 자신이 조직한 수도회의 수도사들을 모로코로 파송했는데 다섯 명이 순교했습니다. 그 후에 몇 선교사들이 이슬람권으로 들어갔습니다. 19세기에는 선교의 아버지라고 불리는 사무엘 쯔머가 레바논으로 들어

가서 21년 동안 아라비아 반도에서 일했습니다. 이슬람권에서 선교하기 힘들다는 것은 누구나 공감합니다. 유럽과 이슬람과는 약 1400년 동안 전쟁을 해온 불편한 관계는 이슬람 선교의 걸림돌이 되고 있고, 무엇보다도 무슬림들이 기독교로 개종하는 것은 쉬운 일이 아니기 때문입니다.

꾸란에 나타난 기독교에 대한 이해입니다. 꾸란에 '성경의 백성'은 유대인과 기독교인을 의미하는데, 이 명칭은 54번 정도 나타납니다. 또한 '복음서의 백성'이란 특별한 명칭이 단 한 번 나옵니다(꾸란 5장 47절). 오늘날 '기독교인'으로 번역되는 단어는 '안 나싸라'입니다. 이는 꾸란에 14번 사용되었으며, 7세기의 기독교인을 말합니다. 꾸란에 나타나는 기독교에 대한 이해는 이중적입니다. 먼저는 긍정적인 평가를 내립니다. 무슬림들은 유대인과 다신교인多神敎人을 만날 때보다, 기독교인을 만날 때 더 우호적인 대접을 받습니다. 왜냐하면 기독교인 중에 오만하지 않은 성직자와 수도사가 많기 때문입니다(꾸란 5장 82절). 반면에 꾸란 5장 51절에 따르면, 무슬림들은 기독교인을 친구나 보호자로 삼지 말아야 합니다. 그 이유는 기독교인들이 자신의 신앙을 따르라고 권유할 것이기 때문입니다(꾸란 2장 120절). 더 나아가 꾸란은 직접적으로 기독교 신앙의 핵심을 공격합니다. 삼위일체를 말해서는 안 됩니다(꾸란 4장 171절). 이슬람에서는 삼위일체를 부정하기 때문에 그렇습니다. 하나님을 셋 중에 하나라고 말하는 것은 불경하며(꾸란 5장 73절), 그것은 다신교의 오류에 빠지는 일입니다(꾸란 5장 77절). 꾸란은 '예수가 메시아이며 동정녀 마리아의 아들인 것'을 인정하면서도(꾸란 3장 45~49절), 성육신을 부인하고 예수가 완전한 인간이라는 것을 강조합니다(꾸란 3장 59절, 5장 116~117절). 또 예수의 승천을 받아들이지만(꾸란 5장 117절, 4장 157~159절), 유대인들이 예수를 십자가에 못 박지 않았다고 선언합니다(꾸란 4장 157~159절). 따라서 예수님의 부활을 인정하지 않습니다.

죽은 적이 없기 때문입니다.

　이슬람은 무함마드가 아라비아 반도에서 지배력을 확보했을 때, 기독교인들을 신앙의 공동체에서 배제했습니다. 시리아에 있는 비잔틴 기독교의 전초기지에 군대를 보내겠다는 그의 군사적 결단은 기독교와 이슬람의 불행한 대결의 시작이었습니다. 이슬람에서는 기독교인에 대해서 다음과 같이 이해하고 있습니다.

　첫째, 이슬람에서는 기독교인이 안 된 것을 알라에게 감사합니다. 꾸란 첫 장al-fatihah, 개경장은 전 세계 무슬림들이 기도할 때마다 아랍어로 배워서 암송하는 장입니다. 모든 무슬림들이 기도할 때 꾸란의 첫 장을 기독교의 주기도문처럼 암송합니다. 마지막 구절은 "그 길은 당신께서 복을 내리신 길이며 노여움을 받지 않는 자나 방황하는 자들이 걷지 않는 가장 올바른 길입니다"(꾸란 1장 7절)라고 기록되어 있습니다. 여기에서 '노여움을 받은 자'는 유대인을 말하며, '방황하는 자'들은 기독교인입니다. 다시 말해 무슬림들은 예배 때마다 '기독교인이 걷지 않는 올바른 길'을 걷게 해 달라고 기도합니다.

　둘째, 꾸란에서는 기독교과 유대인을 물리적으로 공격하도록 명령하고 있습니다. "알라와 내세를 믿지 아니하며 알라와 선지자가 금기한 것을 지키지 아니하고 진리의 종교를 따르지 아니한 자들에게 비록 그들이 성서의 백성이라고 하더라도 항복해서 인두세를 지불할 때까지 성전하라 그들이 스스로 저주스러움을 느끼리라"(꾸란 9장 29절) 따라서 이슬람의 정권 아래 사는 기독교인들은 2등 시민으로서 대접을 받아야 했습니다. 왜냐하면 이슬람은 모든 종교 위에 있기 때문입니다(꾸란 48장 28절).

　셋째, 꾸란은 무슬림들이 최고의 피조물이며, 우월하기 때문에 옳고 그름을 판단하는 역할을 합니다. 그러나 기독교인들을 대부분 사악한 자들이라고 합니다. "너희는 가장 좋은 공동체의 백성이라 계율을 지키고 악을 배재할 것이며 알라를 믿으라 만일 성경의 백성들이 믿음을 가졌더라며 그들에게 축복이 더했으리라 그들 가운데는 진실한 믿음을 가진 자들도 있었지만 그들 대부분은 사악한 자들이더라"(꾸란 3장 110절).

넷째, 꾸란에서는 기독교인들은 지옥에 간다고 말하고 있습니다. "실로 성경의 백성들 중에 진리를 거역한 자들과 불신자들은 불지옥에 있게 되리니 그들은 그 안에서 영주하매 가장 사악한 무리들이라"(꾸란 98장 6절). 이슬람에는 7개의 지옥이 있는데, 그 가운데 유대인은 5번째, 기독교인은 6번째인 하비야에 간다고 가르칩니다. 따라서 이슬람은 기독교인들에 대해 적대감을 가지고 있음을 알 수 있습니다. 또한 꾸란에는 배교자에 대해 분명히 경고하고 있습니다. "그들이 배반한다면 그들을 포획하고 그들을 발견하는 대로 살해할 것이며 친구나 후원자를 찾지 말라"(꾸란 4장 89절 하) 그럼에도 무슬림들이 기독교로 개종한다는 사실은 놀라운 일입니다.

무슬림에서 기독교로 개종의 역사입니다. 이슬람의 시작에서 제국주의까지입니다. 이슬람이 시작되고 처음 3세기 반 동안 개종의 움직임은 전혀 없었습니다. 무함마드가 죽은 지 350년이 지난 후에 개종의 움직임이 시작되었습니다. 압바스 왕조 당시에 시리아 동쪽에 있는 도시 니시비스에서 세금을 착취하던 이슬람 지도자에 대한 반발로 1만2000명의 남자와 부인들과 자녀들이 비잔틴 사제에게 세례를 받으면서 이슬람에서 기독교로 개종했습니다.

아스꼴리의 콘라드는 이탈리아의 귀족출신으로서 프란체스코 수도사였는데 리비아에서 일하면서 그의 검소한 삶과 탁월한 설교 그리고 열정적인 사역을 통하여 6400명의 무슬림들이 개종을 했습니다. 1492년 이베리아 반도의 최후의 이슬람 지역이었던 그라나다가 스페인에 정복당한 후에 헤르난도는 성직자들에게 아랍어를 배우게 해서 무슬림들을 전도했습니다. 그 결과 1490년부터 1500년 사이에 수천 명의 무슬림들이 세례를 받았습니다.

제국주의에서 현대까지입니다. 1605년 네덜란드 군대는 이슬람 국가인 인도네시아에 상륙했습니다. 네덜란드 식민지가 된 인도네시아에 245명의 네덜란드 선교사가 인도네시아 전 지역에 파송되었습니다. 그들로 인해 약 8만 명 이상이 개종을 하였으나 그들은 무슬림이 아니었습니다. 1914년 아브라함 카이퍼에 의해 네덜란드 선교사들이 일했던 자바 섬에 무슬림 1614명이 기독교로 개종했다고 발표했습니다. 선교사들이 뿌려놓은 씨앗은 결코 헛된 것이 아니었습니다. 오늘날 자바의 사도라고 불리는 사드라크 수라쁘라나따는 농부의 아들로 태어나 이슬람 신앙을 가지고 자랐으나 32세에 세례를 받고 기독교로 개종했습니다. 그는 자바 원주민 기독교인으로서 자바어로 성경을 번역하고 무슬림들과의 공격적인 논쟁을 통해 복음을 전했습니다. 그가 죽을 무렵 기독교로 개종한 무슬림은 약 만 명에서 2만 명 정도였습니다. 프랑스는 1830년에 북부 아프리카 알제리를 식민지로 삼는데 1930년 후반에 약 7000명의 가톨릭 신자들이 생겼습니다. 기독교는 북부 아프리카에서 많은 활동을 하였지만 개종은 거의 찾아보기 힘들었습니다.

오늘날의 개종입니다. 1979년 이란의 혁명은 이란인들에게 만족을 주지 못했습니다. 1980년 중반에 많은 무슬림들이 아르메니안 교회로 몰려들었습니다. 이란 정부가 박해를 하였음에도 1980년 후반에 수천 명의 무슬림이 기독교로 개종했습니다. 1990년 알제리 정부군과 원리주의자들 사이에 내전이 일어나서 10만 명이 죽었습니다. 이 무렵 베르베르인들 사이에 복음이 전파되기 시작했습니다. 그 이후에 약 1만 명이 기독교로 개종했습니다. 20세기가 끝나기 전에 아제르바이잔, 키르기스스탄, 카자흐스탄에서 약 천 명의 개종자가 생겼습니다. 1967년 인도네시아에서 수하르토가 대통령이 된 이후에 5개의 종교를 정부가 허락했습니다. 이슬람, 가톨릭, 기독교, 힌두교, 불교였습니다. 1971년까지 조사된 바에 의하면 약 187만 명이 세례를 받고 기독교로 개종했습니다. 물론 모두 무슬림은 아니었고, 화교들이 포함되었지만 기독교인구가 늘어난 것은 확실합니다. 자바섬 중앙에 있는 1만 2000명의 교인이 출석하는 하나님의 교회 뻬뚜르스 아궁 목사에 의하면 2011년 10월 28일 이슬람에서 개종한 3000명에게 세례를 주었다고 합니다. 10월 한 달 동안에만 3800명이 세례를 받았습니다.

2002년 북부 아프리카의 알제리에서 80개의 교회가 세워졌습니다. 이보다 더 많은 개종자들은 숨어서 예배를 드립니다. 오늘날 터키에는 약 100개의 교회와 최소한 1000명이 넘는 세례교인들이 흩어져서 예배드리고 있습니다. 투르크메니스탄에 오순절 교회를 통하여 3000명의 교인들이 있고 그 가운데 약 1000명이 세례를 받았습니다. 서부 아프리카의 해변을 따라서 무슬림들이 기독교로 개종해서 세례를 받았습니다. 오늘날에는 약 5000명 이상의 무슬림들이 기독교로 개종했습니다. 데이비드 개리슨의 연구에 의하면 현재 2001년부터 2013년까지 이슬람권 69곳에서 개종운동이 일어나고 있습니다.

이는 많은 기독교인들이 이슬람으로 개종하고 있는 어두운 현실 속에서 일어난 놀라운 역사입니다. 800만 명이라고 하면 무슬림 전체인구 16억 명에 비해 0.5%밖에 안 되는 숫자입니다. 그러나 150년 전 영국 웨일즈의 토마스 선교사가 대동강 변에서 죽음을 당할 때, 한국에는 단 한 명의 기독교인도 없었다는 사실을 생각하면 0.5%는 결코 작은 숫자가 아닙니다. 최근에 미국 풀러신학교에서 이슬람에서 기독교로 개종한 700명을 상대로 개종한 이유를 연구했는데 첫째, 선교사들을 포함해서 기독교인들의 헌신적인 삶에 감동을 받아서였습니다. 둘째, 꿈이나 병

고침 등의 초과학적 역사를 통해서였습니다. 셋째, 이슬람에 대한 회의懷疑라고 밝혔습니다. 여전히 이슬람권에 복음의 씨앗을 뿌릴 필요가 있습니다. 앞으로 이슬람 선교는 더 많은 희생과 순교를 각오해야 할지 모릅니다. 초대교회의 교부 터툴리안은 "교회는 순교자의 피 위에서 성장한다"고 했습니다. 이미 그런 징조들이 나타나고 있습니다. 그러나 분명한 것은 하나님은 복음을 무슬림들에게 가지고 갈 것이라는 사실입니다. 이 사역에 한국 교회와 한국 기독교인들이 쓰임 받기를 원합니다.

왜 이슬람을 알아야 하는가

1

다가올 세대에는 칼 마르크스의 공산주의가 차지하고 있던 자리를 무함마드의 이슬람이 대신하게 될 것이라고 예견하는 목소리가 있습니다. 공산주의는 75년 만에 붕괴되었으며, 공산주의가 있던 자리를 이슬람이 차지하고 있습니다. 이슬람은 지난 14세기 동안 지속적으로 성장해 왔으며, 지금도 여전히 빠르게 성장하고 있습니다.

전 세계 인구는 약 74억 명 가운데 무슬림은 약 16억 명입니다. 다시 말해서 한국만 떠나면 외국인 5명 가운데 한 명은 이슬람 종교를 믿습니다. 이슬람은 더 이상 아랍지역의 종교가 아닙니다. 21세기에 들어서면서 세계 어디에서나 무슬림들을 만나게 되었습니다.

1930년 전 세계 이슬람 인구는 2억300만 명이었습니다. 오늘날 16억이 되었습니다. 1970년에 이슬람 인구는 세계 인구의 15%를 차지했지만, 2010년에 21.6%로 늘어났습니다. 아프리카의 이슬람 인구는 아프리카 전체 인구의 41.32%로, 3억2410만 명입니다. 이슬람을 양적인 면에서 기독교와 비교해 보면, 기독교 인구는 두 배로 되는 데 47년이 걸렸지만 이슬람 인구는 두 배로 되는 데 24년 걸렸습니다. 이러한 통계는 비록 이슬람이 기독교에 비해 약 600년 후에 시작되었지만, 문화와 인종을 넘어서 세계적으로 퍼지고 있습니다. 많은 국가·지역에서 기독교인 수를 압도하고 있다는 것을 보여줍니다. 이슬람 인구는 1930년 2억300만 명이었으나 오늘날은 약 16억, 그리고 2030년이 되면 약 22억으로 성장하게 된다고 봤습니다. 이 통계에 의하면 이슬람은 매년 약 2000만 명씩 성장합니다. 그리고 매일 약 6만 명의 이슬람 인구가 늘어납니다.

한국과 이슬람과의 교류는 통일신라시대부터 시작되었으나 오늘날의 이슬람 인구는 1950년 터키군의 한국참전부터 시작됩니다. 1956년 주베이르 코치Zubeyr Koch가 이맘Imam으로 부임하면서 이슬람 인구는 '208명'이 되었습니다. 그 후 중동과의 교류 속에서 이슬람이 조금씩 확장되었고 1990년 노동력의 부족과 저출산·고령화를 힘입어서 외국인 노동자들이 입국하면서 이슬람 인구가 본격적으로 성장했습니다. 지금은 약 25만 명의 국내외 무슬림과 외국인 무슬림이 살고 있습니다. 외국인 무슬림들은 40개 내지 50여 곳에 모여 살며 모스크Mosque가 16개 무살라Muslla가 101개쯤 됩니다. 또한 무슬림 남성들이 한국 여성들과 결혼해서 국적을 취득하는 사람들이 두드러지게 늘고 있는 현실입니다. 대학입시 수능에서 제2외국어 영역에서 아랍어를 도입했던 2005년에는 531명(0.43%)에 불과하였으나 2017년에는 수능에서 선택한 수험생 중 5만2626명, 71.1%가 아랍어를 선택했습니다. 2015년 3월 중동 4개국을 방문하고 온 박근혜 전 대통령이 제2중동 붐을 추진한 이후에 이슬람 기도처소 확장, 할랄식품의 활성화, 무슬림 관광객들을 위한 인프라 확장 등으로 인하여 한국에 이슬람 인구는 성장하고 있습니다.

제 4 부
가르치는 교회와 배우는 교회

안 아프니까 청춘입니다

"한국교회가 '다음 세대'가 중요하다고 외치고 있지만 정작 청년들을 교회의 일꾼 정도로 생각하고 있는 것 같습니다. 취업, 결혼, 출산 같이 청년들이 정말 필요로 하는 부분을 교회가 채워줬으면 좋겠습니다." 어느 교회 청년이 교회가 바라보는 청년에 대해 한 말입니다.

'흙수저'라는 청년들의 자조 섞인 말이 농담으로 들리지 않는 현실입니다. 청년들의 어려운 삶은 서너 살 어린아이 때부터 예고되어 있습니다. 부의 세습으로 고액과외를 받은 학생들과는 갈 수 있는 대학이 다릅니다. 겨우겨우 대학에 들어가면 빚더미에 나앉습니다. 대학 등록금부터 생활비, 주거비, 교재비는 최저 시급도 안 되는 아르바이트로는 감당하기 어려운 수준이라 대출을 하지 않을 수가 없습니다.

한국은행 자료에 따르면 20대 대출자들의 평균 부채 금액은 약 2203만원이었으며, 교육부는 학자금 대출을 이용한 전체 학생들의 평균 대출

잔액이 713만원이라고 발표하기도 했습니다. 그럼 대학을 졸업하면 나아질까요? 아니요. 그렇지 않습니다. 사태는 더욱 심각해집니다. 취업이 되지 않으니 대출금을 갚을 수가 없습니다. 대출금 상환이 늦어지면 저신용, 고금리로 이어져 채무악순환의 고리高利에 편입됩니다. 여기에 박근혜 정권 최순실 국정농단으로 선명하게 드러난 사회부조리는 청년들의 의욕마저 꺾고 있습니다. "일 없으면 자원봉사라도 해야" "청년들이 눈이 높아 취업 안 되는 것"이라는 기성세대의 발언은 청년들의 분노를 자아낼 수 있는 몰이해와 폭언입니다. 청년실업의 원인을 청년들에게 슬그머니 떠넘긴 것입니다. 가장 큰 원인은 청년에 있는 것이 아니라 사회 구조에 있는데 말입니다.

사회 부조리에 피해를 입은 청년들을 보듬어야 할 교회는 현재 직무유기를 하고 있습니다. 각종 봉사나 행사에 고급 인력을 무료로 이용하면서 정작 그들이 필요로 하는 부분에선 눈을 감습니다. 장학제도, 취업알선, 학사관 마련 등 교회가 할 수 있는 일에도 인색한데다 그나마 정부가 해준다는 정책에도 관심이 없습니다. 최저시급 인상에 찬성하는 목소리를 낸 교회가 얼마나 될까요? 지방자치단체에서 시행하는 청년배당의 장단점을 자세히 알아보고 도와줄 수 있는 부분을 찾아본 교회가 있을까요?

청년들이 젊은 나이에 고생하고 빚에 허덕이며 비전vision보다는 취업에, 이타利他보다는 이기利己에 젖어 사는 것이 당연한 것이 아닙니다. 더 늦기 전에, 지금이라도 한국교회가 청년들의 꿈과 미래에 도움이 될 수 있는 방법을 찾아 나서야 할 때입니다.

'성공이 아니라 섬김', 조선 위해 모든 것을 바친 서서평 선교사

'작은 예수', '조선의 마더 테레사'라 불리는 파란 눈의 외국인 선교사가 있었습니다. 일제식민지라는 암울한 현실 속에 간호선교사 신분으로 조선 땅에 첫 발을 내디딘 서서평 선교사엘리자베스 요한나 쉐핑;1880~1934는 일평생 굶주리고 헐벗은 조선인들을 위해 헌신했으며, 자신이 가진 모든 것을 나누며 조선인보다 더 조선인들을 사랑하는 삶을 살았습니다. 이러한 서서평 선교사의 섬김과 헌신의 삶을 조명한 영화〈서서평, 천천히 평온하게〉(감독:홍주연)가 입소문을 타며 2017년 개봉한 국내 다큐멘터리영화 중 가장 많은 관람객을 동원할 정도로 사랑받았습니다. 그러나 영화가 나오기 전까지 서서평은 기독교신앙인들에게도 조금은 낯선 이름이었습니다. 그의 수많은 업적에 비해 남아있는 기록이 많지 않은 것이 그 이유였습니다. 베일에 가려져 있던 그 이름이 한편의 영화로 제작되고 나서야, 많은 사람들의 마음에 커다란 파동을 일으키고 있습니다.

인간 '서서평'은 누구인가요? 서서평 선교사의 삶을 알기 위해서는 먼저 그의 어린 시절을 이해해야 합니다. 1880년 독일 비스바덴의 가톨릭 집안에서 태어난 서서평 선교사는 어린 시절 어머니가 미국으로 홀로 떠나버리게 되자 외할머니의 손에서 자랐습니다.

서서평은 12살이 되던 해, 그리운 엄마를 찾아 미국에 왔으며, 미국에서 고등학교를 졸업하고 간호사가 되기 위해 간호학교를 들어갔습니다. 정식 간호사가 된 후 뉴욕시립병원에서 일하며, 친구의 전도를 받아 기독교 신앙으로 개종하게 됐습니다. 1911년 뉴욕성경교사훈련학교를 졸업했습니다.

서서평 선교사가 간호학과 신학을 공부한 것은 생계수단을 삼기 위해서가 아니었습니다. 병을 고치고 영혼을 살리신 예수님의 사역을 따르려는 사명감 때문이었습니다. 자신을 향한 하나님의 부르심을 고민하던 중, 마침 미국 남장로교 해외선교부에서 간호선교사를 모집한다는 소식을 듣고 1912년 우리나라에 간호선교사로 내한하게 되었습니다.

서서평이 가톨릭을 떠나 개신교로 개종하면서, 독실한 가톨릭 신자인 어머니의 강한 반대에 부딪혔습니다. 낯선 땅에 선교사로 파송되어 떠난다는 이야기를 듣고 어머니는 절연絶緣을 선언하며 만류했지만, 이미 조선 땅을 향한 하나님의 뜨거운 사랑을 느낀 서서평은 결코 그 뜻을 굽힐 수 없었습니다.

여성교육과 간호선교를 연 '선구자'인 서서평 선교사는 남장로교 선교 사역지 전남 광주에서 병든 자, 가난한자, 그리고 차별 받는 여성들을 위해 불꽃같은 삶을 살았습니다. 또 가난하고 척박한 땅, 조선에서 이방인 선교사가 아닌 진짜 조선인이 되어 살아가길 원했습니다. 한국어 공부에 전념해서 한국어를 큰 어려움 없이 구사할 수 있었으며, 한자에 일어까지 공부했습니다.

한글말살정책이 시행되던 일제시대, 한글 사용을 강조했고, 여러 서적을 한국어로 번역했습니다. 또 다른 선교사들이 미국식 삶을 고수하고 구별된 선교사 지정 자택에서 생활하며 여가생활을 즐겼던 것에 반해 서서평 선교사는, 무명 베옷을 입고 고무신을 신었으며, 양철지붕의 흙집에 살며 어떠한 잡기나 오락도 즐기지 않고 자신의 삶을 온전히 드리기 위해 애썼습니다.

의료선교사의 사명을 안고 조선 땅을 밟은 서서평은 초기에는 간호사 역을 가장 중심에 두었습니다. 내한 이래 기독병원의 전신인 광주 제중원현재, 광주기독병원, 군산의 구암예수병원, 서울 세브란스병원 등에서 일했습니다. 간호사로 일하면서 간호사를 총감독하고 훈련시키는 역할을 했습니다. 후에는 건강이 좋지 않아, 간호사직을 사임하고 명예간호사로 있으면서 선교는 물론이고, 교육사업, 구제사업 등을 했습니다.

나라를 잃은 당시 조선의 보건의료시설이 열악한 상황에서 서서평 선교사는 광주 제중원 등을 중심으로 아픈 사람을 돌보고 아이들에게 글을 가르치고, 가난한 여인들의 교육에 힘썼습니다. 특히 유년시절을 외할머니와 지내며 불우하게 보낸 그녀는 누구보다 가난하고 외로운 자들의 심정을 잘 이해했습니다. 결국 그녀가 자라온 환경과 경험이 고아들을 돌보고 가난한 이들을 섬기는데 바탕이 되었습니다.

여성의 권리가 땅에 떨어져 있는 조선의 현실에서 서서평은 여성 리더십을 세우는 일에도 큰 역할을 했습니다. 여성의 권리나 지위가 땅에 떨어져 있고, 교육수준이 낮았던 당대 조선의 현실에서 서서평은 여성 리더십을 세우는 일에도 큰 역할을 했습니다. 특히 조선 여성의 영적 리더십을 개발하고 성경공부를 통해 여성들을 자신과 같은 전도자로 양성하는 일에 주력했습니다.

예수님을 믿기 위해서는 성경을 읽을 줄 알아야 하는데 당시 조선은 특별한 부류의 여성을 제외하고는 대부분 문맹이었습니다. 그로 인해 일반적 선교사들의 성경공부만으로는 여성 리더십을 일깨우는 일에 한계가 있음을 깨달은 서서평은 1920년 가난으로 교육의 기회를 놓친 조선인 여성들을 위한 학교를 시작했습니다.

1922년 광주 제중병원의 간호사로 일하며 사재를 털어 양성학교를 시작했습니다. 자신의 좁은 침실에서 시작한 학교는 광주 양림동 뒷동산에 붉은 벽돌 3층의 교사校舍를 짓는 것으로 이어졌습니다. 이것이 우리나라 최초의 여자신학교인 '이일학교'의 시작이었습니다.

이일학교를 통해 당시 대부분 문맹으로 교육기회가 제한되던 여성들에게 교육의 기회를 제공했습니다. 이를 통해 호남지역의 여성교육기관으로서 지위와 역할을 감당했습니다. 이후 이일학교는 현재의 4년제 종합대학인 한일장신대학교로 발전했습니다.

조선 땅의 '한 알의 밀알'인 서서평 선교사는 전라도 일대를 육로로 때로는 수로로 다니면서 지역을 가가호호 방문해 복음을 심었습니다. 당시 교통수단이 발달하지 않았기에 조랑말을 타거나 달구지를 타고 나가 전도했습니다. 1922년 부인조력회현재, 여전도회전국연합회를 만들어 지도자를 양성하는 일에 주력했으며, 일종의 노방전도인 '확장 주일학교운동'을 추진했습니다. 이 운동으로 한국교회 주일학교가 활성화됐으며, 1922년 한국주일학교연합회가 창립됐습니다.

서서평 선교사는 불쌍한 사람들을 보면 돌보지 않고는 견디지 못했습니다. 조선의 고아와 가난한 사람들, 배우지 못한 사람들, 한센병자들의 어머니이자 선생으로 일평생을 헌신했습니다. 오갈 곳 없는 과부 38명과 한집에 머물렀으며, 13명의 고아를 자녀로 입양해 돌보는 삶을 살았습니다. 평생을 독신으로 살면서 자신의 모든 것을 내려놓는 극진한 사랑의 마음으로 고아들을 돌봤습니다.

낮은 곳을 향한 서서평의 끊임없는 관심은 어린 시절, 생모生母로부터 버림받고 선교사로도 인정받지 못한 자신의 아픈 상처가 컸기 때문이었습니다. 자신을 위해 쓰는 것에는 인색하고 타인을 위해 쓰는 것에는 관대했던 그녀는 자신이 받은 봉급의 대부분을 가난하고 어려운 이들을 위해 사용했습니다. 자신은 영양실조에 걸려 앓고 있는 상황에서도 과부와 고아들의 생활비를 부담했으며, 제주도 교회의 선교사역을 감행했습니다.

자기 몸을 돌보지 않고 평생 가난한 조선인들을 위해 헌신한 그녀는 영양실조에 걸려 54세의 젊은 나이로 생을 마감했습니다. 임종 시 그녀가 남긴 소유물은 낡은 담요 반장과 동전 7전, 강냉이가루 2홉이 전부였습니다. 자신의 담요마저도 반을 찢어 어려운 이웃을 위해 주고, 나머지 반쪽을 자신이 추위를 피하기 위해 사용했습니다.

성공이 아니라 '섬김'이었습니다. 사후 자신의 시신마저도 의학용으로 기증하면서 자신의 모든 것을 내어주고 떠난 서서평 전도사. 그녀의 침대 맡에 붙어있었던 "성공이 아니라 섬김입니다Not success but service"라는 메시지는 그녀의 인생을 압축해 보여줍니다. 1934년 7월 7일 광주 최초의 시민사회장으로 진행된 그녀의 장례식에는, 천 여 명이 장례행렬로 따르며 '어머니 어머니!'라고 목 놓아 통곡하는 소리로 가득했다고 합니다.

이후 미국 남장로교해외선교부는 그녀의 공로를 높이 평가해 한국파견선교사로는 유일하게 '가장 위대한 선교사 7인' 중 1인으로 선정했습니다. 서서평 선교사를 통해 전남지역에 수많은 교회가 세워지고, 수많은 여성 지도자들이 양육되었지만, 일제말기와 해방 그리고 6·25전쟁 등 격변하는 국내 정세로 업적만큼 그녀의 삶이 많이 알려지지 못했습니다.

행복이란 소유가 아니라 가난한 삶의 태도에서 나오는 것입니다. 그녀는 출생이 불행했고 생모로부터 버림받은 처지였으나 그것을 신앙적인 섬김으로 승화시켰습니다. 서서평 선교사는 감사와 만족이 겸허한 삶의 태도에서 나오는 것임을 알고 실천했습니다. 그녀가 낯선 조선 땅에 와서 상한 영혼들을 치유한 것은 예수사랑의 능력에 기인한 것이었습니다.

서서평 선교사의 삶은 오늘날 부와 명예, 높은 자리를 추구하는 성공과 번영에 물든 한국교회 지도자들을 향한 큰 도전의 메시지를 던집니다. 성경말씀 속 지극히 작은 자들을 위해 베푸는 삶을 실천한 조선의 작은 예수요, 하나님의 여종이었습니다. 종교를 뛰어넘는 서서평 선교사의 사랑과 헌신의 삶은 예수님에 대한 사랑과 신앙이 종교와 인종의 벽을 넘어 이웃인 인류를 섬기는 보편주의로 나아가는 것을 보여줍니다.

모세와 다윗의 지도력에서 배우는 교훈

I

이집트애굽에서 200년의 노예생활과 바벨론에서 70년의 노예생활을 딛고 600백만 학살을 딛고 유대인은 지금도 세계에서 노벨상을 가장 많이 받는 민족이 되었는데 그 이유가 무엇일까요? 유대인들이 가장 존경하는 두 사람 속에서 찾을 수 있습니다. 그 두 사람은 모세와 다윗입니다. 모세는 아무것도 없으면서 오직 믿음하나 가지고 모든 것을 동원할 수 있는 바로와 10 차례의 협상 과정을 통해 백성을 출애굽 시켰습니다.

이집트에 노예로 있던 120만 명의 무임금노동자를 임금협상 수준을 넘어 해방을 이끌어 낼 수 있었던 근본에는 유대 민족의 정체성identity이 바탕이 되었습니다. 즉, 아브라함, 이삭, 야곱, 요셉 이후 430년 후에 모세가 등장하는데 모세는 하나님이 선대先代에게 주셨던 가나안 땅으로 들어가게 해준다는 약속의 말씀을 철석 같이 믿었습니다.

둘째로 모세의 위대한 점은 율법체계를 구축했습니다. 광야 40년 동안 60만 명에게 모세 오경창세기, 출애굽기, 레위기, 만수기, 신명기을 철저히 훈련시켰습니다. 여기서 율법이란 제왕帝王의 법이 아니라 하나님 앞에서 평등한 인격의 다양성을 인정해 주려는 법이었습니다.

셋째로 위대한 점은 가족체계를 만들었습니다. 모세오경을 가지고 말귀를 알아듣기 시작하는 5살쯤부터 앉아있을 때나 서있을 때나 누워 있을 때나 늘 쉽고 재밌게 성경이야기를 해주는 것을 부모가 아들에게, 아들은 손자에게 듣든지 안 듣든지 들려주어 삼 겹으로 끊임없이 면면히 이어지게 했습니다.

그 다음은 다윗입니다. 다윗과 사울을 비교해보면 다윗의 위대함을 좀 더 쉽게 알 수 있습니다. 사울은 베냐민지파 사람들을 동원하여 10년 동안 3천여 명을 동원해서 권력을 사적인 일에 쓰면서 다윗을 죽이려고 했습니다. 유다지파인 다윗은 권력을 사유화하지 않고 공공성을 지켰습니다.

뿐만 아니라 사울 왕이 죽었을 때 사울이 다윗을 죽이려고까지 했던 악행惡行을 전혀 언급하지 않고 "활의 노래"를 만들어 칭송하고『야살의 책』이라는 역사책에 사울을 좋게 기록했습니다. 이는 민족의 마음을 갈라지지 않게 하여 통일하기 위한 방편으로 그랬던 것입니다. 유다지파 사람들은 싫어했을 것입니다. 그러나 노래로 부르다보니 어느새 미운 마음이 없어지고, 통일의 기반이 되는 마음으로 하나가 되었습니다.

사울 왕이 죽었을 때, 사울의 아들을 도와 북이스라엘의 왕으로 삼고 실질적인 2인자의 자리를 차지했던 아브넬이 죽었을 때 진정성 있는 눈물을 흘렸습니다. 이를 보고 반대편이었던 사람들도 다윗에게 합류했습니다. 다윗은 결국 통일을 해냈습니다. 그 과정에서 다윗은 악어의 눈물이 아니라 공공성의 눈물을 두 번씩이나 흘렸습니다.

또한 다윗의 아들 압살롬이 쿠데타를 일으켰을 때, 흥분하지 않고 차분하게 사태를 점검하곤 자신의 부하 후새에게 압살롬에게 가서 첩자 역할을 하게 해서 압살롬의 쿠데타를 평정했습니다. 침착한 자기관리로 자신과 나라의 위기를 극복해냈습니다.

130만 명의 군대를 가지고 있으면서도 제국의 길로 걷지 않고, 자신이 간절히 소망해온 성전 건축을 하나님이 피를 많이 본 것을 질책하시면서 허락하지 않으시자, 성전건축의 공로를 아낌없이 아들 솔로몬에게 전해 주었습니다. 솔로몬이 성전을 건축할 수 있도록 엄청난 물량을 준비해놓았습니다. 다윗이 대적자들을 대하는 태도, 통일과정의 넓은 포용력, 힘을 사용하는 태도는 현대인들이 배우고도 남아야할 멋진 일이었습니다.

아기 코끼리 구하기

i

오늘날 많은 이들이 우려하는 것은 청춘들의 현실과 그들의 미래일 것입니다. 그리고 기성세대와 다음세대의 거리감일 것입니다. 저와 같은 기성세대가 얼마만큼 청춘의 문화를 이해하고 있을까요? 요즘 청춘세대들은 줄임말을 즐겨 씁니다. 이를 알고 있는가하는 문제입니다. 이름하여 '아재력 모의고사'입니다. 당연히 많이 맞출수록 아재가 아닌 청춘과 소통과 공유가 가능한 신세대 아저씨입니다.

① 생파? 생일 파티의 줄임말입니다.
② 낄끼빠빠? 낄데 끼고 빠질 데 빠져라는 말입니다.

취업관련 신조어 영역문제입니다.

③ 광탈? 빛의 속도로 빠르게 탈락한다는 말입니다.
④ 인구론? 인문계 90%는 졸업 이후 놀게 된다는 이론입니다.

2014년 인문계 취업률은 고작 46%에 달하며 대기업의 경우 삼성 15%, LG그룹 15%, 현대 자동차20%, SK 그룹 30%입니다. 이와 비슷한 표현으로 '문과라서 죄송합니다.'라는 뜻의 '문송합니다'라는 말도 있습니다. 이는 이공계에 비해 홀대받는 문과 출신의 아픔이 담겨 있습니다.

⑤ 페이스펙? 얼굴도 스펙이다는 말입니다.

청춘들이 스스로를 비하하고 쓴웃음 짓는 신조어들이 쏟아지는 시대입니다. 이런 시대에 교회의 청년들은 어떨까요? 구약성경 창세기 12장은 이른바 믿음의 조상 아브라함이 하나님의 말씀을 따라 고향을 떠나 가나안으로 떠나게 되는 장면으로 시작합니다. 이 장면을 시작으로 "믿음의 조상"이라는 아브라함의 이야기가 본격적으로 펼쳐집니다. 많은 사람들이 믿음의 아버지라 불리는 아브라함에 초점을 맞춥니다. 그러나 그것에 가려진 상처받는 약자들의 모습이 분명히 있습니다. 믿음, 질서, 사회적인 통념이라는 이름으로 자행되는 폭력에 대해 생각해 봐야 합니다. 문자로 드러난 부분 그 속에 감춰진 약자들의 입장을 다시 생각하며, 혹시 오늘 우리도 아브라함처럼 알게 모르게 우리 주변의 약자들에게 상처를 주고 있는 것은 아닌지 생각해봐야 합니다.

아브라함 주변 약자들의 이야기 중에서 아브라함이 그 누구보다도 소중하게 여기는 그의 상속자인 그의 아들 이삭입니다. 이삭의 입장에서 성경을 읽어 봅니다. 어느 날 늙고 쇠약한 그의 아버지, 하지만 당시 가부장제家父長制 사회에서 절대적인 권력을 갖고 있는 존재가 아버지이다. 이 아버지가 사전에 아무런 상의도 없이 갑자기 멀고 먼 산으로 번제燔祭[1]를 드리러 가자고 말했습니다. 그는 이의를 제기하지도 못했고, 왜 가는지에 대해 묻지 않았습니다. 아니 못했습니다. 참고 참다가 산으로 올라가는 길에 그는 아버지에게 제물로 바쳐질 어린 양은 어디에 있는지를 물었지만 아버지는 아무런 답을 주지 않았습니다. 산에 도착했을 때 아버지는 그를 묶어 제단 위에 올리고, 칼로 찌르려 했습니다.

이 때 그는 어떤 생각을 했을까요? 아무런 양해나 설명도 없이 묶이고 이제는 칼로 죽임을 당해야하는 상황이었습니다. 그것도 그의 아버지에게도 말입니다. 그의 아버지는 늙었고, 그는 젊었습니다. 그렇다면 그가 마음만 먹으면 얼마든지 그의 아버지를 밀쳐내고 살 수 있었습니다. 그런데 그는 그렇게 하지 않았습니다. 왜일까요? 그가 효성이 지극한 사람이라서 그랬을까요? 아니면 그가 아버지 못지않은 깊은 신앙으로 하나

---

[1] 번제burnt offering;燔祭는 오래된 형태의 이스라엘 희생 제사들 가운데 하나입니다. 번제는 가장 보편적이고 여러 가지 목적을 지녔으며 공적인 예배 의식에서 두드러진 역할을 했습니다. 번제에 바치는 제물로는 양이나 염소, 소, 비둘기 등의 흠 없는 수컷 동물과 새가 쓰였습니다. 이스라엘 백성들은 이 제물들의 껍질을 벗겨 낸 다음, 피는 제단에 뿌리고 나머지는 제단에서 온전히 다 태워서 번제를 드렸습니다. 번제 의식은 장엄하게 거행되었으며, 그것은 하나님께 대한 최고의 숭배와 온전한 봉헌을 표현하는 의식 행위로 인식되었습니다. 봉헌될 제물을 태우는 것은 하나님을 거역한 죄스러운 행위들을 없애고자 하는 이스라엘의 바람을 상징한다고도 할 수 있습니다. 번제에는 탄원과 속죄 그리고 정화와 감사의 의미가 담겨 있었던 것으로 보입니다. 구약 성경을 보면 번제를 드리는 경우가 많이 소개되고 있는데, 번제는 개인적으로 봉헌되는 경우도 있지만 대개 공동체적으로 봉헌되었던 것 같습니다. 예루살렘 성전에서는 매일 번제를 드렸습니다. 안식일이나 속죄일, 새해, 매월 초하룻날 같은 특정한 날 그리고 연례 축제일에도 번제물을 바쳤습니다. 개인적으로는 아이를 출산한 후 부정을 벗기 위해서 또는 나병 등 악성 피부병이 나은 후 정화 의식을 거행할 때 아니면 성병에 걸렸다가 나은 사람이나 월경이 끝난 여인이 정화의식을 거행할 때 또는 나지르인의 봉헌 때 번제를 올려야만 했습니다. 그런가 하면 사제들을 성별할 때나 성전 축성과 정화 때도 번제물을 바쳤습니다. 전장에서 특히 위기의 순간이나 예루살렘에 계약의 궤를 모실 때도 번제를 드렸다는 기록이 있습니다. 경건한 이스라엘인들에게는 자기가 바치는 번제가 받아들여질지 여부가 큰 관심사였습니다. 하지만 참회와 하나님을 향한 진심 어린 마음 없이 드리는 번제는 완전한 예배가 될 수 없었습니다. 신약 성경에서는 번제에 관해 세 번 언급하고 있는데, 구약 성경에서와 마찬가지로 하나님께 형식적으로 바치는 제사를 경고하기 위해 인용되고 있습니다.

님을 믿어서 그랬을까요? 물론 그랬을 수도 있습니다. 그러나 이를 좀 더 기독교사회윤리적인 관점에서 본다면 다르게 볼 수 있습니다.

만일 그가 이 사건에서 아버지에게 복종하지 않는다면, 그의 생존은 보장받지 못하게 되는 사회구조였습니다. 그가 그의 아버지에게 저항했다면 그 경험은 그에게 지울 수 없는 트라우마가 되어 평생을 따라다녔을 지도 모릅니다. 그에게는 자신과의 경쟁에서 밀려나 광야에서 죽을 위기를 마주하고 있는 자신과는 어머니가 다른 형 이스마엘이 있었습니다. 아버지의 마음에 드는 후계자 경쟁 구도에서 이기지 못하면 생존이 힘들다는 것을 잘 알고 있었습니다. 그래서였을까요? 나중에 태어난 이삭의 두 아들도 장자권長子權을 차지하기 위해 끊임없이 경쟁을 벌였습니다. 서로를 짓밟아 이기기 위해 노력했습니다. 그의 두 아들 중, 상대를 이기기 위해서 속임수까지 동원한 야곱이 결국 장자로서 누릴 모든 권한을 차지하는데 성공했습니다.

이 장면은 오늘날 저희 세대가 자라면서 겪었던 수많은 경쟁들을 생각하게 합니다. 어릴 적 학교에서부터 자연스럽게 경쟁을 배웠고, 다른 사람들과의 경쟁에서 뒤쳐지면 낙오자落伍者가 된다는 두려움이 마음 깊숙한 곳에서 항상 따라 다녔습니다. 이 두려움 때문에 다른 모두를 짓밟기 위해 끊임없이 노력하는 세대였습니다. 이 두려움의 의식은 고스란히 청춘세대들에게도 전해졌습니다. 이른바 입시지옥, 취업 준비, 입사 시험, 공무원시험 등에서 무한경쟁의 수렁에서 허우적거립니다. 오늘 우리가 사는 이 사회는 교실 하나 안에 앉은 학생들 중 극소수만 다음 단계로 통과할 수 있는 구조입니다. 교실 안에 있는 대부분의 사람들을 쓰러뜨려야 자신이 살아남을 수 있는 "배틀 로얄"의 이미지가 그것입니다.

청춘세대는 "IMF 이후 승자독식 체계를 본격적으로 받아들인 최초의 세대" 혹은 "각자도생 세대"라고 불릴 만큼 경쟁에 익숙한 세대입니다.

초·중·고등학교부터 시작되는 입시 경쟁과 공무원 시험, 각종 고시와 시험으로 제각기 살아갈 길을 찾기 위해 끊임없이 경쟁하고, 그 경쟁에서 버틴 뒤에도 다시 사회에서 경쟁하는 청춘세대들입니다. 어린 시절부터 경험한 이 경쟁의 경험은 일상에서 끊임없이 학습되어 다른 시스템을 생각할 수 없게 만듭니다.

그러니 오늘 우리사회가 짊어진 청춘의 실업失業과 우울과 절망은 결국 청춘의 문제가 아니라 우리가 살아가는 이 사회의 구족적인 시스템이 문제입니다. 자신의 생존을 위해서 다른 사람을 희생시키는데 주저하지 않게 만드는 사회구조입니다. 낙오된 사람의 실패를 그 사람 개인의 노력 부족 때문이라고 쉽게 이유를 찾는 사회가 청춘은 물론 우리 모두를 점점 비인간적으로, 혹은 괴물로 만들고 있습니다. 어느 청춘의 카카오 스토리에 담긴 글입니다.

> 즐겁게 살고 싶어도 노력만으로는 잘 안 되는 거 같다. 아무리 주문을 외우고 외워 봐도 그냥 주문일 뿐, 현실에서는 통하지 않는다. 뭐가 날 이렇게 힘들게 하는 지 또 무슨 생각이 그렇게 많은지, 생각할수록 깊게만 빠져들고 더욱 더 답을 찾을 수가 없다. 즐겁지 않다. 정말 안 즐겁고……. 억지로 웃어보려 해도 이제는 그것조차가 쉽지가 않다. 고단한 하루하루가 어떻게 흘러가는지도 잘 알지 못한 채 의미 없는 하루를 보내며 자고 일어나기를 반복하고, 다만 시간이 모든 걸 해결해 줄 거처럼 흘러가는 것에 몸을 맡기며, 언제까지 이렇게 살아야하는 지도 모르겠고…….ㅋㅋㅋㅋ 어떻게 해야 할지…정말모르겠다.ㅎㅎㅎ

이것이 어느 한 개인의 이야기이면 참 좋겠습니다. 그러나 그렇지 않은 게 현실입니다. 많은 청춘들이 공감할만한 이야기입니다. 어린 시절부터 동네 친구들과 함께 공을 차고, 축구 경기를 하며 노는 걸 좋아한 어느 청춘의 꿈 이야기입니다. 꿈속에서 청춘은 친구들과 함께 운동장에서 같이 공을 차면서 놀고 있었습니다. 친구들과 재밌게 뛰면서 놀다가, 뭔가 이상해서 공을 자세히 살펴보았습니다. 자세히 살펴보니 차고 있었던 것은 공이 아니라 웅크린 아기 코끼리였습니다.

청춘들은 계속해서 웅크린 아기 코끼리를 차면서 즐거워하고 있었던 것이었습니다. 그것을 안 순간, 망설였습니다. '친구들에게 우리가 차고 있던 게 사실은 공이 아니라 살아있는 아기 코끼리라는 걸 말해줘야 할까, 아니면 그냥 모르는 척 계속해서 즐겁게 놀아야 할까' 당연히 말해야 하는데 공차기를 멈춰야하는데 왜 이렇게 주저한 것일까요? 그것은 정해진 규칙 안에서 즐겁게 놀고 있었는데, 그 시스템을 깨는 것에 대한 두려움 때문이었습니다. 이건 꿈속인데 말입니다.

잠에서 깬 청춘은 상당히 충격을 받았다고 합니다. 그리고 가만히 생각해보았습니다. 꿈밖의 현실세계도 비슷한 시스템에서 작동되고 있지 않나 하는 생각이었습니다. 우리 모두는 누군가를 경쟁에서 낙오시키고, 배제하고, 희생시키는 이 사회 시스템이 잘못되었다는 것을 알고 있습니다. 그러나 모두가 이 시스템에 적응되어 이를 당연하게 여기고 있습니다. 공을 차는 룰을, 그 공이 사실 살아있는 생명인 것을 알면서도 이 규칙을 깨지 못하고 있습니다. 왜냐하면 시스템이 잘못되었다고 말하고, 놀이를 중단시킬 때 자신에게 비난이 날아올 것을 두렵기 때문입니다. 또한 자신이 희생양이 될 수도 있지나 않나 하는 두려움 때문입니다.

2017년 2월 28일, 14회 한국대중음악상 수상식이 있었습니다. 최우수 포크 곡으로 가수 이랑이 부른 '신의 놀이'라는 곡이 수상작으로 선정되었습니다. 최우수 포크곡 수상 소감에서 이랑은 다음과 같이 말했습니다. "지난달 수입이 42만원이었습니다. 음원 수입이 아니라 전체 수입입니다. 이번 달엔 고맙게도 96만원이었습니다. 그래서 여기서 상금을 주면 좋겠는데 상금이 없어서 지금 이 트로피를 팔아야겠습니다."

이렇게 말하면서 이랑은 현장에서 트로피를, 그의 이번 달 월세 값이라는 50만원에 팔았습니다. 이런 현실이 이랑만일까요? 2010년 가을에는 '달빛요정역전만루홈런'이라는 1인 밴드가 몇 년 간 생활고에 시달리다가 뇌졸중으로 사망한 사건이 있었습니다. 그로부터 얼마 지나지 않은 2011년 1월에는 시나리오 작가 최고은이 이웃집 문에 남는 밥과 김치를 부탁하는 글을 붙인 채 생활고로 사망했습니다. 2016년에는 서울 구의역에서 스크린도어를 수리하던 젊은 기사가 가방 속에 컵라면만을 남긴 채 참변을 당한 사고도 있었습니다.

이들의 모습에서 아버지에 의해 목에 칼이 겨눠진 이삭의 모습을 떠올려 봅니다. 혹은 앞서 말한 청춘의 꿈속에서 이리저리 차이던 작고 연약한 생명의 모습을 떠올려 봅니다. 아버지의 질서, 곧 사회에서 말하는 '정답'인 길로 갈 것을 요구받고, 그 길로 가지 않았다는 이유로 배제되는 사람들, 그래서 기존의 질서와 구조에 의해서 희생되는 모습 말입니다.

우리가 믿음의 주님으로 구원의 주님으로 고백하는 예수님도, 2000여 년 전 당시의 지배 구조였던 로마제국과 예루살렘 중심의 성전 체계에 대해서 잘못되었다고 외치고, 지배 구조를 위한 관습에 대해 행동으로 저항하던 청춘이지 않았는지요? 그리고 잠잠히 끌려가는 어린 양처럼 십자가에서 죽임당하고, 희생당했습니다. 이런 예수님이야말로 당시의 사회에 의해서 '차여진 작은 생명'입니다.

지배구조에 의해 희생된 예수님이 가난하고 병든 사람 속에서 다시 부활하고, 기억될 때 새로운 예수운동이 펼쳐졌습니다. 지금 우리의 상황에서도, 비록 많은 수의 청년들이 계속해서 생존 경쟁 구조에서 이리

치이고 저리 치이는 힘든 삶이지만 그래도 배제되고 희생된 이들을 기억한다면, 그래서 내 눈 앞에 '차여지는 작은 코끼리'가 있을 때 무언가 잘못되었다고 외칠 수 있다면, 조금은 더 나은 세상을 만들 수 있을 것이라 생각해 봅니다.

더 나은 세상, 배제되고 희생되는 사람들이 없는, 경쟁구도에서 낙오되고 벗어났다고 해서 생명의 위협을 받지 않는 세상을 기대하고 연대하고, 행동한다면 서로가 서로를 짓밟는 이 구조를 조금은 인간답게 바꿀 수 있지 않을까요? 지금의 이 경쟁구도에서 힘겨워하는 많은 사람들에게 말해주고 싶습니다. 당신의 노력이 부족해서도, 당신이 못난 사람이 아니라고 말입니다. 단지 이 구조가 누군가를 낙오시키는 구조일 뿐이라고 말입니다.

기독교용어 정립 시급

예배와 예식에서 집례와 순서를 맡은 이들끼리도 기독교 용어가 엇갈립니다. 기독교 용어와 관련해 대한예수교장로회 통합 제86회 총회에서는 기독교윤리를 올바르게 반영하지 못하거나 현대적 어법에 맞지 않는 용어를 대대적으로 고쳤지만 아직까지 정착되지 못하고 있습니다. 또한 총회는 최근 예배·예식서 표준개정판을 발간하며 일부 불필요한 용어들을 삭제하고 수정하는 작업을 했으나 이 사실을 모르는 이들이 많습니다.

기도 중 용어가 어법에 맞지 않는 경우를 보면, '당신'은 '하나님'으로, '기도드렸습니다'는 '기도드립니다'로, '대표기도'는 '기도인도'가 적합합니다. 또한 '대예배'는 '주일예배'로, '성가대'는 '찬양대'로, '축제'는 '잔치'로, '소천'은 '별세'로, '자벽'은 '지명'으로, '개식사'는 '예식사'로 바꾸는 게 맞습니다. '헌금'은 '봉헌'으로 바꾸는 게 적합합니다. 단순히 돈을 바치는 행위가 아니라 하나님의 은총 앞에 교인들이 응답한다는 의미입니다.

흔히 사용하는 기독교 용어 가운데 어법에 맞지 않거나 심지어 타종교 용어가 있어 올바른 용어 정립이 시급합니다. 자주 혼동하는 실수 가운데 하나가 기독교 성지나 기관이 몰려 있는 곳을 '기독교 메카'라고 합니다. '메카'는 이슬람의 창시자인 무함마드의 출생지로서 이슬람권의 성지로 추앙받는 곳을 뜻합니다.

나이가 들어 뒤늦게 신학교에 들어간 사람을 일컬어 '늦깎이 신학생'이라는 말도 자주 사용하지만 이는 불교 용어와의 혼용사례입니다. '늦깎이'는 "나이가 들어 승려가 된 사람"을 말합니다. 기도 중에 인연因緣이라는 용어가 자주 들립니다. 이는 불교용어입니다. 하나님의 섭리가 기독교 용어입니다.

기독교가치관 교육이란 무엇일까요

오늘날 우리 시대가 요구하고 지향하는 인간상은 창조적인 인재입니다. 이는 지혜로운 판단을 할 뿐 아니라 자신은 물론 다른 사람을 유익하게 하고, 더 높은 목표를 위해 헌신할 줄 아는 사람을 말합니다. 그런데 오늘날 공교육은 지식의 외연적 확대에만 관심을 기울이는 측면이 있습니다. 아이들이 얼마나 많은 양의 지식을 확보하고 있는지를 평가하려고 하지만 습득한 지식을 토대로 무엇을 생각하며, 그 생각을 어떻게 자신의 삶에 적용시키려 하는지는 중요하게 여기지 않는 경향이 있습니다. 지식의 축적에 중점을 두는 교육에는 지식이 지혜가 되게 하는 과정을 기대하기 어렵습니다. 이런 교육에서는 바른 가치관을 세워 더 높은 곳을 바라보는 사람이 되고, 좋은 생각을 품어 바르게살기 위해 애쓰는 사람이 되도록 결단하게 하는 과정이 빠져 있습니다. 오직 지식을 습득하고 축적하는 데만 목표를 두고 있습니다.

교육은 무엇이 가장 사람을 사람답게 하는가에 대한 답을 주는 것이어야 합니다. 한 사람이 나고 자라는 동안, 사람답게 살아가는 방법을 알기 위해 필요한 것이 교육입니다. 교육은 지식을 넘어 지혜를 추구해야합니다. 지식을 전하는 것은 교육의 주된 방식이지만 전해진 지식이 지혜에 이르지 않는다면 교육이 이루어졌다고 볼 수 없습니다. 지혜는 사물의 이치를 깨닫고 사물을 정확하게 처리하는 정신적 능력을 말합니다. 또한 지혜는 가지고 있는 지식과 지식을 연결하는 정신적 능력이 잘 발현되는 것을 말합니다.

사물의 이치를 지혜롭게 깨닫기 위해서는 바른 가치관이 정립되어야 합니다. 지식은 가치중립적이지만 사람의 가치관에 따라 지식이 선하게도 악하게도 쓰일 수 있습니다. 지식이 지혜가 되기 위해서는 반드시 있어야 할 것이 바른 가치관입니다. 가치관을 바르게 세워야 바른 판단력을 갖고, 바른 성품을 갖출 수 있습니다. 바른 가치관이 있어야 용기 있는 삶을 살아갈 수 있고, 창조적인 삶을 살아갈 수 있습니다. 바른 가치관을 통해서 바른 선택을 할 수 있습니다.

'사람'이 어떤 존재인가를 생각하면 한 사람의 성장을 돕는 '교육'의 목적이 어떤 것이어야 하는지가 분명해질 것입니다. 기독교는 그 어떤 것과도 비교할 수 없고, 대체 불가능한 존엄한 존재로 봅니다. 이는 사람을 하나님의 형상대로 지어진 존재라는 보는 것에서 분명합니다. 사람은 하나님의 형상대로 지어졌으므로 누구나 다 창조적 인재가 될 수 있지만 적절한 교육이 뒷받침되지 않으면 그 역량이 발휘될 수 없습니다. 바른 가치관 교육이 빠져 있으면 바른 인격교육이 이루어질 수 없습니다. 더 좋은 사람이 되기 위한 교육의 방향은 선한 가치를 향해 모아져야 합니다. 가치 있는 인간이 되어야 하는 까닭을 알아야 목적 있는 삶을 살 수 있습니다. 사람은 믿음 안에서 하나님의 거룩하심을 따라 거룩을 이루고, 하나님의 온전하심을 따라 온전穩全[1]을 이루어가야 하는 존재입니다. 또한 그리스도의 장성한 분량에 이르기까지 자라야 하는 존재입니다.

폴 부르제의 말입니다. "용기를 내서 생각하는 대로 살아가지 않으면, 사는 대로 생각하게 되고 맙니다." 생각은 사람을 사람이게 하는 가장 중요한 요소입니다. 존 필립스의 말입니다. "지식이 없는 선함은 약하고, 선함이 없는 지식은 악합니다." 아이들이 참 지식, 선한 능력이 되어줄 하나님을 알고 이를 삶으로 적용할 때 아이들의 삶은 더 깊고 더 높은 곳을 향할 수 있습니다. 생각이 거룩의 차원에 이르러 그 삶이 자신과 가정과 사회에 헌신하게 됩니다. 하나님 안에서 소명을 품고, 구체적인 비전으로 나아갈 수 있습니다.

기독교에서는 교육의 근거요, 지침이요, 방향을 성경에서 찾습니다. 성경적 가치관이야말로 아이들에게 그리스도를 닮고자 하는 소망을 갖게 할 수 있습니다. 하나님을 알면 역사의 주인이신 하나님이 인류의 역사라고 하는 거대한 수레바퀴를 친히 운행하고 계시다는 사실을 이해할 수 있습니다. 하나님을 알면 우리 삶이 마침내 하나님의 온전하시고 거룩하신, 가장 선한 그곳 천국에 도달해야 한다는 것을 알게 됩니다. 우리가 서로 사랑하고 선한 일을 함께해야함을 알게 됩니다.

기독교 정신이 교육의 바탕이 되어야 하는 까닭이 여기에 있습니다. 하나님을 바르게 알고 예수께서 오신 뜻을 정확히 알아야 목적이 분명한 삶, 의미 있고 가치 있는 삶을 살아갈 수 있습니다. 의미 있고 가치 있는 삶을 살아가려고 노력할 때 각 사람을 존귀하게 여기시는 하나님의 사랑을 바르게 이해할 수 있습니다. 하나님 사랑의 넓이와 깊이와 높이를 이해해야 십자가의 참뜻을 깨닫고, 저마다 주어진 자기 십자가를 지고

---

[1] (무엇이)변화되지 않고 본바탕대로 고스란하다 sound, whole, intact.

예수님의 길을 따라갈 수 있습니다.

역사의 주인이신 하나님은 말씀으로 성숙해진 사람들을 통해 일하십니다. 예수님의 참 제자가 될 수 있도록 배우고, 배운 것을 실행할 수 있도록 교육받은 사람들이 세상에 유익을 주는 창조적 지도자가 될 수 있습니다. 교육은 창조적 지도자를 길러내기 위해 행해지는 일입니다. 지혜로서 선한 능력에 이른 사람이 세상을 다시금 하나님 보시기에 '좋은' 곳으로 바꾸어갈 수 있습니다. 교육의 본질은 하나님이 우리에게 주신 존재의 본질인 '선善'을 추구하는 것입니다. 교육을 통해 사람은 하나님이 우리 안에 심어주신 '선한 것'을 생각하고, 생각한 것을 실현해갈 수 있습니다.

가르치는 교회와 배우는 교회

최근 서점가에서 주목을 받고 있는 유발 하라리의 『호모 사피엔스』나 『호모 데우스』의 연작連作을 읽어보면, 앞으로의 세상은 인공지능이 세상의 중심이 되는 제4차 산업혁명을 넘어 신神 없는 초인超人을 향한 니체Nieztsche의 열망이 과학 기술 문명과 만나 확장되고 있다는 느낌이 듭니다.

신 중심의 세계관에 갇혀 있던 서구의 기독교 문명의 역사는 15세기 신대륙 발견을 시작으로 르네상스와 인문주의 운동, 종교개혁과 계몽주의 사상 그리고 근대의 무신론의 도전 등의 정신혁명을 거치면서도, 세상이 넘볼 수 없었던 신의 존재와 초월을 향한 종교적 인간의 당위성을 세상에 가르치기 위한 역사였습니다. 한 마디로 교회는 그리스도의 명을 받들어 "모든 민족들을 제자로 삼아, 모든 것을 가르쳐 지키게 해야 하는 '가르치는 교회'로 살아왔습니다.

교회가 지켜온 전통과 질서에 대한 도전은 이 '가르치는 교회'의 권위에 대한 도전이었고, 신자들은 하나님 계시를 담지하고 보전해야 하는 교회의 성직자들에게 듣고 배우며 순종하지 않으면 제재나 형벌, 파문을 당해야 했습니다.

그러나 18세기 프랑스 대혁명 이후 교회의 세속적 권력에 대한 비판과 20세기 서구의 합리적 이성과 자유주의로 대변되는 근대주의 흐름 속에서, 교회는 달라져야만했습니다. 이제는 세속이 교회를 바라보는 시선이, 신자들의 교회와 성직자를 바라보는 시선이 달라졌습니다. 세상과 신자들이 바뀌었습니다. 최근 문재인 대통령은 겸손과 섬김과 소통으로 국민적 인기가 높습니다. 최근엔 "고마워요, 문재인"증후군까지 일어날 정도입니다. 이처럼 세상은 변했습니다. 그리고 이것이 낯설지 않게 느껴집니다.

최근 가톨릭의 프란체스코 교황은 권위를 가지고 '가르치는 교회'가 되기 위해서는 먼저 '배우는 교회'가 되어야 한다는 것을 일깨워주고 있습니다. 말하는 것보다 듣는 것이 먼저라는 것은 인간관계에서 귀가 닳도록 듣는 대화의 제1원칙입니다. 하지만 교회와 성직자는 듣기보다는 말하고 가르치는 것에 늘 관심을 가져왔습니다.

성자로 추앙받는 프란체스코가 중세의 세속화에 맞서 그리스도의 가난을 몸으로 실천할 때 사람들은 복음이 지닌 기쁨을 되찾았습니다. 오늘날 자본주의의 세속화와 이기적 개인주의의 물결 속에서 상처받은 이들에게 먼저 다가가서 듣고, 손을 내밀고, 함께 아파하며, 그들의 목소리가 되어주려고 하는 프란체스코 교황은 권력화된 교황권의 권위를 그리스도의 복음 정신으로 되돌리려고 하는 몸부림입니다. 이러한 변화의 뿌리는 복음을 현대 사회에 적응시키려던 제2차 바티칸공의회(1962~1965)의 개혁과 쇄신의 정신입니다. 교황은 공의회의 정신을 다시 상기시키고 있는 것입니다.

한국교회의 현실 지표들이 심상치 않다는 것은 굳이 통계를 보지 않아도, 교회 현장에 임하는 목사들의 목소리만 들어봐도 알 수 있습니다. 과거에는 교회가 듣고, 배우길 갈망하는 신자들을 상대로 권위 있는 가르침을 줄 수 있었지만, 오늘날에는 정반대로 교회가 세상의 목소리를 먼저 듣고 배워야 할 것들이 많아졌습니다.

성직자를 '가르치는 교회'로, 평신도는 '배우는 수동적 교회'로 나누던 시대는 끝났습니다. 여전히 교회가 누려온 권위의 향수에 젖은 성직자들의 구태의연한 태도 때문에 교회를 떠나는 신자들이 늘어가고 있습니다만, 그래도 희망이 있다면, 젊고 열정적인 목사들이 먼저 듣고, 섬기며, 공감하고 연대하며 친교의 교회를 꿈꾸고 있다는 점입니다.

우리는 미래의 세상이 어떻게 바뀔지 모릅니다. 하지만 어떤 세상이 오더라도 복음의 진리는 바뀌지 않습니다. 그러나 세상을 이해하고 세상에 적응해야 하는 교회의 방식은 바뀔 수밖에 없고 그래야합니다. 교회의 참된 과제는 시대의 징표를 읽고 이를 복음의 빛으로 해석하는 일입니다.

아이들이 없어졌습니다

어느 날 아이들이 없어졌습니다. 왁자지껄 재잘재잘 하던 아이들이 없어졌습니다. 아파트 단지 마다 멋진 놀이기구를 갖춘 놀이터가 곳곳에 있지만 그곳에 있어야할 아이들의 웃음소리는 없어졌습니다. 어린이들로부터 청소년에 이르기 까지 아이들은 무척 바쁩니다. 선행학습에서부터 특기 학원까지 두루 섭렵하느라고 지칩니다. 오죽하면 아이들의 시간표관리를 해주는 대행업체가 생겨날 지경일까요? 그래서 아이들은 병들고 있습니다. 도시에서 날마다 아프던 아이들을 시골의 분교에 데려다 놓으니 아토피도 불면증도, 심지어는 편식도 없어졌다는 이야기에 마음 놓고 웃을 수도 없는 것이 현실입니다. 이렇게 된 가장 큰 이유 중의 하나는 아이들이 아이로 살아갈 수 없게 만드는 현실 때문일 것입니다. 열 살짜리는 열 살짜리답게, 열여섯 살은 열여섯 살로 살아야하는데 그럴 수 없어서 생기는 현상이 아닐까 싶습니다.

아이들이 없어졌습니다. 교회마다 나름 최선을 다한 학교 프로그램을 진행하는데도 교회 안에 아이들이 없어졌습니다. 신앙교육을 우선시 한다는 결심을 가졌던 부모들일지라도 아이의 성적이 조금이라도 내려가면 제일 먼저 중단하는 것이 주일 예배에 참석하는 것입니다. 주일에도 학원으로 과외로 돌아치거나 밀린 잠을 조금이라도 보충해야하기 때문입니다. 신앙교육은 좋은 대학에 붙으면 그때부터 해도 된다고 생각입니다. 그러나 그런 결정은 우리 아이들에게 교회는 빠져도 경쟁에서 이겨야한다는 논리를 심어줄 뿐입니다.

아이들이 없어졌습니다. 학교 안에서 아이들은 껍데기만 존재합니다. 학교에 와서 아이들은 수업시간에 졸거나, 점심시간에 맛없는 급식을 먹은 후 황급히 사라집니다. 선생님들과 진지한 대화를 나누거나 진학상담을 하지 않습니다. 아이들에게 선생님은 복지부동의 철밥통 정규직이고 진학상담은 더 유능한 선생에게 족집게 상담을 받으러 학원으로 가기 때문입니다. 학교 운동장은 아무도 쓰지 않는 공간이 되어 점점 줄어들고 있습니다. 심지어는 아예 운동장이 없어진 학교도 있을 정도입니다. 아이들은 물리적으로 학교에 오지만 그 안에서 이루어져야할 중요한 훈련들과 경험을 잊어가고 있습니다.

도대체 우리 아이들은 어디 있을까요? 우리는 그 아이들을 어디로 내몰고 있을까요? 기독교라는 종교가, 믿음의 공동체가 참으로 밑바닥으로부터의 함성을 듣는 것이라면, 세상의 가치관과는 다른 것을 살아내는 것이라면 우리는 정말로 아이들에게 그렇게 가르치고 있는가요? "내가 대접 받기를 원하는 대로 남에게 대접하라"는 황금률을 가르친 적이 있나요? "경쟁에서 지더라도 친구를 배려해라. 돈을 많이 못 벌더라도 사회에 꼭 필요한 일꾼이 되라. 하나님의 형상대로 지음 받은 너 자신을 사랑하고 귀히 여겨라. 무엇보다도 늘 감사하고 행복해라… 이렇게 가르친 적이 있나요?" 최소한 나는 내 아이들 앞에 떳떳한가요? 부모로, 어른으로, 기독인으로서 말입니다.

어린이의 눈높이에 맞는 교육사랑

어린이라는 낱말의 뜻은 잘 알려져 있으나 그 연령 범위도 다루는 분야와 문맥에 따라 차이가 있습니다. '아동복지법'에서는 어린이를 일컫는 아동의 연령 범위를 18세 미만인 자로 규정하고 있습니다. 그러나 일반적으로 편의상 12·13세 미만의 연령층을 통틀어 어린이라고 부릅니다. 어린이들도 과거와 다르게 현대사회로 접어들면서 사회풍토와 윤리관과 가치관이 달라짐에 따라 어린이를 보는 관점이 바뀌었습니다. 하지만 교육의 현실은 초등학생부터 입시 경쟁을 시작하고 있습니다.

어린이들의 일상생활은 부모에 따라서 사회·지역적으로 차이가 많습니다. 이러한 차이는 각 어린이 교육 현장에서도 볼 수 있습니다. 도시 지역 어린이들의 경우 학원에 쫓기는 초등생들이 거리에서 혼밥을 하거나, 맞벌이 부모로 인한 혼밥을 먹는 어린이들이 많아졌습니다. 과거 밥상머리 교육에서 이루어졌던 인성교육이 잘 안 되는 부분입니다. 초등생들의 하루 평균 학습시간은 5시간 23분, 대학생들의 하루 평균 학습시간인 4시간 20분보다 1시간이 많다고 합니다. 초등학생의 학습능력은 세계 2위입니다. 하지만 행복지수는 OECD국가 중 꼴지 수준입니다. 아무리 학습능력이 세계에서 높다고 해도 행복지수와 미래에 대한 꿈을 꿀 시간이 없는 어린이들을 보면서 많은 생각이 듭니다.

오늘 우리 시대에 어린이들에게는 사랑과 관심이 절실합니다. 결핍으로 빚어지는 정서불안이 많습니다. 사회적으로 버려지고 방치되는 어린이들과 인성교육을 필요로 하는 어린이들에게 우리는 무엇을 줄 것인가요?

대부분의 교회에서 어린이교회교육은 신학대나 신학대학원에 재학 중인 교육전도사가 목회실습이나 수련기간처럼 담당하고 있습니다. 그러다보니 전문적이지 못하고, 교회운영에서 중요하게 다뤄지지 않기도 합니다. 이래서는 안 됩니다. 어린이들 개개인이 무엇을 생각하고, 무엇을 느끼고 있는지를 객관적으로 정확하게 파악하며, 개개인의 긍지와 자기 이해력을 높일 수 있도록 해야 합니다. 그것은 존재의 귀함을 인정해주고, 누군가가 사랑가득 찬 눈빛으로 인정하고 따뜻한 포옹을 해주는 것입니다. 넌 원래 훌륭한 사람이라고 이야기 해주는 것, 무엇보다 존재감과 경청을 해주는 것이 중요합니다. 상황에 맞게 어린이들을 격려, 존중해주는 것, 사랑하는 마음입니다.

어린이와 어른교인은 많은 상관관계가 있습니다. 부모를 따라 교회에 나오기도 하고, 어린이를 통해서 부모가 교회에 나오기도 합니다. 어린이는 어른의 모습을 그대로 본받게 됩니다. 태도와 가치관까지 닮게 됩니다. 학교나 가정이나 교회에서 선생님, 부모님, 교회 어른들의 모습을 보면서 성장하게 됩니다. 그러므로 어린이교육은 담당목회자나 교사만 하는 것이 아닙니다. 어른인 모두가 교육자입니다. 앞으로 담임목사도 어린이 교회교육에 관심을 갖고 함께해야 합니다. 담임목사는 교회학교

교장으로 교회학교의 책임자입니다. 교회학교에 대한 지원 강화와 교인들의 교회학교도움지원책도 활성화해야 합니다. 어린이교회교육이 원만히 이루어지도록 총회나 노회 등 상위기관 그리고 기독교교육관련 기관에서도 어린이 예배, 어린이 성경놀이학습, 부모와 어린이들의 공동체학습놀이, 교육교재 개발 등 많은 노력을 해나가야 합니다. 지금 당장의 재정이나 숫자에 연연하기보다 한 어린이를 소중히 여기면서 정성을 다해 대해야 합니다.

어린이들을 위한 교회교육을 위해 우선 돼야 하는 것은 그들이 원하는 것을 들어보고, 그 필요를 적절히 채워주는 것입니다. 부모가 자신의 경험과 생각을 앞세워 자녀에게 묻지도 않고 자녀를 교육하는 경우가 있습니다. 자녀의 생각을 어리다고 무시하고 강요하기도 합니다. 설령 부모가 옳다고 해도 이는 바람직하지 않습니다. 아무리 옳고 좋은 것이라고 해도 그것은 부모의 생각과 감정과 의견일 뿐일 수도 있습니다. 먼저 자녀를 존중해서 그 의견을 경청해야 합니다. 예수님은 어린이를 존중하고 귀하게 여기셨습니다. 천국이 어린이와 같은 이들의 것이라고 하셨습니다. 어린이들은 하늘사람입니다. 어린이들을 통해 하늘로부터 전해지는 고운 기운을 접할 수 있습니다. 어린이를 마음으로 만나면 마음과 마음이 서로 통하게 됩니다. 그러기 위해서는 먼저 우리 자신이 사랑으로 가득 차 있어야 합니다. 내 안에 어린이들을 사랑하는 마음이 가득하면 어린이들에게도 전해집니다. 어린이들의 눈높이에 맞는 교육, 관심과 사랑, 정성, 맞춤식이 최상의 교육일 것입니다. 어린이교회교육은 모두가 하나 되어 함께해야만 가능합니다. 더 늦기 전에 말입니다. 어제가 좋은 교회, 오늘만 좋은 교회가 아니라 내일도 좋은 교회가 정말 좋은 교회입니다. 그것은 다음세대미래세대인 어린이에게 집중하는 것입니다.

인재양성을 위한 제언

i

싱가포르 정부는 2002년부터 미화 2850만 달러한화 약370억를 투입, 싱가포르 대학의 최고 두뇌 500명을 선발해서 '아시아 비즈니스 펠로십' 프로그램을 시작했습니다. 이는 아시아의 글로벌 국가인 중국과 인도 전문가를 양성하는 프로그램이었습니다. 2002년 당시 싱가포르 무역산업부 조지 여George Yeo 장관은 "철저하게 현지 지식으로 무장하고 지역 인사들과 강력한 유대관계를 맺을 차세대 비즈니스 전문가" 양성을 주목적으로 함을 강조했습니다.

치열한 글로벌 경쟁시대에서 살아남을 수 있는 필수조건이 인재양성이기에 아시아 주요 경쟁국들은 자국의 인재를 키우고 외부인재를 수혈하기 위한 경쟁에 돌입한지 오래입니다. 인재양성의 중요성을 보게 하는 대목입니다.

기독교는 이 사회를 이끌어갈 범사회적 오피니언 리더 양성에 실패한 측면이 있습니다. 그 동안 한국교회는 소명이 있는 자라면 목회자나 선교사나 교수 요원으로 양성했습니다. 이 사회를 이끌 수 있는 범사회적 지도자를 양성하는 데는 관심 없이 지나 온 것이 우리의 모습이었습니다.

초창기 복음이 들어왔던 시절 선교사들과 민족 신앙을 지닌 믿음의 선진들은 백척간두에 선 이 나라를 위해 기도하면서 민족계몽에 앞장섰습니다. 1910년 8월 조선이 패망할 당시 이 땅에는 기독교계통학교가 전국에 970여 처에 달했습니다. 519년간 이어져 온 조선의 인재양성기관이었던 서당, 향교, 성균관이 용도 폐기되면서 이 사회의 동량들을 길러내는 교육의 대체기관이 바로 기독교계통학교였습니다. 이 학교들은 이 땅에서 신앙적 토대 위에서 민족과 지역과 이타심을 강조하는 교육을 펼쳤습니다. 일제의 민족 말살정책에 의해 조작된 105인 사건, 해서교육총회 사건, 의성동우회 사건 등의 주역들이 되어 민족혼을 불사른 기수들이 되었습니다.

민족대표 33인 중 16명이 목사, 장로였고 상해임시정부 주요 인사들은 기독교인들이 다수였습니다. 대한민국 초대 정부통령도 장로와 목사가 될 만큼 주도적 역할을 했습니다. 그러던 것이 1970년대 이후 그 영향력을 상실하면서 이제는 옛날이야기가 되어 버렸습니다.

늦은 감이 있지만 이제부터 시작해서 범사회적 인재를 양성하는 미래지향적 기독교교육을 펼쳐야 합니다. 교회와 선교전문가만이 하나님의 일꾼은 아닙니다. 하나님은 주일에, 교회에, 교인들에게만 계시는 분이 아니십니다. 언제 어느 곳에서 누구에게나 모든 일에 계시는 역사의 주인이십니다. 교회는 분명 중요한 곳입니다. 목회자나 선교사나 신학자는 중요한 사람입니다. 그러나 이것이 다는 아닙니다. 누구나 목사가 되고 선교사가 되고 신학자가 될 수는 없습니다. 좋은 가정, 좋은 사회 속에서 좋은 시대와 시회 속에서 좋은 교회도 가능할 것입니다.

패배주의는 없습니다

1

오늘날 한국교회를 휩쓸고 있는 분위기 중에 하나가 패배주의입니다. 교회의 부흥을 위하여 여러 가지 방법들을 시도해 보았지만 그것들이 잘 먹혀들고 있지 않기 때문입니다. 여리고 성처럼 너무나 높게만 여겨지는 세상의 벽 앞에 지레 겁먹고, 말조차 조심스러워하는 것이 현재 많은 한국교회의 모습은 아닌가 싶습니다.

한국교회의 교회학교를 봅니다. 예전엔 그렇게 많이 교회로 몰려오던 아이들은 다 어디로 갔을까요? 교회학교 교사를 오래 한 선생들은 옛 추억에 젖어 있고, 새롭게 직분을 맡아 가르치는 젊은 선생들은 부흥이 무엇인지 경험조차 하지 못한 세대입니다. 그러니 부흥이라는 말은 교회학교와 먼 거리에 있는 것이 오늘 우리의 형편입니다. 그러다 보니 생기 발랄해야 할 교회학교조차 힘을 잃고 패배주의가 전체 분위기를 잠식하고 있지는 않은가 하는 생각입니다.

이러한 패배주의는 어디서 왔을까요? 먼저는 우리가 교회에 대해 잘 못 이해한 게 아닌가 싶습니다. 교회는 하나님의 것으로 예수 그리스도의 몸입니다. 그러므로 교회의 주인은 사람이 아니라 하나님이십니다. 그러므로 교회는 사람의 방법이 아니라 하나님의 방법으로 운영되어야 합니다. 오늘날 교회가 부흥의 한계라고 생각하고 지레 포기한 것이 사실은 그동안 활용했던 세속적인 방법의 한계가 아닐까 싶습니다. 분명 교회가 시대와 지역과 사회와 분리된 깊은 산속에 있는 것이 아니기에 시간과 공간의 영향을 받습니다. 그러나 그 영향은 긴장 속에서 주고받고 해야 하는 영역입니다. 교회가 너무나도 거룩함으로 치닫는 것도 세속과의 괴리를 가져오니 문제지만 그렇다고 교회가 세속과 같아지는 것도 교회 본연의 정체성을 잃어버리니 문제입니다. 오늘날 교회는 세속에 파고들어 복음을 전파하는데 치중한 나머지 교회 본연의 모습을 많이 잃어버렸습니다. 그러다보니 교회인지, 세속인지 구분하기 어렵기도 합니다. 이름뿐인 교회는 아닌가 싶습니다. 교회가 세상과 대화하고 소통할 때는 세상의 방법을 지혜롭게 사용해야하지만 그래도 교회 본연의 거룩성을 망각해서는 안 됩니다.

다음으로 '현실적인 문제들 앞에 교회가 너무 쉽게 포기하고 있지는 않은가'하는 것입니다. 너무나 눈에 보이는 당장의 모습에 빠져든 패배주의 같습니다. 솔직히 오늘 우리 한국교회는 학생이 줄고, 교사가 없고, 교회가 세상으로부터 욕먹고 있는 것이 사실입니다. 그러나 잊지 말아야 할 것이 있습니다. 현재 기독교국가인 미국의 교회 중 85%는 교회학교부터 출발했습니다. 한국교회도 마찬가지입니다. 모든 여건이 다 갖춰진 곳에서 교회학교는 시작되지 않았습니다. 한 명이 있어도 교회학교는 시작되었습니다.

한 명 뿐이라고 포기하지 맙시다. 교사가 없다고 포기하지 맙시다.

부모가 교사가 될 수 있고, 한 명이 자라 열 명을 이룰 수 있습니다. 그냥 믿고 최선을 다하는 것입니다. 당장은 한 명이지만 이 한 명이 씨앗이 되어 큰 열매를 맺을 수 있음을 믿고 나아가는 것입니다. 이렇게 할 때 교회는 다시 새 힘을 얻게 될 것입니다. 세속적인 가치기준으로 거창한 교회학교에 대한 생각은 버립시다. 한 명일지라도 그리스도의 생명이 자라고, 하나님 나라가 어린이들 마음속에 자라나는 것을 기대하며 바라봅시다.

그러기 위해서는 마음을 합해 움직여야 합니다. 하나 되는 것은 더욱 커지는 것입니다. 분열이 아닌 화합으로 생명을 위한 사랑의 공동체가 되어 움직여야 합니다. 한 어린이를 키우기 위해 마을 전체가 힘을 모아야 하듯이, 교회가 교회교육을 위해 힘을 모아야 합니다. 그렇게 할 때 패배주의에서 벗어날 수 있습니다.

패배주의는 없습니다. 하나님의 말씀은 살았고 운동력이 있습니다. 세상을 바라보지 말고 그 말씀대로 순종하고 나아가 봅시다. 수와 양의 생각을 버리고 말입니다. 생명의 가치를 바라봅시다. 그러면 오늘 우리 시대에도 부흥은 새롭게 우리에게 다가올 것입니다. 예수님은 십자가의 죽음에서 살아나셨고, 죽은 자를 살리는 영원한 진리가 되셨습니다. 부흥은 그냥 주어지는 것이 아닙니다. 마음으로 믿고 그 믿음으로 힘차게 실천하는 발걸음에서 재현될 수 있습니다.

교육은 긴 투자입니다

우리는 아이들이 버릇없이 구는 것에 대해 쉽게 화를 냅니다. 그러나 조금 더 자세히 살펴보면 그것은 우리 기성세대의 잘못이라는 것을 쉽게 깨닫게 됩니다. 우리가 제대로 교육을 못했기 때문입니다.

그동안 우리 사회는 급속한 경제성장을 해오면서 모든 것을 성과중심적으로 보는 가치관을 형성해 왔습니다. 그래서 사람을 키우는 교육마저 자원을 투자하면 원하는 사람의 모습이 나올 것이라는 착각을 해온 것이 사실입니다. 그 결과 아이들에게서 원하는 모습이 나타나지 않으면 부모와 선생들은 쉽게 화를 내거나 더 나아가 그들을 방치하거나 포기하기도 하였습니다.

교육은 이런 조급증이어서는 안 됩니다. 교육은 길고 긴 투자로 봐야 합니다. 왜냐하면 교육은 한 생명을 세우는 거룩한 작업이기 때문입니다. 하나의 세포는 어머니 배속에서 열 달을 머물러 있어야 한 몸을 이루게 됩니다. 이 생명이 하나의 사회적인 개체로 인정받는데도 이 십 여 년이 걸립니다. 이와 같이 한 생명이 만들어지고 자라는 일에는 많은 시간이 필요합니다. 하나님 말씀을 통하여 하나님의 형상을 닮은 사람을 키우는 일 또한 마찬가지입니다. 많은 대가를 지불하고 투자해야 합니다. 하나님은 이 일을 위하여 예수님을 십자가에 내어 놓으시는 대가까지 지불하셨습니다. 호흡을 길게 하고 긴 투자를 합시다. 지금 당장 결과물이 시원찮아도 희망을 가집시다. 오래 기다려 줍시다. 지속적으로 투자합시다. 당장은 변하지 않고 자라지 않는 것 같아도 계속적으로 투자합시다. 시간을 투자하고 말씀을 투자하고 재정을 투자해 나갑시다. 외양간이 비어 있는 것 같고 나무에 당장 열매가 없는 것 같아도 투자합시다. 설사 우리 시대에 열매를 거두지 못할 지라도 다음 세대에는 열매를 거두실 것이라는 믿음으로 투자합시다. 한 생명은 지속적인 투자 속에서 꿋꿋하게 자라갈 수 있습니다. 요즘 교회마다 재정이 어렵다고들 합니다. 어려울 때일수록 무엇이 중요한지를 생각해야합니다. 어제가 좋은 교회나 오늘이 좋은 교회보다는 내일이 좋은 교회가 되도록 교육투자를 아끼지 맙시다. 들판의 백합화 하나도 소홀히 하지 않고 귀하게 여기듯, 한 생명을 소중히 여기고 정성을 다해 키우시는 하나님의 마음으로 우리의 미래세대를 품고 가는 한국교회가 되기를 소망해봅니다.

다음세대 사역에 열정과 사명으로

1

요즘 한국교회가 가장 힘쓰는 부분은 다음세대 살리기입니다. 주일학교와 중고등부서가 사라지는 교회가 급격히 늘어나면서, 한 세대가 지나면 교회 존립마저 위험하다는 위기감이 작용하고 있습니다. 행사마다 다음세대를 강조하는 특강과 기도가 이어지고 있고, '신앙전수'라는 이름으로 열리는 세미나에 목사들이 모여듭니다. 목사들이 다음세대에 관심을 갖게 된 것은 반가운 일입니다.

하지만 아직 한국교회의 다음세대 살리기는 뭔가 부족함이 느껴집니다. 목사들이 다음세대를 외치고 있지만, 목회현장에서 무엇을 해야 할지 이해하고 실천하지 못한다는 느낌입니다. 나아가 목사들이 다음세대인 초등학생과 중고등학생들을 제대로 이해하지 못한다는 느낌도 갖습니다.

다음세대는 디지털혁명으로 이전 세대와 전혀 다른 시대와 세계에 사는 새로운 인간형입니다. 수많은 다음세대들이 전통적인 가족의 양식이 아닌, 이혼과 재혼과 조손가정과 다문화 등 전혀 새로운 가정 속에서 자라고 있습니다. 다음세대는 학교폭력과 집단따돌림과 이상심리와 중독 등 이전 세대가 경험하지 못한 상황에서 살아가고 있습니다.

목사들은 이런 '다음세대'를 정확히 이해하고 있을까요? 우리 아이들이 직면한 상황을 파악하고 교회가 해야 할 '다음세대 살리기'를 진행하고 있을까요? 교회가 다음세대를 살리기 위해서 무엇을 해야 할까요?

많이 들어본 말일 것입니다. "문제 아이는 없습니다. 다만 문제 부모만 있을 뿐입니다." 자녀가 변하려면 부모가 먼저 변해야 합니다. 그리고 교회는 청소년들에게 좋은 양육의 터전이어야 합니다. 공동체로서 교회는 부모와 자녀를 위해 영적·교육적·심리적으로 통전적인 돌봄과 치유 사역을 펼칠 수 있는 최적의 장소입니다. 한국교회가 다음세대를 살리겠다고 다짐하고 실천하면, 청소년은 물론 그들이 속한 가정 모두를 살리는 사역을 펼칠 수 있습니다.

다음세대는 교회학교 한 파트가 아니라 교회 전체로 이해해야 합니다. 현재 한국교회가 청소년 사역에 대해 가장 크게 오해하는 것은 다음세대를 별개로 취급하는 것입니다. 다음세대 사역을 교회의 한 부서로 여기고, 교역자도 잠시 거쳐 가는 곳으로 생각합니다. 대들고 반항하며, 가정과 학교에서 문제를 일으키는 청소년들을 위해서 사역자가 최선의 상태에서, 즉 오랜 경험과 전문성, 그리고 열정과 인생을 바쳐 오직 그들을 만을 위해 헌신하려는 경우는 흔치 않습니다. 그저 각광받고 인정받는 자리를 꿈꿉니다. 그러다보니 청소년 관련 교육부서가 침체하는 것은 당연합니다.

한국교회가 다음세대를 우리의 미래로 여기는 인식의 전환이 일어나야 합니다. 청소년 사역을 가정의 사역, 교회 공동체 전체의 사역으로 인식하고 접근해야 합니다. 담임목사와 당회는 청소년에 헌신한 사역자를 지원하고 양성해야 합니다. 교단 차원에서 청소년 사역에 헌신할 전문가를 양성해야 합니다. 이를 위해 신학대학교에서 이에 대한 교육과정도 마련해야 합니다. 이미 개설되어 있는 신학과목에 청소년학 과목을 접목하여 청소년사역학과Youth Ministry 트랙을 개설하여 국가공인자격증인 청소년지도사자격증이나 청소년상담사자격증 등을 취득할 수 있도록 교육체계를 만드는 것도 좋습니다. 아직은 신학대학에서 청소년관련 전공이 제대로 개설되지 않은 상황에서는 국가평생교육진흥원 학점은행제 청소년학, 한국방송대 청소년교육학과, 여러 대학의 청소년관련학과나 교육대학원 등에서 청소년교육이나 상담을 전공할 수도 있습니다. 뜻이 있으면 공부할 길은 무궁무진합니다.

청소년 전문가는 무엇보다 청소년의 눈높이를 맞출 수 있는 능력을 갖춰야합니다. 문제가 있는 청소년을 비난하지 말고 이해하고 애통하게 여기는 마음이 있어야합니다. 청소년들과 만남에 청소년기에 방황한 경험은 아주 유용할 수 있습니다. 자기경험을 통해서 이른바 문제 청소년들을 쉽게 이해할 수 있고, 공감을 하면서 대화를 할 수 있습니다. 또한 열정이 있어야 합니다.

청소년 사역을 하다보면, 아이에게 직접적으로 욕과 비난을 들을 때가 있습니다. 부모와 학교에서 항의가 들어올 때도 있습니다. 이럴 때 비난하거나 낙심하지 말고 꾸준히 청소년들을 믿고 지지해주는 사랑으로 지속적으로 함께해야합니다.

오늘날 한국교회가 청소년 사역에 결정적으로 실패하는 부분이 예배라고 생각합니다. 예배의 중심은 설교, 곧 말씀입니다. 하지만 많은 교회의 청소년부서 말씀이 유머개그나 교양강좌에 그치는 경우가 많습니다. 청소년들에게 성경 말씀이 자신에게 무엇을 의미하는지 분명히 알려줘야 합니다. 고려할 점은 어떻게 전달하느냐 입니다. 말씀 속에서 한 주제에 집중하고, 동영상 자료 등 멀티미디어를 활용해서 관심을 끌어야 합니다.

제대로 된 예배와 성경공부가 중심이 될 때, 교회가 달라지고, 청소년들이 달라집니다. 아이들에게 좋은 대학에 들어가서 좋은 직장 얻고, 잘 먹고 잘 살라는 이야기는 바람직하지 않습니다. 성경의 가치관대로 가르치면, 청소년들이 당장의 시험공부보다 예배를 중요하게 여기게 됩니다. 교회가 수능을 앞두고 기복적인 특별기도회를 하지 않게 됩니다. 결국 다음세대를 살리는 것은 교회의 교육목적이 변화할 때 가능합니다. 한국교회는 잘 먹고 잘사는 행복이 목표가 아니라, 예수님처럼 또 다른 사람을 살리는 삶을 최고의 교육목표로 해야 합니다.

어린이와 열린 미래

1

영화 〈미션〉의 마지막 부분은 슬픕니다. 선교사와 선량한 과라니족 사람들이 병사들의 총에 맞아 죽어갑니다. 영화의 마지막은 살아남은 사람들이 카누를 타고 강을 거슬러 올라가는 장면으로 끝납니다. 그 사람들이 어른이 아니고 아이들입니다.

살아남은 사람들이 있었습니다. 아직은 끝난 게 아니었습니다. 희망이 완전히 끊어진 '절망絶望'은 아니었습니다. 남은 자들이 있었습니다. 그런데 아이들이었습니다. 만일 영화에서 카누를 타고 강을 거슬러 올라가는 사람들이 어른들이었다면 영화의 엔딩이 감동적이지 못했을 것입니다. 아이들은 가능성이요, 열린 미래입니다. 그래서 영화의 마지막 장면을 보면서 사람들은 생각합니다.

'과라니 족의 삶과 믿음이 이어지는구나. 저 아이들이 자라서 어른이 되고, 저 아이들 가운데서 선교사도 나오고 또 저들의 후손들을 통해서

신앙 공동체가 이어지겠구나.'

영화 〈미션〉전체의 주제를 표현하는 성경구절이 있습니다. 요한복음 1장 5절입니다. "그 빛이 어둠 속에서 비치니, 어둠이 그 빛을 이기지 못하였다."

창세 이래로 어둠이 빛을 이긴 적이 없습니다. 어둠은 결코 빛을 이기지 못합니다. 영화 〈미션〉에서 빛은 복음의 사랑과 희생입니다. 어둠은 총으로 무장한 제국주의적 국가권력이며 황금과 재물을 욕망하는 끝없는 탐욕입니다. 총에 맞아 복음이 꺾인 것 같지만 아니었습니다. 복음의 사랑과 희생이 무력보다 큽니다. 영화의 마지막 장면은 빛과 어둠과 연관된 이런 논리를 폭력적인 어른과 순박한 아이들의 대비로써 전하고 있습니다.

영화나 문학을 비롯한 인간 삶의 예술 문화적 상징에서 어린이는 참 중요한 역할을 합니다. 가장 중요한 점 하나를 짚는다면 '열린 미래'입니다. 포성砲聲이 가득한 전쟁터에서 어느 여인이 출산을 합니다. 태어나는 아이의 울음소리는 생명을 죽이는 전쟁터에서도 생명의 가능성이 결코 꺾이지 않는다는 것을 웅변합니다. 아이의 출생으로써 생명을 죽이는 닫힌 시간 속에서 열린 미래가 보이는 것입니다.

하나님이 사람을 창조하시면서 본성으로 주신 것이 생육하고 번성하는 것입니다. 생명을 가진 개체의 종족 보존과 번식은 모든 생명 개체의 공통점입니다. 민들레 꽃씨가 실바람만 불어도 하늘을 날 준비가 돼 있는 모습을 생각해 봅니다. 솜털로 가득 치장한 그 꽃씨들은 얼마나 자연스럽게 개체 보존과 번식의 가능성으로 충만한가요. 개체의 번식을 위한 기쁨이 그 안에 얼마나 풍요로운 것인가요. 모든 동식물들 심지어 단세포 생물의 경우까지도 생명체의 기본 조건과 구조가 그렇습니다.

사람의 경우에는 이 점이 하나님이 주신 특별한 명령으로 나타납니다. 창세기 1장 28절 전반부입니다. "하나님이 그들에게 복을 주시며 하나님이 그들에게 이르시되 생육하고 번성하여 땅에 충만하라."

사람이 사람으로서 생존하기 위한 기본 조건이 여기 담겨 있습니다. 이 명령에 순종하여 여기 담긴 과제를 해낼 수 있도록 하나님이 사람에게 주신 선물이 있습니다. 내리사랑입니다. 아들딸 손녀손자를 아끼고 돌보는 부모의 내리사랑은 인간 본성이며, 하나님의 선물입니다. 혈통 보존의 본능 정도가 아니라 하나님의 창조 섭리를 이루기 위한 기본 구상입니다.

하나님이 사람을 만드시고 사람에게 주신 과제가 창세기 1장 28절 후반부에 나옵니다. "땅을 정복하라, 바다의 물고기와 하늘의 새와 땅에 움직이는 모든 생물을 다스리라 하시니라." 이 과제를 수행하기 위한 기본 조건이 생육하고 번성하라는 28절 전반부의 내용입니다. 창조세계를 돌보려면 사람이 생육하고 번성해야 합니다. 하나님의 창조는 구원과 뗄 수 없이 연결돼 있는데, 구원은 지속되는 창조라고 할 수 있습니다. 그러니까 하나님의 창조와 구원에서 생육하고 번성하라는 명령, 이 명령에 걸린 내리사랑의 복은 중심에 자리하고 있습니다.

하나님은 창조와 구원 사역을 통하여 당신이 만드신 세상이 이어지게 하십니다. 그 한 가운데 내리사랑의 복이 있습니다. 내리사랑은 존재의 지속성을 위한 핵심적인 작동 원리라고 할 수 있습니다.

내리사랑 없이 어떻게 아이들이 자랄 수 있을까요? 내리사랑은 아이들의 생존과 성장과 행복을 위한 기본 조건입니다. 내리사랑은 근본적으로 창조주 하나님께서 당신의 피조물에게 내려주시는 하나님의 사랑에서 시작합니다. 모든 사람의 아버지는 하나님이십니다. 하나님은 아버지로서 모든 사람에게 내리사랑을 베푸십니다. 하나님의 이 사랑을 받은 사람들은 자기 자녀에게 이 사랑을 쏟습니다. 이로써 인간 역사와 더 나아가서 피조세계 전체의 지속성이 보장됩니다.

내리사랑은 종종 변질됩니다. 인간 속에 뿌리 깊은 죄의 성향 때문입니다. 예수님이 이 땅에 오셔서 다시 회복시키시는 것 가운데 내리사랑이 중심에 있는 몇 가지 가운데 하나입니다. 예수님이 말씀하셨습니다. 요한복음 13장 34절입니다. "새 계명을 너희에게 주노니 서로 사랑하라, 내가 너희를 사랑한 것 같이 너희도 서로 사랑하라."

예수님이 주신 새 계명은 '서로 사랑'는 단 하나입니다. 이 계명은 구약의 모든 계명을 다 끌어안습니다. 창조세계의 생명보존과 번창과 직결됩니다. 창조세계를 회복시키기 위해 세상에 오신 구세주가 주실 계명으로서 이보다 더 적합한 것이 어디 있을까요?

서로 사랑하라는 명령에 순종함으로써 우리는 창조의 선물인 내리사랑의 복을 다시 누립니다. 먼저는 혈통의 자녀에게 진실하고 깊은 사랑을 베풀며 더 나아가서 모든 사람에게도 이 사랑을 베푸는데, 어린이들에 대한 사랑이 그 핵심입니다.

어린이는 열린 미래입니다. 한국 교회와 사회의 미래는 어떠한가요? 희망으로 열려 있나요, 불확실성으로 불안한가요? 어린이들에게 관심과 사랑 내리사랑을 쏟아야 합니다. 거기에서 우리는 한국 교회와 사회 더 나아가서 오늘날 세계의 열린 미래를 기대하고 바라볼 수 있습니다.

청소년과 함께,
노동의 의미와 보장 챙겨봅시다

청소년들의 재학 중 아르바이트 참여율이 점차 높아지고 있습니다. 한국청소년정책연구원이 2016년 2월 발간한 한국청소년연구 보고서에 따르면, 근로 가능 연령대(만15세~18세)의 청소년 중 25%가 한 번 이상의 아르바이트를 경험한 것으로 나타났습니다. 게다가 과거엔 경제적으로 형편이 어려운 학생들이 주로 생계를 위해 아르바이트를 했던 것과 달리, 최근 청소년들은 '용돈마련' 등을 이유로 아르바이트를 하고 있는 것으로 조사됐습니다.

하지만 이처럼 아르바이트가 청소년들에게 보편화될수록, 그에 따른 문제도 증가하고 있습니다. 특히 일부 악덕 사업자들은 청소년이 미성년자라는 점을 이용해 임금을 체불하고 불법 노동에 연루시키는 등 청소년에 대한 착취를 일삼고 있습니다.

청소년의 아르바이트 중 발생하는 문제를 해결하기 위해선 무엇보다 청소년을 고용하는 사업주의 부당한 행위가 개선돼야합니다. 청소년 스스로도 아르바이트, 즉 '노동'에 대한 올바른 인식을 갖춰야 합니다. '노동'에 대한 인식이 제대로 돼있지 않은 상태에서 부당한 대우를 받는다면, 그 대가에 대한 정당한 목소리를 내기 어렵기 때문입니다.

기독교는 예수님이 몸소 목수의 일을 하셨고 사도들 역시 직접 일을 하면서 사도들의 직무를 수행한 것을 통해 노동의 가치와 의미를 중요하게 여깁니다. 노동은 '인격적인 행위'로, 단순한 상품이나 비인격적인 생산 도구로 간주할 수 없습니다. 노동을 통해 하나님 모습대로, 하나님을 닮게 창조된 인간의 심오한 정체성을 확인할 수 있습니다. 노동은 인간의 삶과 분리될 수 없습니다. 노동은 결코 비천한 것이 아니라 그 자체로 의미와 품위 있는 것입니다. '노동'은 그저 돈을 벌기 위한 수단이 아니라, 인간으로서 중요한 권리이며 정체성을 확인할 수 있는 중요한 역할을 하는 것입니다. 노동은 상품이나 생산 도구로 간주할 수 없습니다. 근로시간 및 임금·휴식 등 담긴 근로계약서 꼭 작성해서 부당한 대우를 받지 않아야 합니다.

노동에 대한 권리를 보장받기 위해서 청소년들이 기억해둬야 할 사항이 있습니다. 고용노동부에서는 청소년들의 아르바이트에 대한 권리를 보호하기 위해 만들어 배포하고 있는 십계명입니다. 특히 근로 시간과 요일, 임금, 임금의 계산과 지급, 휴식과 휴가 등이 담긴 '근로계약서'는 법적 보호를 받기 위해 아르바이트 전 반드시 작성해야 합니다. 만약 사업주에게 부당한 대우를 받게 된다면, 고용노동부에서 운영하는 '청소년근로권익센터' 모바일 애플리케이션이나 카카오톡, 전화(1644-3119)를 통해 상담을 받을 수 있습니다. 근로계약서 체결에 관한 내용을 알고 싶거나 근로 환경에서 부당한 대우를 받게 된다면 그냥 넘어 가지 말고 상담과 도움을 받으면 됩니다. 노동은 인간의 권리 청소년이라 무시하면

안 됩니다.

교회가 교회학교가 신앙교육만 하는 것은 아닙니다. 교인들이, 교회 내 청소년들이 딛고 서 있는 삶의 자리에 관심 갖고 신앙적으로 성경적으로 그것의 의미와 가치를 일깨워주고 바른 자세로 보다 적극적으로 임하도록 가르치는 것도 결코 가볍게 여길 수 없는 중요한 과제요, 의미일 것입니다. 요즘 몇몇 청소년과 함께하는 교회들은 청소년들에게 노동과 인권에 대해 올바른 인식을 심어주는 교육을 청소년들과 교회학교 교사 등을 대상으로 진행하기도 합니다. 이런 일들이 소수에 그칠 것이 아니라 더 많이 퍼져나갈 수 있도록 교회의 노력과 기독교시민사회단체나 상위기관의 지원도 필요할 것입니다.

다음은 고용노동부가 작성한 아르바이트청소년과 사업주가 알아야할 청소년 알바십계명입니다.

1계명- 만15세 이상 근로가 가능해요.
2계명- 부모님 동의서와 나이를 알 수 있는 증명서가 필요해요.
3계명- 근로계약서를 반드시 작성해야 해요.
4계명- 성인과 동일한 최저임금을 적용 받아요.
5계명- 하루 7시간, 일주일에 40시간 이상 일할 수 없어요.
6계명- 휴일에 일하거나 초과근무를 했을 경우 50%의 가산임금을 받을 수 있어요.
7계명- 일주일을 개근하고 15시간 이상 일을 하면 하루의 유급휴일을 받을 수 있어요.
8계명- 청소년은 위험한 일이나 유해업종의 일을 할 수 없어요.
9계명- 일을 하다 다치면 산재보험으로 치료와 보상을 받을 수 있어요.
10계명- 상담은 청소년 신고 대표전화 1644-3119에요.

사랑하고 함께할 교회학교 어린이들

1

어린이 사역이 핵심은 "스토리 잇기"입니다. 우리의 복된 믿음의 대물림이 확실하게 이루어지게 하는 것이 그 소명의 본질입니다. 모세는 이스라엘 백성들이 가나안 땅에 들어가기 전에 신신당부하였습니다. 신명기 6장 4-9절입니다.

"이스라엘아 들으라 우리 하나님 여호와는 오직 유일한 여호와이시니 너는 마음을 다하고 뜻을 다하고 힘을 다하여 네 하나님 여호와를 사랑하라 오늘 내가 네게 명하는 이 말씀을 너는 마음에 새기고 네 자녀에게 부지런히 가르치며 집에 앉았을 때에든지 길을 갈 때에든지 누워 있을 때에든지 일어날 때에든지 이 말씀을 강론할 것이며 너는 또 그것을 네 손목에 매어 기호를 삼으며 네 미간에 붙여 표로 삼고 또 네 집 문설주와 바깥문에 기록할지니라"

그러나 이스라엘은 그들의 스토리를 다음세대에게 물려주는 일에 실패하였습니다. 혹시나는 역시나로 끝나고 말았습니다. 사사기 2장 10절입니다. "그 세대의 사람도 다 그 조상들에게로 돌아갔고, 그 후에 일어난 다른 세대는 여호와를 알지 못하며 여호와께서 이스라엘을 위하여 행하신 일도 알지 못하였더라"

사사기 18장 30절입니다. "다른 사람 이야기만이 아니고, 모세 자신의 가문에서도 그 일이 일어났습니다. 단 자손이 자기들을 위하여 그 새긴 신상을 세웠고 모세의 손자요 게르솜의 아들인 요나단과 그의 자손은 단 지파의 제사장이 되어 그 땅 백성이 사로잡히는 날까지 이르렀더라"

스토리가 끊어진 일이 뭐 그리 심각한 일이냐고 반문할 수도 있겠습니다. 그렇지 않습니다. 스토리가 끊어지는 것은 단지 종교적인 문제가 아닙니다. 하나님 백성이 믿음의 스토리를 잃어버릴 때, 그 자신과 그 가문과 그 민족 전체가 어둡고 슬픈 역사 속으로 곤두박질치게 됩니다.

사사기 18장 29-31절입니다. "이스라엘에서 태어난 그들의 조상 단의 이름을 따라 그 성읍을 단이라 하나라 그 성읍의 본 이름은 라이스였더라 단 자손이 자기들을 위하여 그 새긴 신상을 세웠고 모세의 손자요 게르솜의 아들인 요나단과 그의 자손은 단 지파의 제사장이 되어 그 땅 백성이 사로잡히는 날까지 이르렀더라 하나님의 집이 실로에 있을 동안에 미가가 만든 바 새긴 신상이 단 자손에게 있었더라"

남의 이야기가 아닙니다. 우리 대한민국의 역사가 그 직접적인 증거입니다. 강돈욱 장로, 그의 딸 강반석, 그의 사위 김형직이 그들 앞에 자라는 김일성 속에 조국의 미래가 들어있다는 조그만 시각만 있었다고 해도, 그들이 알고 사랑하는 하나님에 대한 믿음의 스토리를 확실히 심어주기만 했어도 우리 민족사는 아주 다르게 흘렀을 것입니다. 김정은이 이끄는 북한 공산 세력을 보며 어린이 사역자가 얼마나 무서운 책임을 가지고 있는지를 보게 됩니다.

어린이 사역은 긍지나 보람이라기보다는 좌절감과 답답함이 더 많습니다. 그것은 어린이 사역이 즉각 열매를 볼 수 없는 묘목을 기르는 일양묘:養苗사역이거나, 누구도 알아주지 않는 무대 뒤 사역입니다. 소중한 소명에 대한 부담감, 한 아이가 세상과 역사에 미칠 끝이 보이지 않는 영향력에 대한 부담감, 그리고 자신이 이 일을 감당하기에는 한없이 모자라는 미달감이 의식의 뿌리를 누르고 있습니다.

게다가 눈으로 보는 현실 속에서 사역이 정말 의미는 있는가에 대한 끊임없는 반성과 회의도 괴롭힙니다. 유럽의 그 좋은 교회들이 다음 세대에게 믿음의 스토리 대물림에 실패할 때 어떤 일이 벌어지고 있는지를 보는 마음이 거북합니다. 그 선대의 믿음과 사랑의 증거물인 예배당은 술집과 나이트클럽, 심지어 이슬람교의 사원으로 팔려나가고 있지 않는가요?

이런 일들은 더 이상 바다건너 저 먼 곳의 이야기가 아닙니다. 우리 선배들이 순교로 세우고 지켜온 교회는 지금 세속화의 쓰나미를 견디지 못하고 흔들거리고 있습니다. 교회학교 어린이 4명 중에 1명은 결석을 하고, 2명 중에 1명은 지각을 합니다. 시험기간만 되면 중학생의 절반이, 고등학생의 삼분의 일이 교회를 제쳐두고 학원으로 갑니다. 마음으로 몸으로 교회를 등지고 떠나는 한국교회 아이들의 모습을 보며 더욱 염려가 생깁니다. 한국교회 통계가 드러내듯이 이미 한국교회 절반은 교회학교가 없어진 상태입니다. 흰개미termite가 파먹은 목조주택이 어느 날 푹 주저앉듯 한국 교회가 주저앉지 않을까 심히 걱정스럽습니다.

한국 교회와 가정이 스토리를 제대로 이어주기 위해, 아니 쪽풀에서 나왔지만 쪽풀보다 푸르다는 청출어람青出於藍의 믿음의 세대를 만들기 위해 어떻게 해야 할 지가 이제 조금 정리되는 듯싶습니다.

어린이 사역은 아이 교육pedagogy이 아닌 어른 교육andragogy이 그 초점이어야 합니다. 정말 어린이들이 좋은 믿음의 세대로 세워지길 원한다면, 부모가 바른 믿음, 삶의 바른 원리, 바른 삶의 모본을 세우는 것이 선행되어야 합니다. 성숙한 양질의 교회학교 교사를 세우고 관리하는 일이 선행되어야 합니다. 신앙공동체의 다음세대에 대한 바른 시각이 세워져야 합니다.

어린이 사역이 벌어지는 참 현장은 교회가 아닌 가정이 되어야 합니다. 신구약을 통해 자녀에 대한 신앙훈련의 책임의 1번지는 가정과 부모임을 알 수 있습니다. 그러나 모든 가정 모든 부모에게 그런 역량이 있는 것이 아니기에 교회는 제2의 가정, 교회학교 교사는 제2의 부모의 소중한 책임을 갖습니다. 가정을 도외시하거나, 교회를 떠나서 참 신앙의 대물림은 이루어지지 않습니다. 교회의 진리라는 노란색 에너지와 가정의 사랑이라는 빨간색 에너지가 합쳐진 오렌지 에너지를 창출될 때, 어린이 사역은 그 열매를 확실하게 거둘 수 있습니다.

어린이 사역은 성경의 지식을 가르치는 사역이 아니라, 성경으로 어린이의 신앙인격적 나무꼴을 잡아주는 사역입니다. 성경은 사람을 위해 주어진 책입니다. 성경 말씀으로 사람을 교훈하고, 책망하고, 바르게 하고, 의로 교육함으로 하나님이 의도하셨던 바로 그 사람imago Dei을 회복하기 위해서 주어졌습니다.(디모데후서 3장 16절). 어린이 사역의 목표는 지식 축적이 아니라 "작은 예수"로서 인격의 변화이어야 합니다. 성경은 믿음과 삶의 정확 무오하고 유일한 표준입니다. 성경을 데이터만이 아닌 필터, 표준으로 삼아야만 전인격적인 삶의 통합이 가능합니다.

어린이 사역은 학교가 아닌 사랑의 공동체 속에서 일어납니다. 교회학교는 예수님이 만든 기관이 아닙니다. 1780년 영국의 로버트레이크스Robert Raikes가 산업혁명의 후유증으로 인해 버려진 아이들의 교육을 위해 만든 사회적 기관이었습니다. 미국으로 건너오면서 교회 확장의 수단으로 사용되면서 교회 안에 교육기관으로 자리 잡았고, 그래서 선교사들의 손에 들려 오늘까지 이른 기관입니다. 교회의 교육을 위해 교회가 수용한 기관입니다.

문제는 교회가 왜 학교가 되어야 하는가에 있습니다. 예수님이 오시기 500년 전부터 학교는 지중해 지역의 대표적 교육기관으로 꽃피고 있었습니다. 그런데 왜 예수님은 그 효율적인 기관을 세우시지도 활용하지도 않으셨을까요? 예수님은 그리스 사람들이 생각하듯이 사람이 지식과 정보에 의해 변화되는 존재가 아님을 아셨습니다. 사람은 사람의 만남과 교통 속에서 변화됩니다. 교회를 학교로 만들지 말고, 하늘 가족 공동체로 만들어가야만 합니다. 교회에서 평생의 멘토를 만나고, 친구를 만나고, 형제를 만나도록 해주어야 합니다.

어린이 사역은 전 생애라는 발달과정의 틀 안에서 수행되어야 합니다. 우리의 현실은 각 부서의 전도사들이 자신의 소신에 옳은 대로 사역을 수행함으로 마치 그 부서를 졸업하면 소천召天할 사람을 키우듯 위아래 부서 사이의 긴밀하고 유기적인 통합을 이루지 못한 채 교육이 이루어지고 있습니다. 이것은 학교교육schooling의 영향으로 생긴 부작용입니다. 가정에서는 결코 그런 식으로 자식을 키우지 않습니다. 부모는 아이의 전 생애라는 과정의 맥락 안에서 자녀를 키웁니다. 교회의 효과적인 어린이 사역을 위해 전임 교회교육 디렉터Director of Christian Education가 세워져야 합니다.

어린이 사역이 정말 스토리를 다음 세대에게 대물림하는 사역으로 꽃피려면, 교육-목회, 다음세대-장년, 교회-가정의 분리의 틀을 깨고, 통합의 틀로 틀이 다시 만들어져야 합니다. 어린이들은 교회학교에서 교회공동체의 영광과 다이내믹을 배우지 못하고 자라고 있습니다. 아이들은 교회가 어떻게 돌아가는지 모릅니다. 그들은 예배의 다이내믹도 모릅니다. 그들은 교회 공동체가 얼마나 끈끈한 사랑의 공동체인지를 맛볼 기회를 박탈당합니다. 그들은 교회의 2등급 교인일 뿐입니다. 그들은 그저 다른 종류의 학교에 다니는 학생들일 뿐입니다. 교회학교 한 부서를 마치고 올라갈 때마다 많은 아이들이 떨어져 나가는가에 대한 이유이기도 합니다. 가능한 많이 아이들이 교회의 일원의 영광과 책임을 경험하도록 포함시켜야 합니다.

인구 1억 이집트에는 1천만의 기독교신앙인이 있습니다. 이들을 콥틱 기독교라고 부릅니다. 지난 1600년 혹독한 이슬람교도의 핍박 아래서도 그들은 믿음의 대물림을 확실하게 해오고 있습니다. 저는 이들로부터 어린이 사역의 좋은 모델을 찾아봅니다.

첫째는 3세기경에 그들 말로 번역된 성경을 갖게 되었다는 점입니다. 아이들이 그들의 언어로 이해할 수 있도록 말씀이 정확하고 적실하게 가르쳐져야 합니다. 둘째는 부모들이 그 주도권을 쥐고 있다는 점입니다. 아이가 태어나면 먼저 기독교식 이름을 지어주고 오른 쪽 팔목 안쪽에 십자가 문신을 새겨 넣습니다. 그 이름과 그 문신이 그 아이의 생애 내내 얼마나 큰 핍박과 멸시와 고난을 초래할 것인지를 잘 알면서도 이들은 그들이 하나님의 백성으로 살기를 원합니다.

셋째는 공동체가 함께 영적인 공동 육아공동체가 되어 준다는 점입니다. 아이들이 태어나면 공동체는 그 아기에게 유아세례를 베풉니다. 그 아기가 공동체의 일원이며, 함께 고난과 영광을 나누게 될 삶을 가르치고 격려하게 될 울타리가 되어줍니다. 이들 공동체가 갖고 있는 믿음의 대물림의 열정을 우리가 가질 수만 있다면 우리는 한국교회사의 새로운 페이지를 쓸 수 있을 것입니다.

기독교비전교육을 왜 그리고 어떻게

비전은 앞으로 나아가게 하는 힘의 원천을 말합니다. 비전을 품게 될 때 삶의 방향이 생기며 무엇을 향해 나아가야 할지 목적이 분명해집니다. 성경은 비전의 책이라고 해도 지나친 말이 아닙니다. 성경에는 비전을 지닌 수많은 인물들이 등장합니다. 그들은 하나님이 주시는 비전을 품고 살았고, 그 비전을 이룬 사람들이었습니다. 잠언 29장 18절입니다. "비전묵시이 없으면 백성이 방자히 행한다." 방향을 상실하면 혼란스러울 수밖에 없고, 갈 바를 알지 못하게 됩니다. 기독교신앙인의 비전은 하나님의 시야에 나의 시야를 맞추는 것입니다. 하나님이 인간 개개인을 창조하실 때 품으신 뜻과 그 방향에 제 뜻과 방향을 맞추는 것입니다.

비전은 내 마음대로 갖는 야망과는 다릅니다. 비전의 원천은 하나님께 있지만, 야망의 원천은 나에게 있습니다. 비전은 하나님의 왕국을 지향하지만, 야망은 자기의 왕국을 지향합니다. 비전은 하나님의 영광을 위하지만, 야망은 자기의 유익만을 구합니다. 비전은 하나님이 높아지는 것에 관심이 있지만, 야망은 자기가 높아지는 것에 관심이 있습니다. 우리가 꿈dream을 말할 때도 이 하나님의 비전을 내 꿈으로 품는 것을 의미하는 것이지, 야망을 말하는 것은 아닙니다. 우리의 자녀들이 자신의 삶을 향한 하나님의 비전을 품게 될 때, 자녀들은 스스로 미래를 향해 나아갈 수 있는 동기가 부여됩니다. 왜 사는지, 왜 공부하는지, 왜 대학에 가는지를 알게 되기 때문입니다.

오늘날 교육의 가장 심각한 문제는 '왜why의 상실이라고 말할 수 있습니다. 닐 포스트만은 『교육의 종말The End of Education』에서 목적end의 상실이 바로 교육의 종말이라고 말했습니다. 왜 교육하는지, 왜 배우는지, 왜 대학에 가는지, 왜 공부를 시키는지, 왜 학원에 가는지를 상실한 채 그냥 교육이 이루어질 때, 그 교육은 종말을 고할 수밖에 없습니다. 반대로 '왜'를 진정으로 깨달을 때 교육은 생명력을 부여받게 됩니다. 비전교육은 '왜'를 다루는 교육입니다. "왜 살고 왜 교육하는가?" 바로 삶과 교육의 목적을 묻는 질문입니다.

오늘날 교육은 목적과 방향을 상실했습니다. 어디를 향해 나아가야 하는지, 삶의 목적과 방향을 회복하도록 하는 것이 비전교육입니다. 교육이 정도를 회복할 수 있는 길은 교육의 비전을 회복하는 일입니다. 학생들이 '왜' 공부하는지를 알게 될 때 공부는 생명을 부여받게 됩니다. 마치 에스겔 골짜기의 죽어 있는 뼈들이 생기가 불어넣어질 때 살아나는 것과 같습니다. 비전은 공부에도 생기를 불어넣어 줍니다. 비전은 공부의 목적과 방향을 깨닫게 합니다. '왜' 공부해야 하는지를 알게 하기에 공부의 진정한 동기를 부여합니다. 비전을 깨닫게 될 때, 그래서 자신의 삶의 목적이 생기게 될 때, 공부는 스스로 하게 됩니다. 이때 비로소 공부는 자기의 삶과 연결되고, 공부는 해야 할 가치가 충분한 것이 됩니다.

그렇다면 교회학교 교사와 부모는 다음세대가 자신의 삶에 대해서 어떤 비전을 갖도록 격려해야 할까요? 그 기준이 교사와 부모의 야망이나 욕심이 되어서는 안 됩니다. 우리 부모들은 알게 모르게 세상의 기준으로 자녀가 성공하기를 바라는 마음이 있습니다. 판에 박힌 듯한 세속적 성공의 기준이 있습니다. 국제중학교에 입학하고, 특목고에 들어가고, 명문대에 합격하고, 일류기업에 입사하거나 의사나 판·검사가 되는 것입니다. 자녀의 미래를 바라보면서도 자녀로부터 출발하지 않고 사회의 평판이나 부모의 욕망으로부터 출발합니다. 그래서 자녀들에게 그 부모의 요구를 강요하려고 합니다. 자녀가 어릴 때부터 부모의 기준을 주입하고, 자녀가 세속적 성공의 길을 걷기를 요구합니다.

오늘날 학교도 학생들을 마치 붕어빵을 찍듯이 획일적으로 교육하고 있는데, 부모가 이와 발맞추어 획일적인 자녀 진로지도를 하고 있는 셈입니다. 우리 사회는 아직도 유교적인 영향을 크게 받고 있습니다. 기독교역사는 불과 130여년 남짓 밖에 되지 않지만, 유교는 조선 500년을 지배했으니 아직도 그 영향이 남아 있을 수밖에 없습니다. 유교적인 문화 중에서 교육에 가장 크게 영향을 미치는 것은 체면문화입니다. 남을 심하게 의식하는 문화입니다. 어떤 행동을 할 때 그 행동 자체가 옳고 그름보다도 남들이 어떻게 보느냐가 중요한 기준이 되어 버렸습니다.

자녀의 진학을 행각할 때도 그 학교에 가면 남들 눈에 어떻게 보이겠느냐가 중요해졌습니다. 이른바 '창피한 것'이 매우 중요한 판단 기준이 된 것입니다. 그래서 자녀들의 진로에 대해서도 '일반화된 타자'를 지향합니다. 남들이 다 가기를 원하는 곳으로 자녀를 떠밀어 보냅니다. 우리나라에서 의대와 법대는 이런 면에서 최고의 입시경쟁률을 자랑하고 있습니다. 물론 의사와 판·검사라는 직업이 얼마나 중요한 직업인가요? 그러나 그 자녀의 소질과 재능, 흥미와 능력을 전혀 고려하지 않고 특정학과나 특정 직업으로 자녀를 내모는 것은 올바른 진로지도가 아닐 것입니다.

영적 부모인 교회학교 교사와 가정의 부모가 자녀의 비전과 진로를 생각할 때 가장 중요하게 고려해야 할 것 중의 하나가 자녀의 재능입니다. 재능은 각각의 자녀에게 하나님이 주신 선물입니다. 재능이라는 개념에는 중요한 두 가지 의미가 담겨 있습니다. 하나는 '하나님이 주신 선물'이라는 것이고, 다른 하나는 '독특하다'는 것입니다. 하나님은 모든 자녀들에게 100%의 가능성을 주셨습니다. 이 가능성은 인간이 주는 것이 아니라 하나님이 태어날 때 선천적으로 갖고 태어나도록 해주신 선물입니다. 앞에서도 언급했듯이 하나님은 모든 자녀 한사람, 한 사람에게 목적을 갖고 계십니다. 하나님의 예정과 섭리 가운데서 하나님이 창조하셔서 이 땅에 태어나게 하신 데는 그를 향한 하나님의 비전이 있습니다. 그 비전을 이루도록 하나님이 각자에게 재능을 주셨습니다.

하나님이 주신 재능은 하나님의 의지가 반영된 것입니다. 하나님의 부르심의 반영입니다. 모든 부르심은 은혜로운 선물로서 부르심이라고 해도 지나친 말이 아닙니다. 하나님이 우리에게 어떤 일을 맡기실 때 그것을 감당할 수 있는 재능을 주신다는 것입니다. 그렇기 때문에 재능을 잘 계발하는 것은 하나님의 부르심에 응답하는 것, 즉 비전과 통하는 것입니다. 재능과 비전, 비전과 재능은 떼려야 뗄 수 없는 관계에 있습니다. 밖으로부터 부르심은 내면의 재능이 일깨우며, 내면의 재능이 타오르게 될 때 하나님의 부르심에 제대로 응답할 수 있습니다.

모든 유아와 아동, 그리고 청소년들은 하나님이 주신 재능을 지니고 있습니다. 재능은 겉으로는 잘 보이지 않습니다. 그래서 많은 사람들이 재능을 제대로 알지 못한 채 살아가고 있습니다. 하나님이 재능을 주셨음에도 마치 재능을 받지 않은 사람처럼 무기력하게 살아가고 있습니다.

교사와 부모는 그들 각자 속에 있는 재능을 발견하고 그 재능에 불을 붙여야 합니다. 사도 바울은 다음과 같이 디모데에게 권면했습니다. 디모데후서 1장 6절입니다. "네 속에 있는 하나님의 은사를 다시 불 일듯하게 하기 위하여 너로 생각하게 하노니." 사도 바울은 분명히 '네 속에 은사은혜로운 선물가 있다'고 말씀합니다. 우리 자녀들 속에 재능이 있음을 인정하고 믿어야합니다. 그리고 그 재능에 불을 붙이는 점화자가 되어야 합니다. 비전교육은 다음세대 각자에게 주어진 재능을 발견하고 그 재능에 점화를 일으켜 비전을 이루는 삶을 살도록 돕는 것입니다.

이런 비전은 비전의 사람을 만날 때 점화가 일어납니다. 그러므로 교사와 부모가 비전의 사람이 되는 것이 중요합니다. 비전은 수업이나 특강을 통해 전달할 수 있는 것이 아닙니다. 비전에 대해 설명하고 비전에 대한 많은 지식을 전수하는 것으로 비전을 이룰 수 없습니다. 비전은 비전의 사람을 만날 때 불꽃처럼 일어납니다. 철이 철을 날카롭게 하듯이 비전을 지닌 사람을 만나게 될 때 자녀의 비전이 마음속에서 활활 타오르게 됩니다. 교사와 부모가 비전에 대해서 가르치는 것보다 중요한 것은 그들이 비전의 삶을 사는 것입니다. 이런 점에서 교사와 학생이, 부모와 자녀가 마주 보면서 무엇을 가르치는 것보다 더 중요한 것은 교사와 부모가 자신의 비전을 향해 나아가면서 학생과 자녀의 손을 잡고 그들로 자신의 비전을 바라보게 하는 것입니다. 이는 진정으로 비전을 향해 달려가는 삶이 비전교육의 통로가 되기 때문입니다. 비전에 관해서 설명하거나 강의하는 것이 아니라 자신이 어떻게 비전의 삶을 살고 있는지를 보여주는 것이 중요합니다. 그러면 비전의 삶을 사는 모습이 자녀들의 마음속에 이미지로 새겨지게 됩니다. 비전교육은 그렇기 때문에 교사를 통해 이루어지기보다는 멘토와 코치를 통해서 이루어지기도 합니다. 제자들의 비전교육은 진정한 비전의 삶을 사신 예수님을 만남으로 이루어졌습니다. 이런 점에서 하늘 영광 버리고 이 땅에 오신 예수님은 비전교육의 완성입니다.

비전은 비전 공동체 안에서 형성됩니다. 비전은 가르쳐지는 것이 아니라 공동체 안에서 형성되는 것입니다. 서로의 비전을 나누고 격려하는 공동체가 비전교육의 모판입니다. 비전교육에서는 교사 못지않게 중요한 존재가 동료들이고, 공동체 구성원들입니다. 신앙공동체는 비전공동체이고, 이 공동체 안에서 서로가 하나 될 때 그 안에서 비전이 점화되기 시작합니다. 신기한 것은 비전공동체는 서로를 격려하여 비전의 삶을 살도록 만드는 힘이 있다는 것입니다. 비전공동체는 성령공동체이고, 성령님이 진정한 교사가 되셔서 구성원들의 마음속에 비전을 불러일으키십니다. 예수님의 12제자 공동체는 비전공동체였으며, 초대교회도 비전공동체였습니다.

우리가 예수 그리스도를 중심으로 한 진정한 교회, 참된 비전공동체를 이룰 때 그 안에서 비전은 태동되고 전염됩니다. 비전은 사적이지 않습니다. 비전은 남과 비교하거나 경쟁하지 않습니다. 비전은 공동체적입니다. 비전은 하나님 나라를 지향합니다. 비전에 있어서는 누구의 비전이 더 높고 더 낮은 것이 아닙니다. 모든 비전은 독특합니다. 비전공동체 안에서 내 비전의 독특성을 깨닫게 될 때 다양성 속의 단일성을 이룰 수 있습니다. 그렇기 때문에 우리가 던져야 할 중요한 질문은 '우리 공동체는 비전공동체인가?'이며, 그런 공동체를 이루는 것이 교회교육의 과제입니다.

우리가 다음세대 한 명, 한 명을 사랑한다면 그들의 인생을 사랑해야 합니다. 교회교육은 단지 좁은 의미의 신앙교육이나 성경공부로 끝나는 것이 아닙니다. 그들의 미래에 관심을 갖고 그들 각자를 향한 하나님의 비전대로 살도록 격려하고 인도해야 하는 것입니다. 기독교교육은 전인

全人을 사랑하는 것이요, 성경적인 지식을 전수傳授하는 것을 넘어서서 그들의 전 생애가 하나님 나라의 일꾼으로 살아가도록 돕는 것을 의미합니다.

지은이 **한승진**

성공회대 신학과, 상명대 국어교육과, 한국방송대 국어국문학과·교육과·가정학과·청소년교육과를 졸업했다. 학점은행제로 사회복지학, 아동학, 청소년학, 심리학으로 학위를 취득했다. 한신대 신학대학원 기독교윤리학(신학석사), 고려대 교육대학원 도덕윤리교육(교육학석사), 중부대 원격대학원 교육상담심리(교육학석사)·중부대 인문산업대학원 교육학(교육학석사), 공주대 특수교육대학원 중등특수교육(교육학석사), 공주대 대학원 윤리교육학과(교육학박사)로 학위를 취득했다. 현재는 학점은행제 상담학 학사과정중이다.

월간『창조문예』신인작품상 수필로 등단하였고, 제 45회~제47회 한민족통일문예제전에서 3년 연속 전북도지사상(차관급)과 제 8회 효실천 글짓기 공모전에서 대상을 수상하였다. 익산 황등중학교에서 학교목사와 선생이면서, 황등교회 유치부 교육목사와『투데이안』객원논설위원과『전북기독신문』논설위원으로 활동하고 있으며 교육부(한국교육과정평가원) 종교학 교과 평가검토위원이면서 인터넷신문『투데이안』과『크리스챤신문』과『전북기독신문』,『익산신문』,『굿뉴스21』에 글을 연재하고 있고, 대전극동방송 익산본부에서 청소년 바른지도법(청바지) 칼럼을 방송하고 있다.

공동 집필로는 고등학교 교과서『종교학』이 있으며, 단독 저서로는『종교, 그 언저리에서 길을 묻다』,『기독교, 그 언저리에서 길을 묻다』,『사랑의 종, 그 언저리에서 길을 묻다』,『쉽게 읽는 기독교윤리』외 다수가 있다. 역서로는 『예수님이라면 어떻게 하실까』가 있다.

소통 길잡이   esea-@hanmail.net